梁平新城

百里槽之秋

U0914309

梁平大坝

梁忠高速仁和互通

双桂堂全景

梁平特色工业——巨源不锈钢生产车间

梁平特色工业——利财管道生产车间

梁平特色文化——梁平癞子锣鼓

梁平特色文化——梁平木版年画

梁平特色文化——梁平竹帘

梁平特色文化——梁山灯戏

梁平特色农业——梁平张鸭子

梁平特色农业——梁平柚

梁平简介 LIANGPING JIANJIE

梁平区，位于重庆市东北部，建制1 460多年，面积1 892平方千米，总人口93万。坐拥100平方千米的“渝东第一坝”，地势平坦、溪河纵横、气候温和。作为国家可持续发展实验区，区位优势明显、物产资源丰富、文化底蕴深厚、生态环境良好、产业开始聚集，是宜居、宜游、宜业的好地方。

跨越

发展战略

梁平，秉承五大发展理念，以供给侧结构性发展为主线，坚持“137”发展思路，以改革、开放、创新为动力，决胜全面建成小康社会，开启建设社会主义现代化新征程。

物产丰富

梁平，农副产品资源丰富，素有“四面青山下，蜀东鱼米乡，千家竹叶翠，百里柚花香”之赞叹，今享“粮乡、竹乡、柚乡”之美誉。

地上“五子登科”：柚子、竹子、稻子、鸭子、蚕子

地下“五大宝藏”：天然气、煤炭、石灰石、石膏矿、高岭土

梁平柚

区位独特

梁平，距重庆主城及江北机场160千米，距万州长江深水港67千米，境内沪蓉高速（G42）、张南高速（G5155）、渝万高铁、达万铁路、318国道、243国道、梁平机场，形成“两高两铁两国道一机场”的立体交通网络。西经中欧班列（渝新欧）通达中亚和欧洲；东凭长江水道出港出海；南接21世纪海上丝绸之路；北经襄渝宜铁路汇入京广铁路大动脉。是“一带一路”和长江经济带的交汇点，中西部地区承接产业转移的第一梯度。

风光旖旎

五大名胜：

双桂堂、滑石古寨、百里竹海、盘龙古洞、文峰塔

文化深厚

五项国家级非遗：

梁平竹帘、梁山灯戏、梁平木版年画、梁平癞子锣鼓、梁平抬儿调

百里竹海风景区

梁平竹帘

E-commerce

梁平电子商务简明读本

LIANGPING DIANZISHANGWU JIANMING DUBEN

■主 编 董征宇 范 珍 郑高奎

重庆大学出版社

图书在版编目(CIP)数据

梁平电子商务简明读本 / 董征宇,范珍,郑高奎主编. --重庆 :
重庆大学出版社, 2017.10

ISBN 978-7-5689-0827-6

Ⅰ.①梁… Ⅱ.①董…②范…③郑… Ⅲ.①电子商务—重庆
Ⅳ.①F724.6

中国版本图书馆 CIP 数据核字(2017)第 239911 号

梁平电子商务简明读本

主 编 董征宇 范 珍 郑高奎

责任编辑:尚东亮 版式设计:尚东亮

责任校对:刘志刚 责任印制:赵 晟

*

重庆大学出版社出版发行

出版人:易树平

社址:重庆市沙坪坝区大学城西路 21 号

邮编:401331

电话:(023) 88617190 88617185(中小学)

传真:(023) 88617186 88617166

网址:http://www.cqup.com.cn

邮箱:fxk@ cqup.com.cn (营销中心)

全国新华书店经销

重庆华林天美印务有限公司印刷

*

开本:787mm×1092mm 1/16 印张:15.25 字数:317 千 插页:16 开 4 页

2017 年 10 月第 1 版 2017 年 10 月第 1 次印刷

ISBN 978-7-5689-0827-6 定价:36.50 元

《梁平电子商务简明读本》编审委员会

主　编　董征宇　范　珍　郑高奎

委　员　李少军　谢明书　徐　霞　唐鹏程

前　言

电子商务是依托网络、信息技术开展的一种跨越时空的新型商业运营模式。当前，在信息化浪潮的推动下，世界范围内的产业结构调整与升级换代正在加速进行，作为信息技术在商务领域的积极应用，电子商务已成为改变商业发展环境、推动贸易功能升级、赢得全球资源配置优势的有效手段，也成为我国重要的社会经济形式和现代流通方式，成为调整经济结构、转变经济发展方式的重要途径。

梁平区资源丰富，特色产品种类较多，品质优良。区委、区政府高度重视如何把梁平柚、黑花生、土蜂蜜、张鸭子、甜茶、阴沉木等众多农特产品销售得更远，让农民增收致富，提出了要实现电子商务集中突破的新思路，大力发展以农特产品网上交易为切入点的电子商务，首要工作就是要培养大批从事电子商务的工作人员。因此，区委、区政府启动了适宜梁平特点的《梁平电子商务简明读本》编撰工作和电子商务人才培训计划。希望通过系统培训，能够让大家懂得发展电子商务的重要性，了解电子商务有关知识，初步掌握电子商务操作技能，从而提高发展电子商务的积极性，自觉投身到电子商务发展的具体实践中。

本书由董征宇、范珍、郑高奎任主编，具体编写分工为：重庆电子工程职业学院范珍教授编写第一章，重庆电子工程职业学院董征宇编写第二、三、四、五、六、七、八章，梁平区教委郑高奎编写附录。本书部分教学视频由北京络捷斯特科技发展股份有限公司提供。本书在编写过程中得到了重庆电子工程职业学院校长聂强教授、管理学院院长黄志平教授的悉心指导，也得到了重庆市梁平区委、区政府、区教委、区商务局各级领导的大力支持，在此对各位表示诚挚的谢意。由于受作者水平和时间的限制，书中的错误和遗漏在所难免，衷心希望能得到各位读者的批评指正，我们会努力将本书进一步更新完善，以回报各位的厚爱。

编　者

2017 年 6 月

梁平特色

“竹韵柚乡，湖光禅城”，梁平区以其悠久的历史和深厚的文化底蕴，谱写着现代经济改革发展新篇章。梁平区确立了建设“现代农业示范区、产城融合先行区、统筹城乡示范县”的三大发展定位，大力推进特色文化、特色农业和特色工业的发展。

一、特色文化

梁平共有国家级非遗项目5项（梁平竹帘、梁山灯戏、梁平木版年画、梁平抬儿调、梁平癞子锣鼓），重庆市级非遗项目20项（草把龙、土法造纸等），区级非遗名录86项。国保名录数量居中国汉族地区行政区县之首，三级名录数量均居全市各区县之首。有国家级代表性传承人3名，市级代表性传承人31名，区级代表性传承人108名。2013年，梁平被文化部公布为接龙习俗春节特色文化地区；2011、2013年，梁平成功申报注册“梁平竹帘”“梁平木版年画”两个国家地理标志商标；2008、2011年，梁平连续被国家文化部命名为中国民间文化艺术之乡（梁平木版年画之乡、梁山灯戏之乡、梁平癞子锣鼓之乡）。

二、特色农业

梁平以特色效益农业为基础，加强“梁平农业”品牌建设。构建“1+3”农业产业体系，促进柚子、粮菜、水产、畜牧等优势产业从传统的种植、养殖向精深加工、旅游观光等全产业链延伸和一、二、三产业的融合发展，梁平柚、张鸭子、蟠龙大米、礼让豆筋等传统优势特色农产品以全新的形式呈现。随着阿里巴巴农村淘宝、超级美味、微信微店等电商平台的不断涌现，实现了生鲜销售与加工销售、线上销售和线下销售的齐步走。2015年，梁平各类农特产品互联网上线率80%，实现网上销售4.5亿元。

三、特色工业

梁平在区委、区政府聚焦特色工业发展形势背景下，着力构建“一支柱四集群”特色工业体系。以工业园区双桂组团为工业发展主战场，适时推进屏锦-回龙组团、福禄-石安组团建设，逐步形成“一区三组团”工业发展格局。以中国西部（重庆）塑料生态产业园为着力点，把塑料产业培育成我区的战略性支柱产业，加快聚合两百亿级生态塑料产业集群、百亿级集成电路产业集群、百亿级不锈钢制品产业集群及环保产业集群，形成四百亿级特色工业集群，同步推进农副食品加工、能源、建材、竹工艺品等产业发展。

中国西部（重庆）塑料生态产业园，是中国塑料产业协会和市政府、市经信委及梁平区倾力打造的全市唯一的塑料产业园，总体规划面积13.9平方千米，打造集塑料交易、塑料机械、塑料模具、塑料制品等为一体的完整产业链；重庆集成电路产业园是重庆市121科技支撑示范工程，总体规划面积4.33平方千米，目前依托重庆平伟实业股份有限公司已启动230亩示范工程建设；重庆不锈钢制品产业园总体规划面积4.96平方千米，近期规划1.49平方千米，以巨源不锈钢为中心，打造不锈钢制品板块、循环经济板块、不锈钢制品原料板块及商贸物流板块；重庆食品加工园规划面积2.56平方千米，预计到2020年，园区要初步形成现代食品加工产业集群，成为国家农业产业化示范区；重庆环保装备产业园目前引进德兆小康城市生活垃圾处理项目，可实现日处理垃圾300吨，处理餐厨垃圾50吨，城市生活垃圾当日处理完毕，畜禽粪污变废为宝，生态零排放。

随着渝万城际铁路和梁忠高速相继通车，梁平将迎来更大的发展机遇，便利的交通也将推动梁平工农业及文化产业的转型升级发展，梁平将在“竹韵柚乡，湖光禅城”的文化底蕴熏陶下走出一条更具特色的经济发展之路。

目 录

第一章　电子商务基础

第一节　认识电子商务

一、什么是电子商务

很多人认为电子商务就是网上购物，实际上电子商务的含义和应用非常广泛。电子商务的概念有广义和狭义之分，见图 1-1。狭义的电子商务指利用互联网进行商品交易；而广义的电子商务指各种行业中各种业务的电子化，内容广泛包括电子商务、电子军务、电子公务、电子医务等。电子商务以低廉的交易成本、简化的贸易流程、超越时空限制的经营方式和由此带来的巨大利润，成为企业追逐的热点。

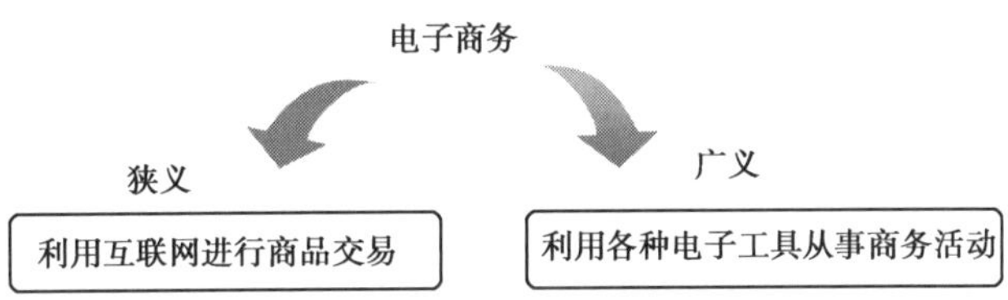

图 1-1　电子商务的定义

二、生活中的电子商务

电子商务是以计算机、通信、网络和多媒体技术为手段而演化出来的一种全新的经营方式，不仅改变着传统的社会生产方式，而且电子商务已经渗透到人们生活的方方面面，如网上购物、网上打车、网上旅游、网上点餐、网上找工作等，使得人们的生活更加丰富多彩。

1.网上购物

小张是一名白领，跟其他的女孩子一样，比较喜欢吃零食。以前她总是特别盼望能去外地出差，顺便可以在当地一饱口福，还能大包小包地带零食回家与姐妹们分享，开心之余却也疲惫不堪。自从小张学会了网上购物后，她现在特别喜欢在网上买东西，用她的话说："上网买东西就是方便，什么时候想买哪个地方的零食，就买哪个地方的零食，还不用担心买多了提不动。"

如何在网上进行购物？购物网站很多，常见的网站有淘宝、天猫、京东、苏宁易购、唯品会、聚美优品、当当网等。这些购物网站购物流程大致相同，以手机淘宝为例，看一看如何用手机在网上购物（图 1-2）。

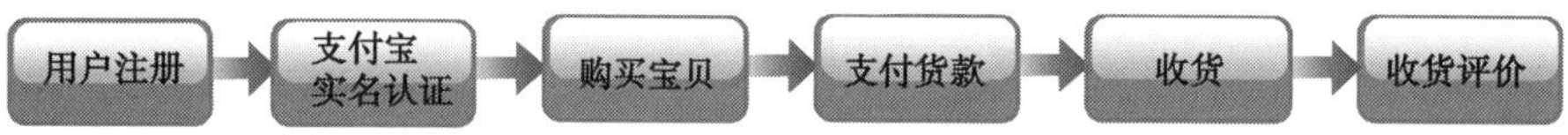

图 1-2　淘宝网购物流程

（1）用户注册

①下载淘宝手机客户端，下载完成后安装到手机上。打开手机淘宝，在主页点击右下角"我的淘宝"，进入登录/注册页面，点击新用户注册。如图 1-3 所示。

图 1-3

②在注册页面,填写需要注册的手机号码,点击“下一步”,淘宝会向你的手机发送一个6位数字的校验码,输入该校验码,点击“下一步”。如图1-4所示。

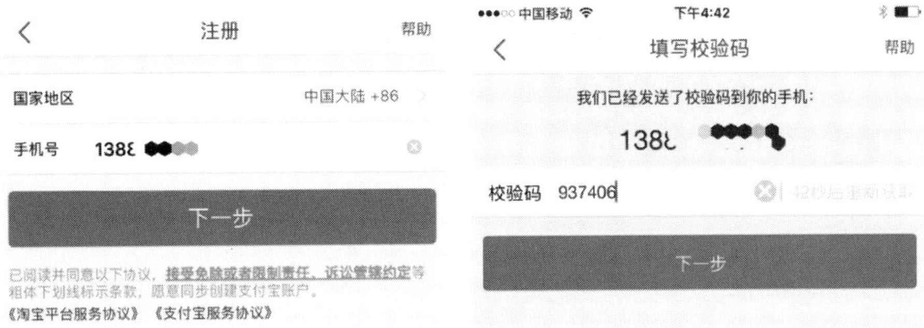

图 1-4

③在新出现的界面,输入“登录密码”和设置淘宝“会员名”,点击“确定”。如图1-5所示。淘宝会员注册成功后,支付宝账号同时开通,支付宝会向注册手机发送短信,见图1-6。淘宝账号和密码就是支付宝账号和密码。

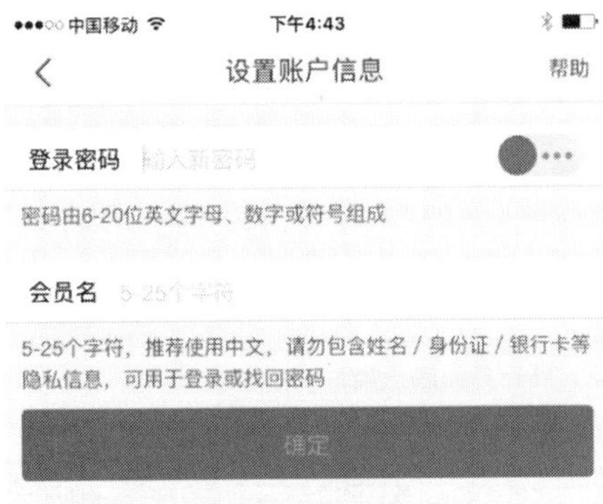

图 1-5

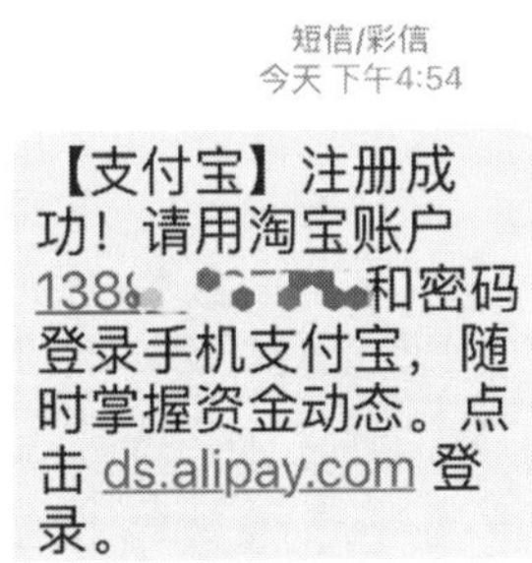

图 1-6

小提示

设置密码时,应注意以下事项:

1.避免密码和会员登录名完全一致。

2.避免密码和电话、传真、手机、邮箱等任何一个一致。

3.使用英文字母和数字以及特殊符号的组合,避免用连续数字或字母、用同一个字母或数字、简单有规律的数字或者字母排列。

4.密码不要与任何公开的信息一致,避免用姓名、单位名称或其他任何可轻易获得的信息。

(2)支付宝实名认证

①在手机上下载支付宝手机客户端,用刚刚注册的支付宝账号和密码登录支付宝,进入支付宝首页,点击右下角“我的”,点击“余额”。

图 1-7

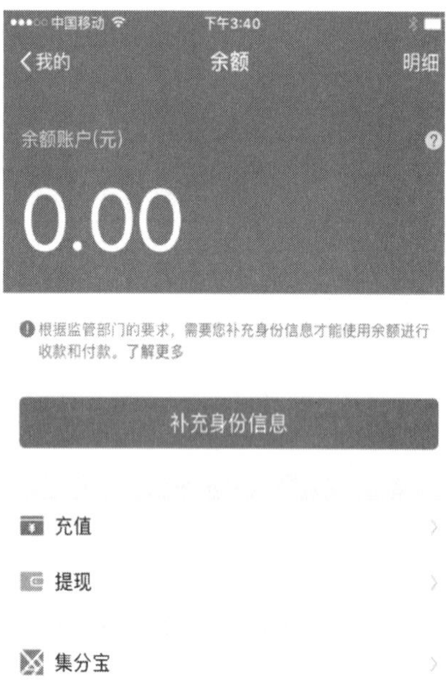

图 1-8

支付账户分为哪三类?

I类:绑张银行卡就够了

II类:上传身份证,或再绑定一张不同银行的银行卡即可

III类:在II类的基础上再加两项验证就够啦
比如:在支付宝里交水、电、燃气、有线电视费;
在支付宝里买火车票、买机票;
在支付宝里买保险;
开通芝麻信用……

三类账户的余额支付额度分别是多少?

I类 额度1000元/终身
支持余额转账、提现、消费,通过余额支付共享此额度

II类 额度10万元/年
支持余额转账、提现、消费,除提现外,个人所有账户通过余额支付共享此额度,提现不受此额度限制

III类 额度20万元/年
支持余额转账、提现、消费,购买投资理财等金融类产品,个人所有账户通过余额支付共享此额度,提现不受此额度限制

图 1-9

②点击“补充身份信息”。根据监管部门的要求，需要补充身份信息才能使用支付宝余额进行“收款和付款”。如想了解更多信息，点击“了解更多”。

根据中国人民银行颁布的《非银行支付机构网络支付业务管理办法》的规定，支付账户严格实行实名制，此管理办法将支付账户分三类进行管理，用户账户的身份信息完善程度不同，通过余额进行付款的额度也有所不同，见图 1-9。如果账户不进行实名，将无法收到他人的红包、打赏、转账等，需要补全身份信息才能收款，因此，需要补充个人的信息，进行实名认证。

③设置支付密码，完成后点击“下一步”，点击“验证本人银行卡”，见图 1-10。

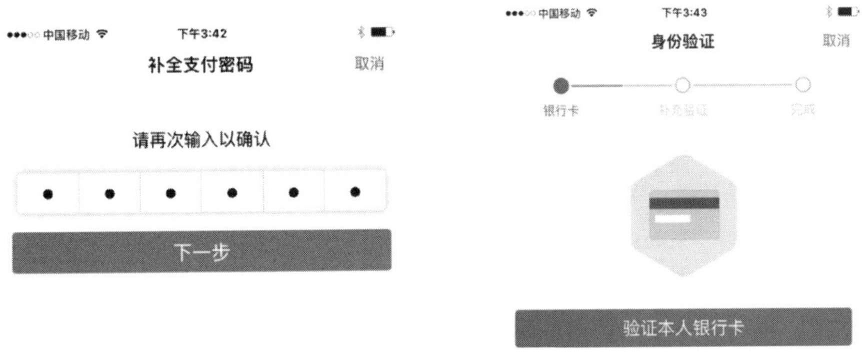

图 1-10

输入银行卡号，然后填写银行卡信息（持卡人姓名、身份证号、银行预留手机号），点击“下一步”，手机会收到开卡银行发的 6 位校验码，填写完校验码后点击“下一步”，见图 1-11。

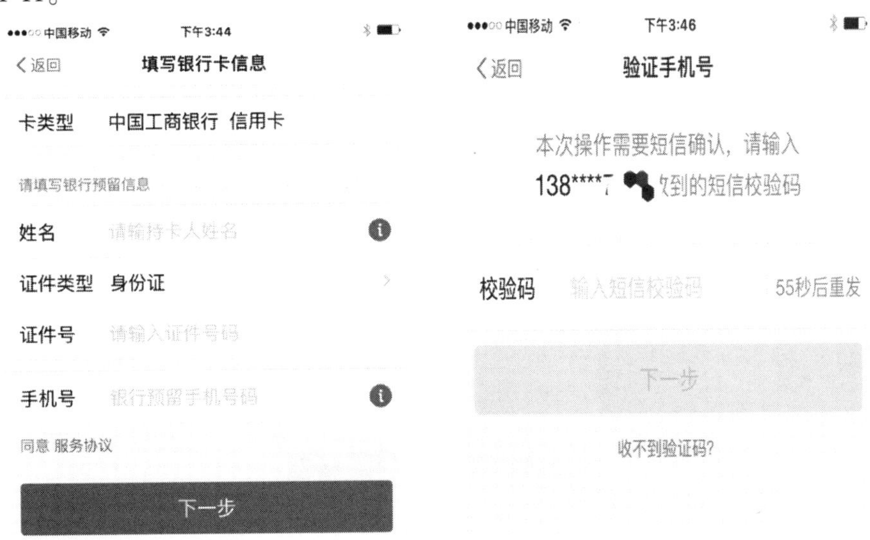

图 1-11

④进行身份认证。身份认证方式有 3 种，验证本人证件、验证本人银行卡、采集本人人脸，可以自主选择用哪种验证方式，这里选择“验证本人证件”。将本人身份证拿出来，选择一个光线好的地方，按照提示，对身份证正反面进行扫描，完成后点击“确认并提交”，见图 1-12。身份验证完成，等待淘宝审核。审核通过后，支付宝实名认证完成。

图 1-12

⑤利用绑定的银行卡向支付宝余额充值。在支付宝首页，点击右下角“我的”，点击“余额”，点击“充值”，选择一张银行卡，输入金额，点击“下一步”，输入支付密码，充值完成，见图 1-13。以后就可以使用支付宝，完成购物后的在线支付。

图 1-13

(3)浏览及购买商品

①登录手机淘宝,进入手机淘宝首页,挑选所要购买的商品。利用首页所提供的分类、目录或搜索功能,查找自己需要的商品。如在搜索栏输入"iPhone6 数据线",能搜索出很多数据线产品,在其中进行挑选即可,见图 1-14。

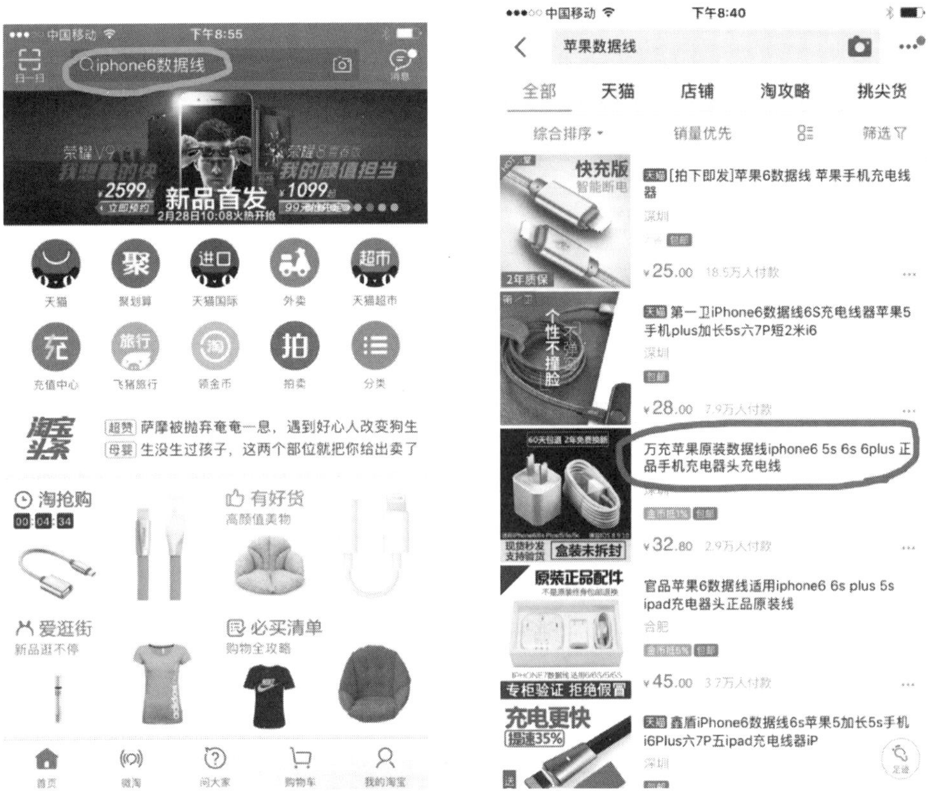

图 1-14

②找到喜欢的商品后,浏览商品的说明、价格、付款方式、送货条件、退货条件、商品评价、成交记录、售后服务等信息,看看是否符合需求,决定是否订购。如果决定购买,选定型号、规格、数量等后,点击"立即购买",见图 1-15。

③在弹出的页面中,填写收货地址,选择配送方式,仔细核对购买的商品信息,确认无误后,点击"提交订单"。首次购物,要完整填写收货人姓名、电话、详细地址,选择设置为默认,以后每次购物时系统就默认这个地址,一般可以将经常收货的地址设置为默认。如果还有其他收货地址,请添加新的地址,见图 1-16。

(4)支付货款

进入付款页面,选择付款方式,可以选择支付宝账户、余额宝、银行卡、信用卡、网银

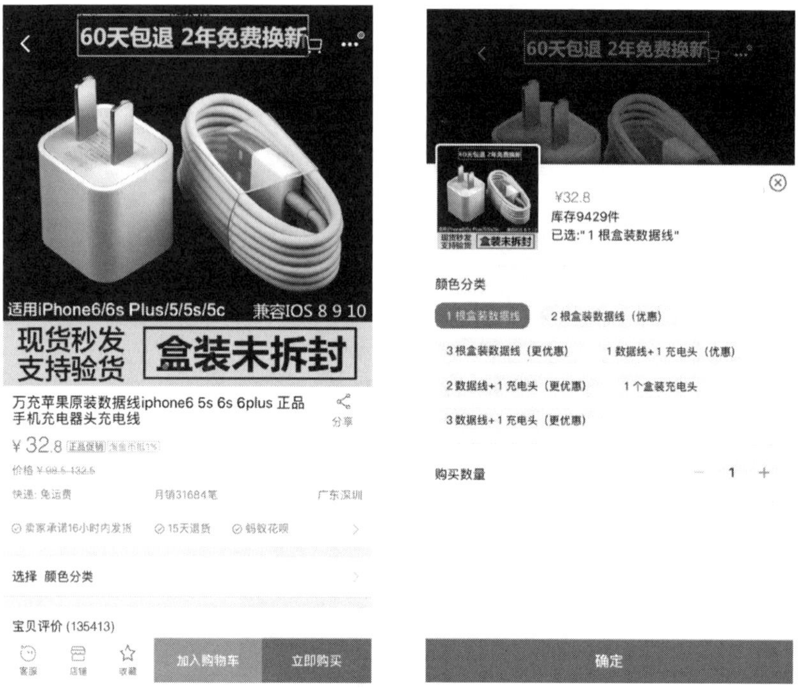
60天包退 2年免费换新
适用iPhone6/6s Plus/5/5s/5c
兼容IOS 8 9 10
现货秒发
支持验货
盒装未拆封
万充苹果原装数据线iphone6 5s 6s 6plus 正品手机充电器头充电线
分享
¥ 32.8
快递：免运费
月销31684笔
广东深圳
卖家承诺16小时内发货
15天退货
蚂蚁花呗
选择 颜色分类
宝贝评价 (135413)
客服
店铺
收藏
加入购物车
立即购买
¥32.8
库存9429件
已选："1 根盒装数据线"
颜色分类
1 根盒装数据线
2 根盒装数据线（优惠）
3 根盒装数据线（更优惠）
1 数据线+1 充电头（优惠）
2 数据线+1 充电头（更优惠）
1 个盒装充电头
3 数据线+1 充电头（更优惠）
购买数量
1
确定

图 1-15

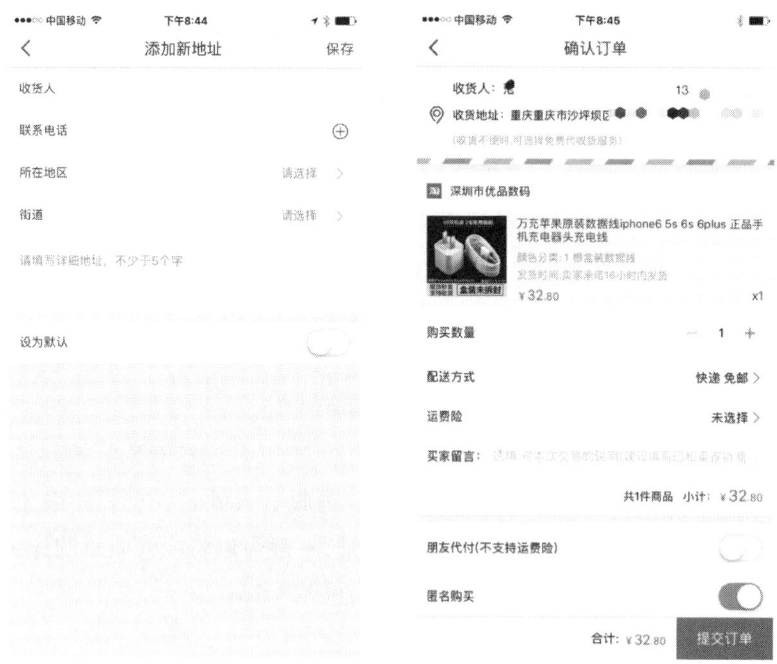
中国移动
下午8:44
添加新地址
保存
收货人
联系电话
所在地区
请选择
街道
请选择
请填写详细地址，不少于5个字
设为默认
下午8:45
确认订单
收货人：
收货地址：重庆重庆市沙坪坝区
深圳市优品数码
万充苹果原装数据线iphone6 5s 6s 6plus 正品手机充电器头充电线
颜色分类：1 根盒装数据线
发货时间：卖家承诺16小时内发货
¥32.80
x1
购买数量
1
配送方式
快递 免邮
运费险
未选择
买家留言：
共1件商品 小计：¥32.80
朋友代付(不支持运费险)
匿名购买
合计：¥32.80
提交订单

图 1-16

付款等付款方式，这里选择支付宝账户支付，然后点击“确认支付”，见图 1-17，出现付款成功页面，付款成功。

图 1-17

(5) 卖家发货

当买家付款到支付宝后，系统会通知卖家发货。发货后，在“我的订单”里点击“待收货”可以看到订单状态会变为卖家已发货。点击“查看物流”，可以查看包裹到了哪里，及时跟踪包裹的情况，见图 1-18。

(6) 收货及评价

买家收到货后，在“我的订单”里，点击“待收货”，点击“确认收货”，出现支付宝付款页面，输入支付宝支付密码，确定后，显示交易成功，支付宝会将货款打入卖家的账户。点击“立即评价”，可以对卖家的商品和服务进行评价，见图 1-19。

(7) 退换货

如果购买的商品在规格、型号、花色等方面不满意，可以和卖家沟通，进行换货，但产生的运费买家自己承担，也可以在付款时购买运费险。如果对购买的商品不满意想退货，可以根据《网络购买商品七日无理由退货暂行办法》中的规定申请退货。

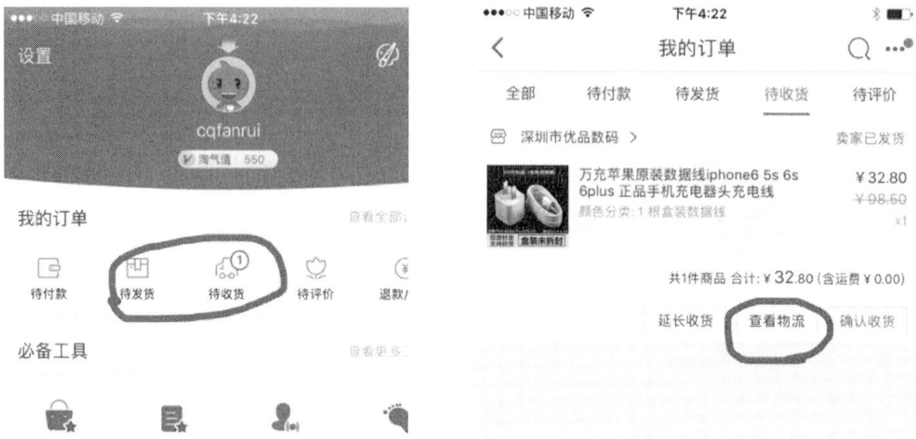
中国移动
下午4:22
设置
cqfanrui
淘气值 550
我的订单
待付款
待发货
待收货
待评价
退款/
必备工具
中国移动
下午4:22
我的订单
全部
待付款
待发货
待收货
待评价
深圳市优品数码
卖家已发货
万充苹果原装数据线iphone6 5s 6s 6plus 正品手机充电器头充电线
¥32.80
¥98.60
颜色分类：1根盒装数据线
共1件商品 合计：¥32.80（含运费¥0.00）
延长收货
查看物流
确认收货

图 1-18

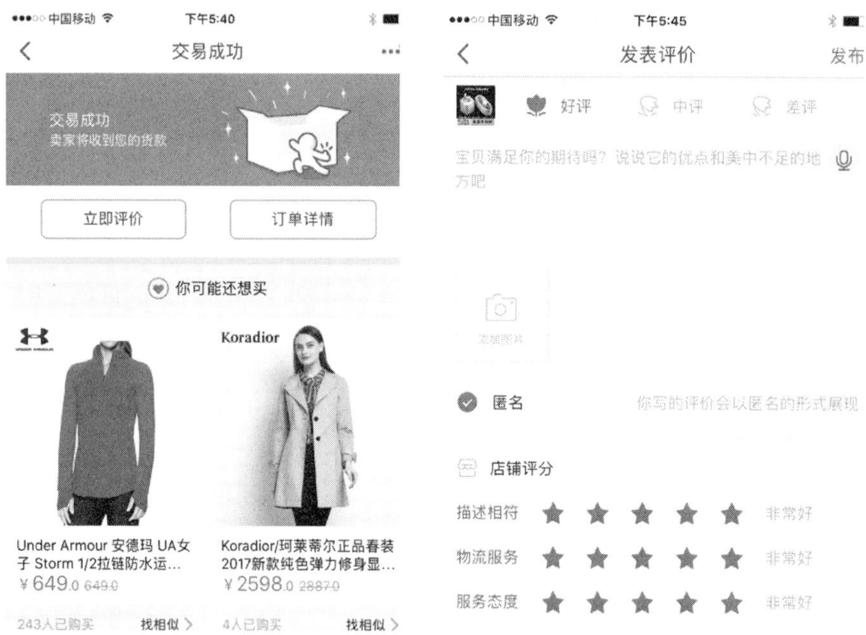
中国移动
下午5:40
交易成功
交易成功
卖家将收到您的货款
立即评价
订单详情
你可能还想买
Koradior
Under Armour 安德玛 UA女子 Storm 1/2拉链防水运…
¥649.0 649.0
243人已购买
找相似
Koradior/珂莱蒂尔正品春装2017新款纯色弹力修身显…
¥2598.0 2887.0
4人已购买
找相似
中国移动
下午5:45
发表评价
发布
好评
中评
差评
宝贝满足你的期待吗？说说它的优点和美中不足的地方吧
匿名
你写的评价会以匿名的形式展现
店铺评分
描述相符
非常好
物流服务
非常好
服务态度
非常好

图 1-19

小提示

2017 年 1 月国家工商行政管理总局发布了《网络购买商品七日无理由退货暂行办法》，2017 年 3 月 15 日起施行。《办法》中明确，如选择无理由退货的消费者应当自收到商品之日起七日内向网络商品销售者发出退货申请，七日期间自签收的次日开始起算。消费者退回的商品应当完好，退货时应当将商品本身、配件及赠品一并退回。

一、商品完好的标准

①商品能够保持原有品质、功能，商品本身、配件、商标标识齐全的，视为商品完好。

②消费者基于查验需要而打开商品包装，或者为确认商品的品质、功能而进行合理的调试不影响商品的完好。

二、不适用退货的商品范围

1.下列商品不适用七日无理由退货规定

①消费者定作的商品；

②鲜活易腐的商品；

③在线下载或者消费者拆封的音像制品、计算机软件等数字化商品；

④交付的报纸、期刊。

2.下列性质的商品经消费者在购买时确认，可以不适用七日无理由退货规定

①拆封后易影响人身安全或者生命健康的商品，或者拆封后易导致商品品质发生改变的商品；

②一经激活或者试用后价值贬损较大的商品；

③销售时已明示的临近保质期的商品、有瑕疵的商品。

3.商品不完好的具体判定标准

①食品（含保健食品）、化妆品、医疗器械、计生用品：必要的一次性密封包装被损坏；

②电子电器类：进行未经授权的维修、改动，破坏、涂改强制性产品认证标志、指示标贴、机器序列号等，有难以恢复原状的外观类使用痕迹，或者产生激活、授权信息、不合理的个人使用数据留存等数据类使用痕迹；

③服装、鞋帽、箱包、玩具、家纺、家居类：商标标识被摘、标识被剪，商品受污、受损。

2.网上打车

小夏家住重庆大学城，由于大学城的出租车比较少，打车非常不方便，一天小夏听朋友说有一个“滴滴出行”的软件，安装在手机上，用它在网上叫车很方便。小夏就尝试着用了一次，发现确实非常方便，而且价格便宜，司机的服务又好，从此以后，小夏需要打车时，都用滴滴打车。

如何使用“滴滴出行”在网上打车，流程如下：

①先在手机上下载“滴滴出行”，安装此软件。事先需要绑定银行卡或开通支付宝、微信支付功能。

②打开“滴滴出行”程序。首次使用需要注册，按照提示注册，填写简单的个人资料即可使用。

③打开手机定位服务，点击“滴滴出行”应用程序图标，系统会自动定位，地图会提示乘客的位置信息和附近出租车信息，见图 1-20，可以选择快车、出租车、专车、顺风车等，这里选择快车。

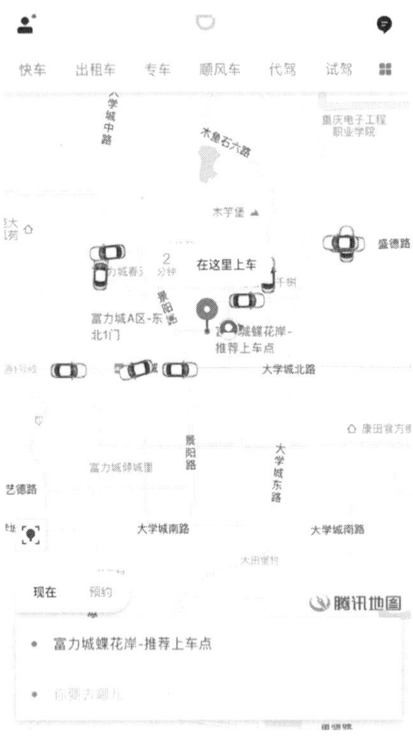

图 1-20

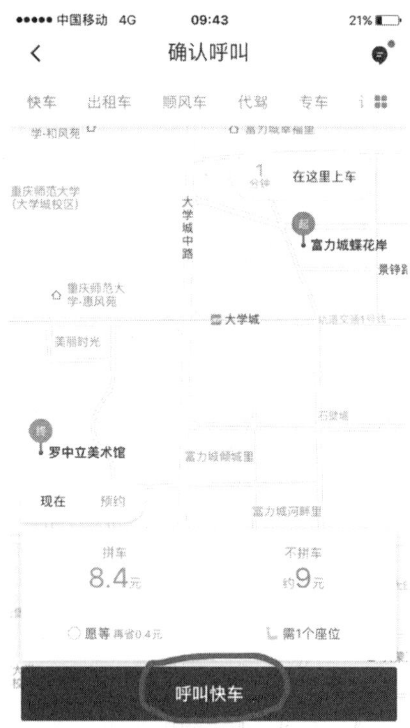

图 1-21

在“你去哪儿”一栏输入要到的地点“罗中立美术馆”，系统会自动显示图 1-21 所示界面。确定了起点和终点之后，点击“呼叫快车”。

④滴滴系统会通知车辆，滴滴司机接单。司机接单后会显示司机的信息：车牌号、

车的颜色、品牌、司机好评率和总接单量，点击右边的电话图标可以直接和司机联系。

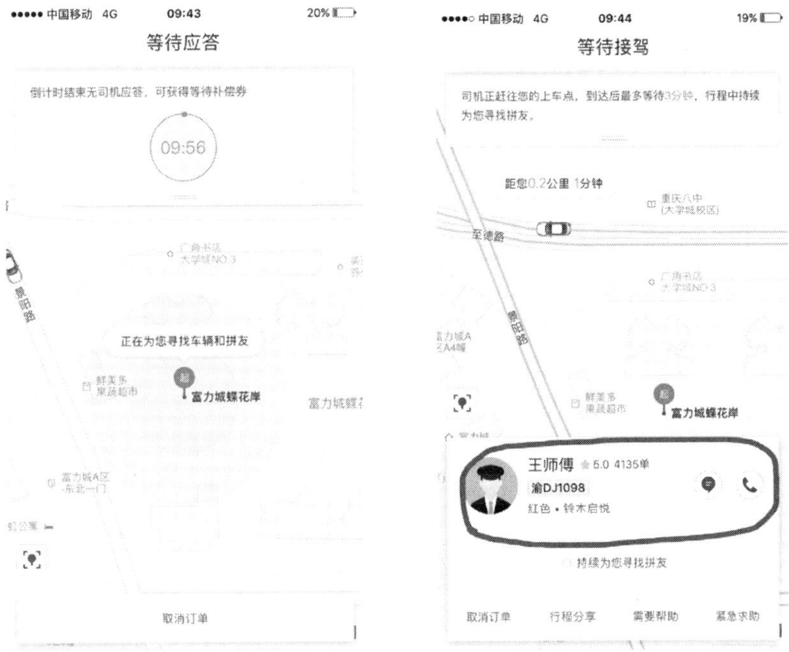

图 1-22

⑤等待司机到达，上车后开始行程，见图 1-23。

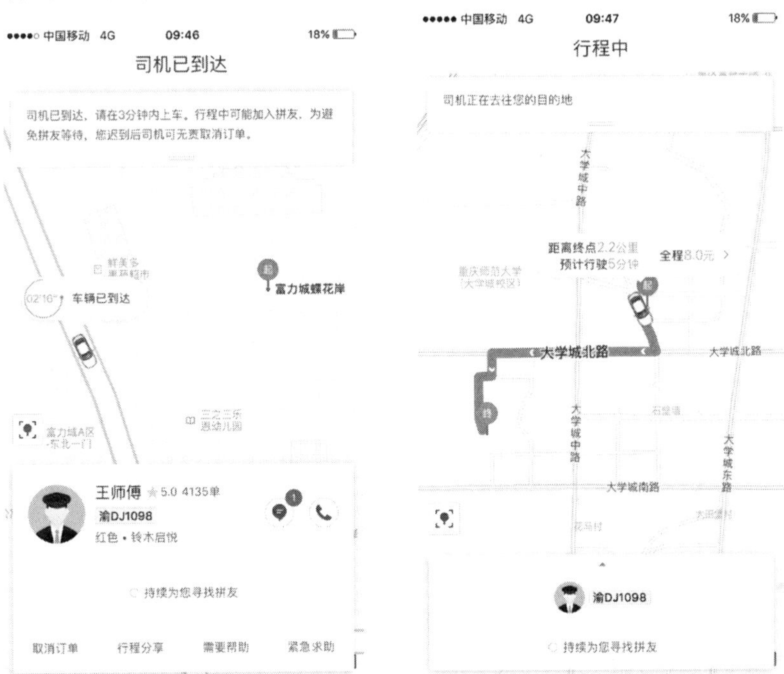

图 1-23

⑥到达目的地后，点击“立即支付”进行付款，可以用支付宝、微信等方式付款，输入支付密码，完成车费支付，见图 1-24。

图 1-24

除了使用滴滴出行客户端，还可以通过以下方式使用滴滴打车软件：一是微信钱包的应用；二是支付宝的应用；三是使用百度地图。

使用微信钱包里的应用：进入微信，点击“我”，点击“钱包”，点击“滴滴出行”，见图 1-25，进入打车页面，后面的操作与上面“滴滴出行”客户端的操作相同。

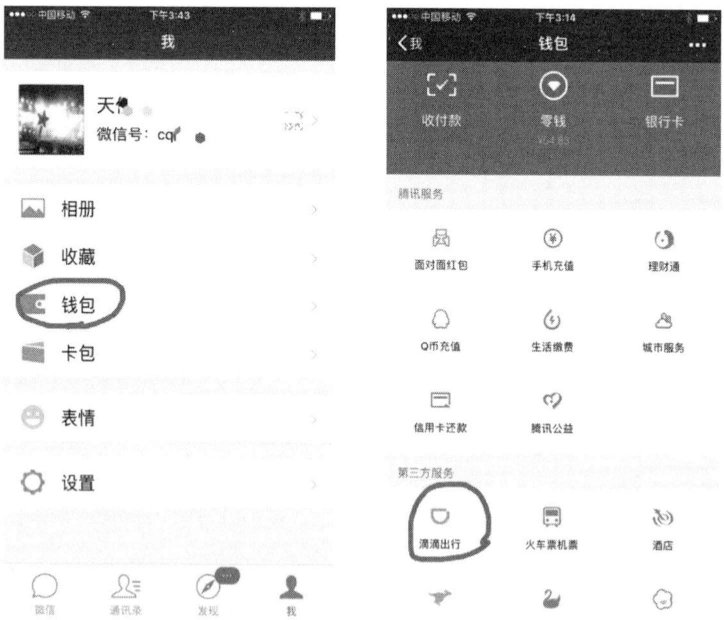

图 1-25

使用支付宝的应用：登录支付宝，进入支付宝首页，点击“滴滴出行”，见图 1-26，进入打车页面，后面的操作与上面“滴滴出行”客户端的操作相同。

图 1-26

使用百度地图：下载百度地图后，进入百度地图，点击“路线”，输入出发点、目的地地址，点击“快车”，会显示附近车辆的情况及最近司机抵达时间，如确认要叫车，点击“呼叫快车”，见图 1-27，后面的操作与“滴滴出行”客户端的操作相同。

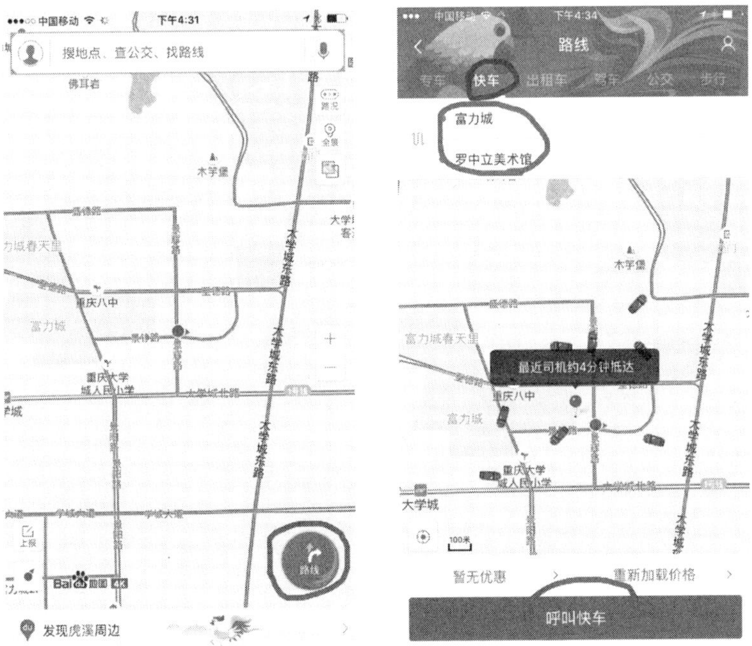

图 1-27

3.网上点外卖

小张是重庆师范大学的一名学生，每天都在学校食堂吃饭，食堂的饭菜都吃腻了。她的同学介绍说现在好多同学都在用一款手机应用程序“饿了么”叫外卖，大学城附近的美食都可以吃到，价格有很多优惠，而且还送到宿舍楼，太方便了。小张也开始在网上叫外卖，从快餐、各地特色菜到汉堡、披萨、蛋糕、甜点都在网上叫，真是足不出户，吃遍各地美食！

常用的外卖软件有“美团外卖”“百度外卖”“饿了么”等，下面以美团外卖为例，看怎样在网上点外卖。

①在手机上下载美团应用程序，进入美团应用程序首页，上面有美食、电影、酒店住宿、休闲娱乐、外卖、火车票/机票等，点击“外卖”，点击“美食”。选择一家美食店如“巫山特色纸上烤鱼”，点击进入选择一款美食，见图 1-28。

图 1-28

②选择好后，点击“去结算”，美团会发一个 6 位数的验证码到手机上，填写验证码后，点击“提交”，见图 1-29。

③添加收货地址，填写姓名、电话和详细收货地址（包括楼、门牌号），确定订单信息无误后，点击“提交订单”，见图 1-30。

④选择在线支付方式，如微信支付，点击“确认支付”，支付完成后，显示支付成功，见图 1-31。

中国移动
下午5:41
巫山特色纸上烤鱼
点菜
评价
详情
热销
折扣
注意事项
提前订餐业务
香辣味烤鱼（鲫鱼）
¥28起
香辣烤草鱼
¥68起
新用户立减3.0元(在线支付专享)
1号口袋
清空购物车
香辣烤草鱼
微辣
¥68
1
餐盒费
¥5
2号口袋
¥73
去结算
中国移动
下午5:42
手机验证
332448
提交
收不到短信？使用语音验证码
绑定新手机号
1
2 ABC
3 DEF
4 GHI
5 JKL
6 MNO
7 PQRS
8 TUV
9 WXYZ
0

图 1-29

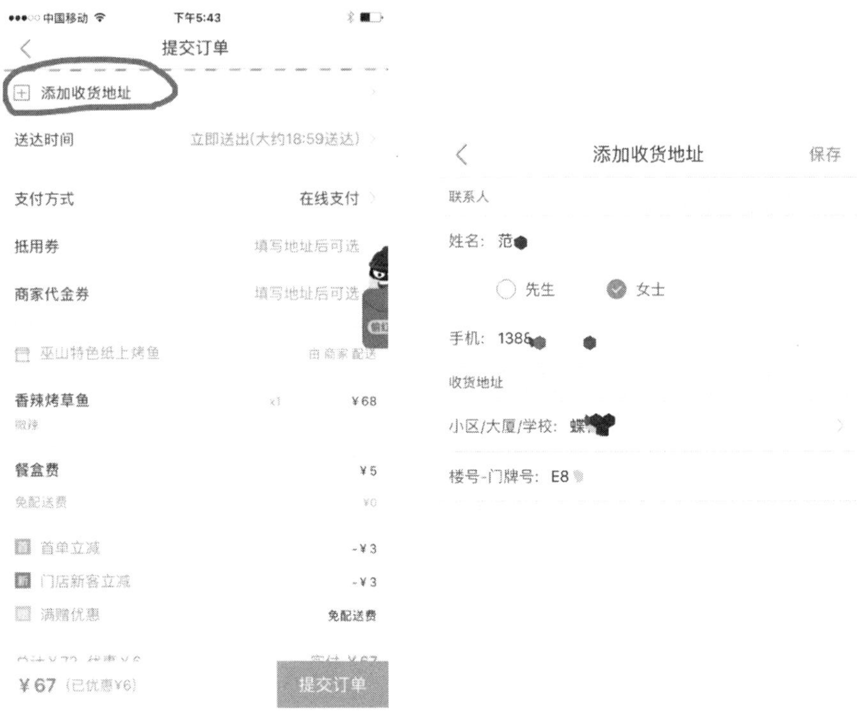
中国移动
下午5:43
提交订单
添加收货地址
送达时间
立即送出(大约18:59送达)
支付方式
在线支付
抵用券
填写地址后可选
商家代金券
填写地址后可选
巫山特色纸上烤鱼
由商家配送
香辣烤草鱼
微辣
x1
¥68
餐盒费
¥5
免配送费
¥0
首单立减
-¥3
门店新客立减
-¥3
满赠优惠
免配送费
¥67 (已优惠¥6)
提交订单
添加收货地址
保存
联系人
姓名：范
先生
女士
手机：1386
收货地址
小区/大厦/学校：蝶
楼号-门牌号：E8

图 1-30

图 1-31

⑤查看订单，显示商家已接单，并显示预计送达时间，之后就是等待送货上门。收到美食后，点击“确认收货”，品尝完后，可以进行评价，以供其他人选择时作为参考，见图 1-32。

图 1-32

4.网上旅游

赵老师一家特别喜欢旅游，他们以前都是参加旅行社的跟团游，行程受限制，一直想自由行。赵老师试着在携程网上买机票，预订酒店和景点门票，出行前在网上了解景点介绍和旅游攻略，一切都由自己掌控，这个地方好玩就多玩一会儿，一家人玩得很愉快。以后赵老师旅游都是自由行。

常用的旅游网站有携程网、去哪儿网、途牛网、同程网、艺龙等，可以在这些网站上买机票、火车票、旅游景点门票、订酒店等，还有旅游线路、景点介绍、当地美食介绍、旅游攻略等，内容丰富。下面以携程网为例看看怎样在网上买火车票。（买火车票还可以直接到中国铁路总公司官网 12306 购买），买火车票和买机票的流程是一样的。

①在手机上下载携程应用程序“携程旅行”，进入首页，点“火车票”，选择始发站、终点站和日期，点击“查询”，见图 1-33。

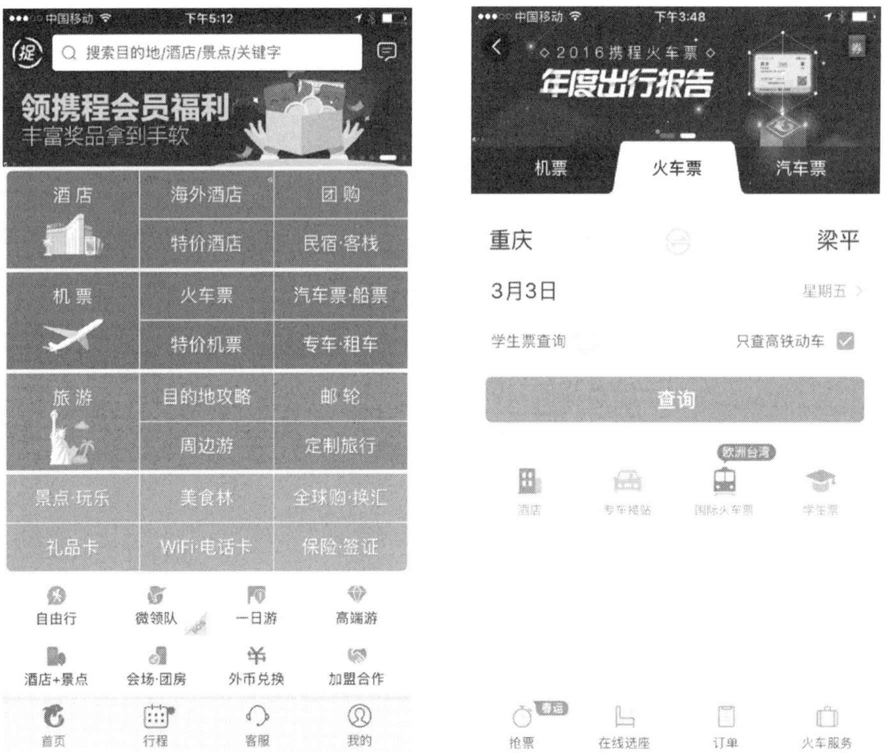

图 1-33

②查询得到这一天所有的高铁班车，选择你满意的班次，如果要预订二等座票，在后面点“预订”，下面可以选择在携程预订、12306 预订等，点击“买票”，见图 1-34。

③添加乘客的信息（姓名、身份证号）、联系手机号，确认无误后点击“立即预订”，见图 1-35。

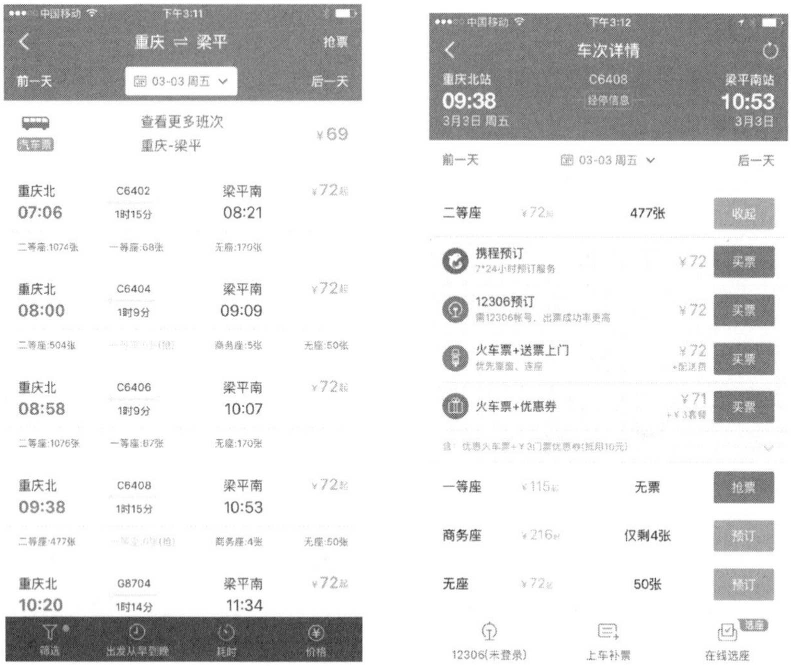

图 1-34

图 1-35

④订单提交后，完成支付。点击“去支付”，选择支付方式，完成支付，见图 1-36。

图 1-36

火车票购买成功，显示车票的详细信息，包括车厢号和座位号，见图 1-37。

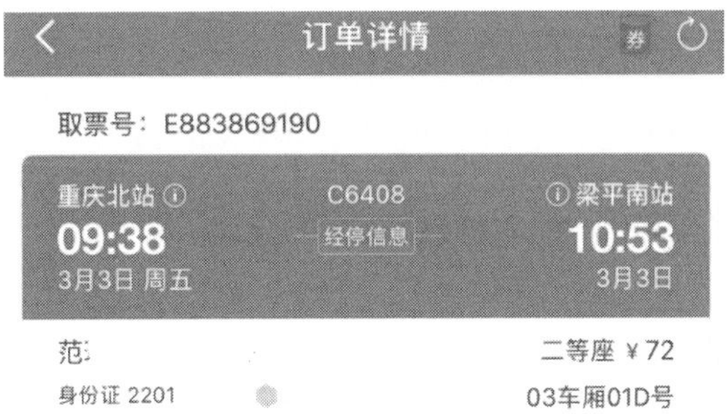

图 1-37

5.网上找工作

家住南京的小徐希望毕业后回南京工作，他的学校在徐州，一些大型的人才招聘会都在南京召开，他去参加南京的招聘会十分不方便。于是，他便萌生了在网上试试的想法。小徐进入智联招聘网，详细浏览了一些单位的招聘信息后，有针对性地准备了一份简历，将简历发到选出的10家公司。一周后，有4家公司回复要求他参加面试，最后他选择了一家在南京的公司，职位也比较满意。

人才招聘网站很多，如智联招聘网、前程无忧网、58同城、赶集网、中华英才网、应届生求职网、应届毕业生求职网等，在这些招聘网站，企业可以发布招聘职位信息、收集简历、在线面试与在线测评，个人可以在网站上寻找适合自己的职位，投简历。

一般先要在人才招聘网上注册登记，注明求职意向、要求以及个人情况和通信方式。然后根据网站上发布的招聘信息，发送求职意向，或直接登录企业网站，主动发电子邮件联系企业，将简历发给企业 。

图1-38　智联招聘网

三、我国电子商务的发展与现状

1.我国电子商务的发展历程

我国电子商务的发展始于20世纪90年代，大致可以分为3个阶段，如图1-39所示。

初步发展阶段　（1997—2002年）

中国化工网、阿里巴巴、8848、易趣、当当等网站相继开通，网上购物进入实际应用阶段，但由于我国信息化水平较低，以及互联网泡沫的破灭，电子商务的发展举步维艰。

快速发展阶段　（2003—2007年）

网民逐步接受了网络购物的生活方式，众多的中小型企业从B2B电子商务中获得了销售机会，电子商务基础环境不断成熟，物流、支付、诚信瓶颈得到基本解决。

纵深发展阶段　（2008年至今）

越来越多传统企业进入电子商务领域，阿里巴巴上市，京东、聚美优品、唯品会引爆了整个B2C领域，众多传统企业也纷纷开展"互联网+"行动，转型进军电商市场。

图 1-39　电子商务的发展阶段

微视频：电子商务的产生

微视频：8848 中国第一家 B2C 电商

微视频：72 小时网络生存测试

2.我国电子商务发展现状

我国电子商务相比美国等发达国家起步较晚，但发展很快，我国政府十分重视电子商务的发展，从 20 世纪 90 年代初就开始推动电子商务的应用，各项有利措施不断出台，使我国网上交易快速发展壮大起来。我国互联网用户人数众多，根据中国互联网信息中心发布的《中国互联网络发展状况统计报告》，截至 2016 年 12 月底，我国网民达 7.31 亿，互联网普及率 53.2%，超过全球平均水平 3.1 个百分点，手机网民 6.95 亿，网络购物用户规模达到 4.69 亿，手机购物用户达到 4.41 亿，电子商务在我国具有较好的发展基础。近年来，我国电子商务一直保持着高速发展的状态，自 2010 年突破 4 万亿元以来，电子商务交易额每年以 2 万亿元左右的幅度增长，2016 年达到 22.97 万亿元，日益成为拉动国民经济增长的重要动力和引擎。

四、电子商务由哪些部分构成

电子商务是以商务活动为主体，以计算机网络为基础，以电子化方式为手段进行的商务活动，由用户、商家、支付中心、认证中心、物流中心构成，其结构如图 1-40 所示。

五、电子商务发展的新趋势

在电子商务行业高速发展的过程中，移动电商、跨境电商、农村电商等成为电子商

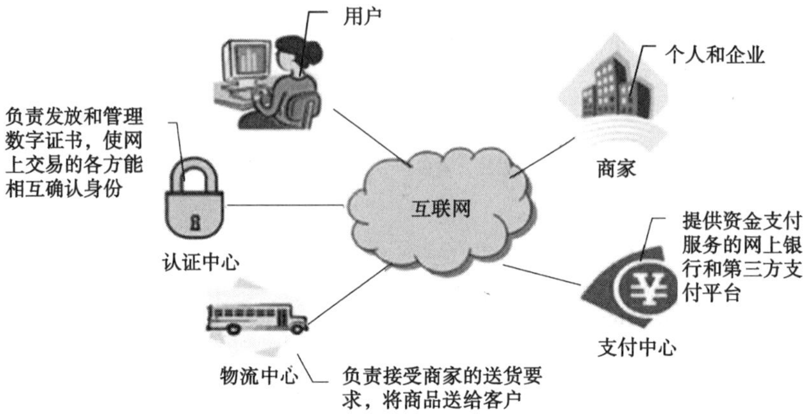

图 1-40　电子商务的构成

务发展的热点和新趋势。

1.什么是移动电子商务

移动互联网是当前时代发展趋势，势不可当。移动电商是指通过智能手机、Pad 等移动终端与互联网有机结合进行的电子商务活动，它能提供在线银行、实时交易、票务、移动购物、即时娱乐、无线医疗等服务，是电子商务的整合与延伸。截至 2016 年 12 月底，手机上网的网民比例达 95.1%，手机网络购物用户规模达到 4.41 亿，手机支付用户达 4.69 亿。与传统互联网电子商务相比，移动电子商务具有用户基础更庞大、更贴近市场和终端客户的显著优势。

移动电子商务的最大特点就是随时和碎片化。凭借移动终端的普及和技术进步，使得移动电子商务在获取营销信息、接收订货信息、作出购买决策、支付款项上，真正实现了 3A（Anybody，Anytime，Anywhere）全方位服务。

2.农村电子商务的内容和好处有哪些

农村正在成为我国电子商务消费的新蓝海。由于我国农村的实体商业基础设施严重不足，电子商务正成为农村重要的消费渠道。从商务部、农业部到各大电商巨头，都看到了农村巨大的消费潜力，开展了一轮波澜壮阔的“下乡运动”，阿里巴巴、京东、当当等电子商务平台，将农村市场作为下一步发力的重点领域。2014 年 10 月 13 日，阿里巴巴集团宣布，启动“千县万村”计划，在 3~5 年内投资 100 亿元，建立 1 000 个县级运营中心和 10 万个村级服务站。农民则成为电子商务创业的新兴生力军，淘宝网为农民提供了一个低门槛的创业途径，淘宝网约 10%的卖家来自农村。农村卖家的崛起，还催生了“淘宝村”这一新型电子商务生态现象，不仅提升了农民自身的收入，解决了生存问题，也拉动了农村经济的快速发展。

(1)农村电子商务的内容

农村电子商务不单单是农产品进城,工业品下乡,还包括以下内容:

1. •将农产品利用网络途径销售出去的农产品电商，有网上批发和网上零售两种形式，不只是简单地开淘宝网店。
2. •将农民需要的生活服务、农业生产资料和生活日用品销售到村的农村电商。
3. •地方特色旅游。依托本地旅游资源，通过宣传扩大对外知名度，全方位介绍本地旅游线路和旅游特色产品，发展本地旅游经济。
4. •通过宣传、介绍本地的特色经济、特色产业和本地名优企业、产品等扩大产品的销售渠道，加快本地特色经济、名优企业的迅速发展。
5. •为本地的各种餐饮娱乐设施如农家乐、地方风情餐饮提供网上展示和宣传渠道。
6. •将电商的物流、资金流、信息流及人才聚集在县城周边，形成与电商配套的电商服务业、快递仓储等物流相关产业和商品配套供应产业协同集群的县城电商。

(2)农村电子商务的好处

1. •帮助农民更好地将生产的产品销往全国各地甚至全球各地，增加农民收入，让他们走上致富的道路。
2. •让农村消费者足不出户就能享受来自全球的商品。
3. •让农民买到性价比更高的生产资料。
4. •拉动农村就业和创业，通过电子商务实现返乡创业和就业。
5. •促进农村经济发展，让农村及经济欠发达地区有机会直接对接全国和全球大市场，发展商业、制造业和服务业。

(3)农村电子商务的主要挑战

制约农村电子商务普及的主要因素有以下方面。

网络覆盖率不高

- 农村网络基础设施建设投入不够,远远落后于城市,导致农村网络覆盖率不高,农村的“宽带不宽”现象也很明显。

农民的购物习惯、支付习惯难以改变

- 大部分农民还是习惯一手交钱一手交货,支付也是使用现金。

物流配送体系比较落后

- 农村大部分地区处于不发达地区,交通不便利,快递行业的现状是“快递止步于乡镇”,偏远地区的物流主要借助中国邮政。

微视频:农村电商1

微视频:农村电商2

微视频:农村电商困在哪儿

微视频:农村电商“特”为重

3.什么是跨境电子商务,跨境电商的应用模式有哪些

“跨境”主要指“跨越海关关境”,指电子商务交易方位于不同国家/贸易区。跨境电子商务指分属不同关境的交易主体通过电子商务的手段达成交易,并通过跨境物流送达商品,完成交易的一种国际商业活动,包括跨境 B2B、跨境 B2C/C2C 及相关的服务。

2014 年被称为中国跨境电商元年。跨境电商作为我国外贸进出口新的增长点,国家和地方政府非常重视跨境电子商务发展,出台了一系列专门针对跨境电商的关、检、税、汇等监管政策,物流仓储及金融支付等服务配套政策,积极推动跨境电商行业健康有序发展。2015 年我国跨境电商交易规模为 4.8 万亿元,比 2014 年增长 28%;跨境电商以出口为主,跨境电商出口额占跨境电商交易总额的 83.1%,进口占比 16.9%;跨境电商 B2B 交易占据绝对优势,占跨境电商交易总额的 84.3%,跨境零售只占 15.7%。

跨境电商的参与主体有生产企业、贸易企业、个人买家和卖家、跨境代购者、跨境电商平台和服务商。跨境电商通常可以分为以下几种应用模式:

微视频:跨境电商——敦煌网

①跨境 B2B 模式。该模式的买家和卖家都是企业,主要是企业之间通过互联网开展跨境的一般贸易,这种模式往往批量较大,有时还需要安排生产(非现货)。我国跨境 B2B 平台网站的代表有阿里巴巴(Alibaba. com)、环球资源网、敦煌网等,阿里巴巴已经成为了全球最大的国际 B2B 网站。

②跨境 B2C(零售)模式。买家是消费者,卖家可以是工厂、贸易商或者注册的个人商户。跨境 B2C 采用直接在线交易的方式来销售商品,分为出口和进口两个方向:出口 B2C 代表网站是阿里巴巴旗下的全球速卖通;进口 B2C 的典型代表是天猫国际、Amazon(亚马逊)。这种交易模式与传统一般贸易不同,绕过了中间贸易商,直接将商品销售到个人消费者手中。

③跨境代购模式。目前主要是代购者从国外的网站或零售店购物,然后以直邮或个人携带的方式入关给国内消费者,但这种模式货源质量难以追踪保障。

第二节　电子商务模式

电子商务的参与者有消费者（Consumer，简称 C）、企业（Business，简称 B），根据参与者的不同，可以将电子商务分为 B2B、B2C 和 C2C 模式，这 3 种模式是电子商务的主要模式，也是电子商务中发展最快的领域，C2C 和 B2C 一起被称为网络零售。而近几年 C2B、O2O 和社区化电子商务等新兴电子商务模式不断被实践和完善。

表 1-1　电子商务模式

B2B	Business to Business，企业对企业
B2C	Business to Consumer，企业对消费者
C2C	Consumer to Consumer，消费者对消费者
C2B	Consumer to Business 消费者对企业
O2O	Online to Offline 线上对线下

一、什么是 C2C 电子商务模式

C2C 电子商务是消费者之间通过互联网进行交易的电子商务模式，买卖双方均是个体用户而不是企业。

C2C 电子商务模式在我国形成的直接因素是 eBay 的出现。eBay 开业一年实现盈利，1998 年净利润达 240 万美元。在"从美国复制"的风潮下，中国也兴起了许多类似 eBay 的拍卖网站，如易趣、雅宝和酷必得等 C2C 网站。

C2C 模式主要有拍卖平台模式和店铺平台模式。网络拍卖是由网络公司在网络拍卖中提供交易平台服务，为众多买家和卖家构筑一个网络交易市场，由卖家和买家进行网络拍卖，其本身并不介入买卖双方的交易。这种模式的典型代表是网络拍卖网站 eBay。

C2C 购物网站是从网络拍卖模式发展而来，核心是店铺平台模式。淘宝网作为国内网民网购的启蒙平台，已为国内大部分网购用户所熟知，平台上聚集海量的个人卖家，以及数以亿计的买家，销售的商品丰富。这种方式是电子商务企业提供平台方便个人在上面开店铺，以会员制的方式收费，通过广告或提供其他服务收取费用，是 C2C 电商的主流模式，典型代表是淘宝网。

淘宝网是国内领先的个人交易网上平台，由阿里巴巴公司投资4.5亿元创办。淘宝顾名思义——没有淘不到的宝贝，没有卖不出的宝贝。自2003年5月成立以来，迅速占领了国内个人交易市场的领先位置，创造了互联网企业的发展奇迹，成为越来越多网民网上创业的平台。截至2014年底，淘宝网拥有注册会员近5亿，日活跃用户超1.2亿，在线商品数量达到10亿，创造的直接就业机会达467.7万。

微视频：淘宝、支付宝的诞生与发展

图1-41　淘宝网首页

二、什么是B2C电子商务模式

B2C(Business to Consumer)即企业对消费者的电子商务模式，是企业通过互联网向个人网络消费者直接销售产品和提供服务的经营方式。B2C电子商务模式是电子商务的主要形式之一，是普通消费者广泛接触的一类电子商务，也是电子商务应用最普遍、发展最快的领域。典型代表很多，有天猫、京东、唯品会、亚马逊、聚美优品、苏宁易购等。

2015年中国网络购物市场交易规模达3.8万亿元，其中B2C为2.0万亿元，占整个网络购物市场交易规模的51.9%。在B2C中天猫市场份额占58%，京东占22.9%，其他见图1-42。

目前，我国B2C主要有平台式B2C、自主销售式B2C、品牌商官网B2C 3种，见表1-2。

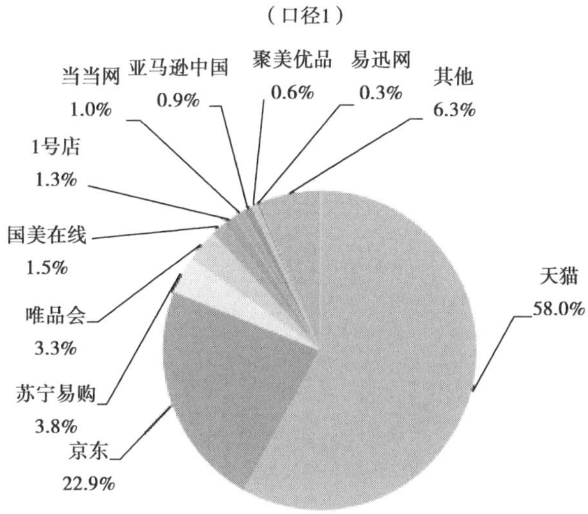

图 1-42 2015 年中国 B2C 网站交易规模市场份额图

表 1-2 3 种典型的 B2C 模式

类 型	特 点	代表网站
平台式 B2C	只搭平台提供基础设施，不卖产品	天猫
自主销售式 B2C	自主经营卖产品	当当网、亚马逊、京东
品牌商官网 B2C	自产自销做品牌	凡客诚品、百丽、爱慕

1.平台式 B2C

平台式 B2C 的特点是只提供平台基础设施和服务，不卖产品，通过收取虚拟店铺出租费、交易手续费、加盟费等来实现盈利，卖产品的是入驻平台的商家，此模式典型代表是天猫。

2.自主销售式 B2C

自主销售式 B2C 的典型代表当当网和亚马逊，分别成立于 1999 年和 2000 年，两家网站都是以销售图书起步，发展到现在成为覆盖全品类的综合型 B2C 网站，这个领域的后起之秀还有京东。这些 B2C 网站有一个共同的特点：都是纯电商，线下没有任何实体店作为依托。近年来，自主销售式 B2C 领域出现了越来越多的传统零售商的身影，包括苏宁旗下的苏宁易购、中粮集团旗下的我买网等，采用网上开店与网下开店相结合的方式经营，成为“鼠标+水泥”的混合型零售商。

图 1-43　天猫首页

图 1-44　京东首页

微视频：苏宁发展史

3.品牌商 B2C

品牌商 B2C 典型代表凡客诚品，正式运营于 2007 年 10 月，选择自有服装品牌网上销售的商业模式，目前已拓展至涵盖男装、女装、童装、鞋、配饰、家居六大类。传统线下品牌如李宁、爱慕、百丽国际等都纷纷建立了独立运作的电子商务平台。

图 1-45　凡客诚品首页

三、什么是 B2B 电子商务模式

B2B 电子商务模式即企业间的电子商务，具体是指通过互联网或者私有网络，以电子化方式在企业间进行的交易。典型代表是阿里巴巴国际交易市场和国内交易市场1688、敦煌网、慧聪网、环球资源网等。B2B 电子商务目前仍然是电子商务的主体，2015年中国 B2B 电子商务交易额占整个电子商务市场交易额的 71.7%。

大型企业一般自主建设电子商务网站，改变传统采购和销售模式，如海尔集团、中国石化、国家电网等。中小企业主要通过第三方 B2B 电子商务平台，如前面提到的1688、敦煌网等，来完成企业间的电子商务贸易。截至 2014 年 6 月底，国内使用第三方电子商务平台的中小企业用户规模已经突破 1 950 万。

微视频：马云创业史

微视频：阿里巴巴发展史

四、什么是 O2O 电子商务模式

O2O（Online to Offline）线上到线下，即将线下商务的机会与互联网结合在一起，让互联网成为线下交易的前台，并起到推广和成交的作用。

1.O2O 的构成

O2O 模式需要消费者、商家和网络平台三方的参与，见图 1-46。

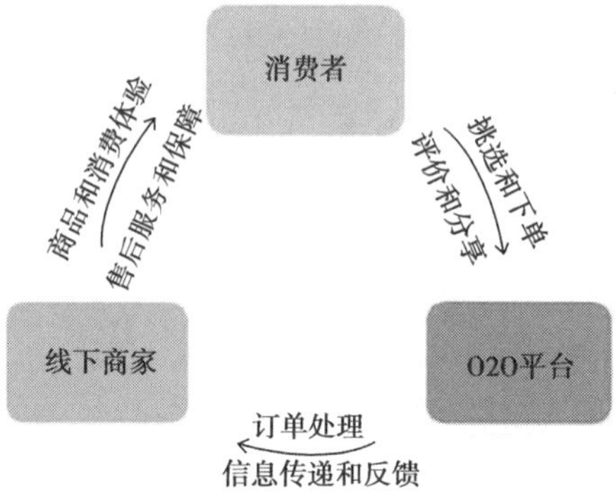

图 1-46　O2O 模式构成

O2O 模式的核心是把线上的消费者带到现实的商店中去，在线支付购买线下的商品和服务，再到线下享受服务，同时又把线下的信息反馈到线上。O2O 模式特别适合需要到店消费的商品和本地生活服务，如餐饮、健身、电影、演出、美容美发等。

团购网站是国内最早期的 O2O 模式，2010 年在中国兴起，大量团购网站相继上线，如美团网、大众点评、百度糯米、拉手网等。各种分类信息网站、点评类网站、订餐类网站也纷纷试水 O2O。2012 年一些团购网站开始向本地生活服务网站转变，2013 年 O2O 进入高速发展阶段，开始了本地化及移动设备的整合。随着互联网上本地化电子商务的发展，信息和实物之间、线上和线下之间的联系变得愈加紧密，O2O 被视为电子商务网站的下一个掘金点。

微视频：团购网与美团网发展史

本地生活服务 O2O 是指与百姓日常生活相关的线上线下服务，包含餐饮、休闲娱乐、美容美护、酒店、婚庆、亲子、旅游及教育 8 个行业。2015 年本地生活服务 O2O 市场规模达到 8 797 亿元，各类 O2O 服务逐步覆盖我们生活的方方面面，见图 1-47。

图 1-47　本地生活服务 O2O

采用 O2O 模式经营的网站已经有很多,如苏宁易购 O2O、大众点评 O2O、拉手网、美团网、饿了么、百度外卖、携程、途牛、美家居网等。

2.O2O 是怎样实施的

O2O 有两种基本的实施方式:先线上后线下模式和先线下后线上模式。在此基础上,衍生出另外两种实施方式:先线上后线下再线上模式、先线下后线上再线下模式。

(1)先线上后线下模式

先线上后线下模式,就是企业先搭建一个线上平台,以这个平台为依托和入口,将线下商业流导入线上进行营销和交易,同时,用户又到线下享受相应的服务体验。这个平台是 O2O 运转的基础,具有强大的资源流转化能力和促使其线上线下互动的能力。在现实中,很多本土生活服务性的企业都采用了这种模式。

(2)先线下后线上模式

这种 O2O 模式中,企业需自建两个平台,即线下实体平台和线上互联网平台。其基本结构是:先开实体店铺,后自建网上商城,再实现线下实体店与线上网络商城同步运行。采用这种 O2O 模式的实体企业居多,苏宁云店、传统企业摩登百货旗下的摩登网等都属这类模式。

微视频:钻石小鸟　　微视频:苏宁云店

五、什么是 C2B 电子商务模式

C2B 是消费者对企业的电子商务模式,是一种创新型的电子商务模式,先由消费者提出需求,后由生产企业按需求组织生产。通常情况是消费者根据自身需求定制产品和价格,或主动参与产品设计、生产和定价,生产企业进行定制化生产。C2B 模式是对工业时代以厂商为中心的 B2C 模式的彻底颠覆,将商品的主导权由厂商交给了消费者。

C2B 模式比较典型的代表是小米手机。目前,一些企业已经开始了 C2B 模式的实践与尝试,如海尔商城家电定制平台。

微视频：小米手机的诞生

微视频：一台洗衣机的互联之旅

六、社区电子商务模式

社区电子商务其实并不向用户直接销售商品，它既不是B2C，也不是C2C。社区电子商务网站让用户在分享和交流经验的过程中获得其他买家的意见和建议，产生购物的欲望。

社区电子商务模式的形成源于美国Pinterest模式的成功，在2010年不到一年时间被大规模复制并爆发式增长，如国内的美丽说、蘑菇街、爱物网等。社区电子商务模式的最大特点就是兴趣的采集分享与精准的信息导购，在这里用户可以关注人，也可以分享、收藏自己感兴趣的内容。

从美丽说、蘑菇街等社区的本质来看，主要是“发现”时尚和分享“喜欢”。美丽说、蘑菇街等社区聚集了一批时尚达人，通过分享与电子商务形成一个比较好的结合点。例如美丽说有几万个“美丽达人”，她们会在社区中充当“意见领袖”的角色，分享自己的购物、搭配心得，同其他用户交流有关时尚、美丽的话题等，兴趣话题的引导提高了用户的参与度。这种分享网站2.0的爆发解开了电子商务的第一道密码，未来市场空间很大。

第三节　电子商务的支付方式

电子商务的支付方式主要有在线支付、货到付款等方式，随着全球电子商务的蓬勃发展，作为电子商务基础的在线支付在最近几年已被人们普遍接受。

目前，电子商务交易的支付结算大多是通过网上支付的方式来完成的。网上支付是指通过互联网直接进行在线支付结算，是电子商务支付结算中应用最广泛的支付手段。网上支付方式有网上银行和第三方支付方式。

一、什么是网上银行

网上银行又称为网络银行、在线银行、虚拟银行，是基于互联网和其他电子网络手段，向客户提供开户、销户、支付、转账、查询、投资理财等各种金融服务的银行机构。网上银行是银行业务在网络上的延伸，把银行的业务直接在互联网上推出。目前全球各家银行几乎都建立了自己的网站，可以提供在线银行金融业务和服务。

按服务对象分类，网上银行可分为企业网上银行和个人网上银行：企业网上银行主要适用于企事业单位客户，个人网上银行主要适用于个人与家庭的日常消费支付与转账。按组织形式分类，网上银行可分为纯网上银行和依托传统银行业务发展的网上银行。纯网上银行是一种完全依赖互联网发展起来的虚拟银行，比如腾讯的微众银行；依托传统银行业务发展的网上银行是在传统银行业务的基础上发展网上银行业务的，是实体与虚拟结合的银行，形成营业网点、ATM 机、POS 机、电话银行、网上银行的综合服务体系，这是目前网上银行的主要形式。

二、什么是第三方支付

最早出现的第三方支付平台是源于电子商务的需要。由于在虚拟的网络市场，交易双方不见面，互不相识，卖家不愿先发货，怕在货发出后不能收回货款；买家不愿先支付货款，担心支付后拿不到商品、商品质量得不到保证。因此，第三方支付为满足市场需求应运而生。

第三方支付是指和多家银行签约并具备一定实力和信誉保障的第三方独立机构提供的交易支付平台。第三方支付具有从消费者到金融机构以及商家之间货币支付、现金流转、资金清算、查询统计等职能。

在使用第三方支付的交易中，第三方支付起到中介和临时保管的作用。买方选购商品后，使用第三方平台提供的账户进行货款支付，由第三方通知卖家货款到达、进行发货；买方检验商品后，就可以通知付款给卖家，第三方再将款项转至卖家账户。在交易的整个过程中第三方平台对交易双方进行约束和监管，是一种支付托管行为，通过支付托管实现支付保证。第三方支付作为一种新兴的电子商务支付方式，成功地在消费者和商家之间建立起一座信任的桥梁，在不需要面对面进行交易的电子商务中，为保证交易的成功提供了必要的支持，得到了网络购物者和商家的欢迎，在较短的时间内得到蓬勃发展。

网络购物、在线旅行预订等的发展，带动了第三方支付的增长，常见的第三方支付平台有：支付宝（阿里巴巴旗下）、财付通（腾讯旗下）、贝宝 PayPal（eBay 旗下）、易付宝（苏宁旗下）、网银在线等，其中用户数量最大的是支付宝和贝宝 PayPal，前者是中国最大的第三方支付平台，后者主要在欧美国家流行。截至 2015 年 3 月 30 日，中国人民银行已经颁发了 270 张第三方支付牌照。

支付宝是阿里巴巴旗下的。2003 年 10 月 18 日淘宝网首次推出支付宝服务，2004 年 12 月支付宝从淘宝网分拆独立，经过 10 多年的发展，逐渐成为中国最大的第三方支付平台，实名认证用户超过3亿(2013年底)。2013年支付宝为个人用户打造了一项余额增值服务——余额宝，受到了很多人的关注，通过余额宝，用户不仅能够得到较高的收益，还能随时消费支付和转出。支付宝与国内外180多家银行以及VISA，MasterCard国际组织等机构建立战略合作关系，成为金融机构在电子支付领域的合作伙伴。目前，从购物到水电燃气缴费，几乎所有的支付服务都可以使用支付宝。

三、什么是移动支付

随着智能手机的普及，人们越来越多地使用各种移动终端从事电子商务，而作为移动电子商务主要支付手段的移动支付，也得到了迅猛发展。移动支付是指用户使用手机或其他移动终端对所消费的商品或服务进行账务支付的一种服务方式。作为新兴的电子支付方式，移动支付拥有随时随地和方便、快捷的特点，消费者只要拥有一部手机，就可以完成理财或交易，享受移动支付带来的便利。应用领域主要包括充值、缴费、商品购买、银证业务、商场购物和网上服务等。

目前，移动支付比较常用的有如下几种：

银行卡账户支付

- 用户在移动终端上操作银行卡账户进行支付

中间账户支付

- 用户在第三方支付企业开通账户，先充值后消费，如支付宝、微信支付

扫码支付

- 商家将账号、商品价格等交易信息汇编成一个二维码，用户通过手机客户端扫二维码，完成支付

话费账户支付

- 用户在移动终端上操作手机话费账户进行支付

第四节　电子商务物流

任何一笔交易的达成都离不开信息流、资金流、物流这“三流”的实现。我们可以通过网络完成网上商品的买卖，在网上完成货款的支付，即商流、资金流，但只有通过物流才能完成订购商品从卖家到买家的转移。如果没有物流，电子商务活动是不能完成的。

2015年“双十一”，天猫交易额达912.17亿元！累计物流订单4.67亿单！这些订单产生的包裹里程可绕地球1 100万圈，地球到太阳1 500个来回，突破人类目前探索到达的最远距离。这些巨量的包裹，都必须由物流来完成，从订单的拣选、打包，到快递

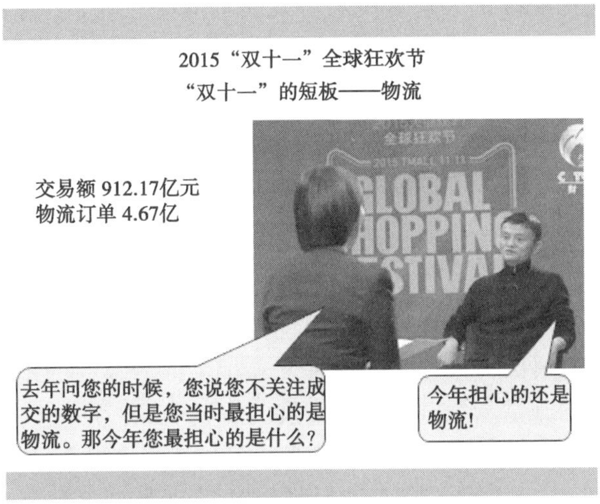

图 1-48　中央电视台记者专访马云

配送,参与的人员数以万计,每一个环节对物流都是一个巨大的考验。快递企业面对这些堆积如山的包裹怎样才能准确地送给网络购物者呢？这一节来学习如何为电子商务完成仓储、配送工作。

什么是物流？为什么"双十一"时,马云最担心的是物流？物流与电子商务究竟有怎样的关系？目前,电子商务企业都采取哪些物流模式？这些内容是学习电子商务物流首先要了解的,先来看看什么是物流？物流与电子商务有怎样的关系？

一、什么是物流

物流(Logistics)是指物品从供应地向接受地的实体流动过程。根据实际需要,将运输、储存、装卸、搬运、包装、流通加工、配送、信息处理等基本功能实施有机结合。

图 1-49　物流的基本功能

在国际上,物流产业被认为是国民经济发展的基础产业,被喻为促进经济发展的“助推器”和企业的“第三利润源泉”(第三利润源是指节约物流费用而增加的利润),成为衡量一个国家和地区经济综合实力的重要体现。我国社会物流费用占 GDP 的比率是 18%,欧美是 9%,企业的物流成本占生产成本的 30%~40%,而发达国家只有 10%~15%。因此,降低物流费用是企业的重点,物流也越来越受到企业的重视。

二、物流与电子商务有怎样的关系

物流是电子商务的重要组成部分,是实现电子商务的保证。电子商务的发展需要具备两个重要的基础条件,一是货款的支付,二是商品的配送。目前货款支付解决方案日趋完善,而商品配送则是制约电子商务发展的主要瓶颈。网上购物不管如何快捷方便,却不能绕过物流配送这一环节。电子商务交易的绝大多数产品都是有形产品,交易是否成功很大程度上依赖于物流能否及时把商品送到消费者手中。如果配送成本太高、时间太长,商品配送服务不能与电子商务相匹配,那网上交易方便、快捷的优势将大打折扣。如果没有物流,电子商务活动是不能完成的,因此物流是实现电子商务的保证。

微视频:电子商务与物流

微视频:一件商品的旅行

三、电子商务的物流模式

在网上订购的商品是以怎样的方式送到我们的手中呢?有的是网站自己完成物流配送,有的是请别人来帮助完成物流配送,不同的电子商务网站采用的物流配送模式不同,如淘宝、天猫与京东的物流配送模式就不同。下面来看看电子商务都有哪些物流模式。

1.什么是自营物流

自营物流是指企业自身经营物流业务,组建全资或控股的子公司完成物流配送业务。典型的例子是京东,如你在京东上买京东自营的商品,都是由京东的配送员送给你的。京东在 2007 年就开始自建物流体系,2009 年初京东斥资成立物流公司,全面布局全国的物流体系,截至 2015 年 6 月底,建立了 7 大物流中心、166 个大型仓库、4 142 个自提点和配送站,使配送范围覆盖 2 043 个区县,135 个区县实现 211 限时达,951 个区县实现次日达。

2.什么是第三方物流

第三方物流是指独立于供需双方为客户提供专项或全面的物流系统设计或系统运营的物流服务模式。提供这种服务的物流公司称为第三方物流公司，这种公司既不是卖方也不是买方，它不拥有商品，不参与商品买卖，但它有一定规模的物流设施设备及专业经验，通过与买方、卖方合作提供专业化的物流服务。如淘宝、天猫的配送服务都是由第三方物流——快递公司来完成的，如圆通、申通、中通、百世汇通、韵达、顺丰等，你在淘宝或天猫上买的东西，都是由这些快递公司给你送货的。

2013 年 5 月阿里巴巴集团联合国内银泰集团、复星集团、富春集团、顺丰、申通、圆通、中通、韵达成立“菜鸟网络科技有限公司”，简称菜鸟网络，计划投资人民币 3 000 亿元，首期投资 1 000 亿元，希望在 5~8 年的时间，打造遍布全国的开放式、社会化物流基础设施，建立一张能支撑日均 300 亿元、年度约 10 万亿元网络零售额的智能骨干网络，为电子商务企业、物流公司、仓储企业、第三方物流服务商等各类企业提供平台服务，目标是“让全中国任何一个地区做到 24 小时内送货必达”。

微视频：菜鸟网络

四、电子商务物流的内容

电子商务物流主要有仓储、配送两大环节。仓储环节负责按照客户订单从仓库拣出正确的商品和数量，然后打包成包裹，将包裹交给配送队。配送环节负责将仓储环节交给的包裹，通过各种运输方式送到目的地，由配送人员按收件人地址将包裹送给收件人，这部分工作就是由我们熟悉的快递公司来完成。

每个电子商务公司都会有仓库，不论是在淘宝开店的小卖家还是大的电子商务公司，在网上销售的商品，需要事先准备好放到仓库存储，等待网购消费者购买，一旦网购消费者在网上下单，付款后，仓库就要及时发货给客户。

五、一件商品是怎样成为包裹的

在电子商务网站，如果网上消费者下单购买后，在网站后台迅速可以看到这张订单，系统迅速将此信息传到仓库，仓库就开始准备订单商品的出库，并将这些商品打成包裹。

一般电子商务仓库商品的出库包括拣货、复核、打包、配送交接 4 个环节，见图 1-50，出库是电子商务仓储物流中最繁杂、需要人力最多、最容易出错的环节。

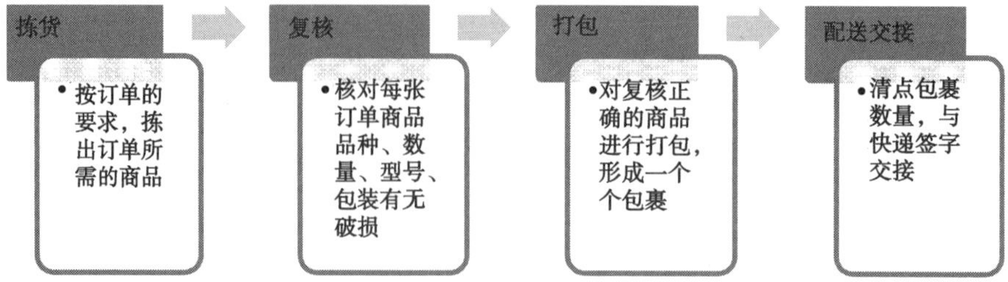

图 1-50　出库作业环节

1.什么是拣货

拣货就是指按订单的要求,在仓库拣出订单所需商品的工作。拣货是电子商务仓储物流重要的环节,是需要人员最多、作业强度最大、最容易出错的环节,需要电子商务公司(或网店)在这个环节做好规划,优化和提高拣货效率,减少差错。拣货可以采用摘果法和播种法两种方法。下面来看看是怎样操作的,有什么优缺点。

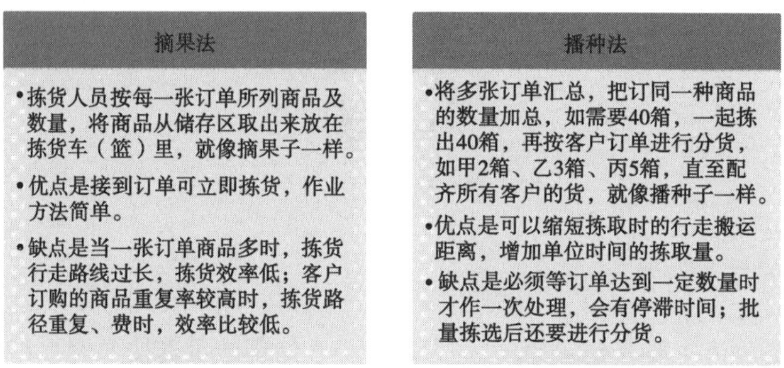

微视频:电子商务公司摘果法拣货

微视频:播种法拣货

2.拣好货的商品为什么要复核

拣货是仓库最繁杂、最容易出错误的环节,在拣货时会发生一些错误。如客户订单是要 37 码的鞋,拣成 36 码;红枣要 2 袋,拣成 3 袋。为了对拣货的正确性进行确认,需要对每张订单的商品进行检查,逐一核对订单商品的品种、数量、型号等,核查商品的包装与质量有无问题。检查的方法可以采用纯人工进行或扫描商品条形码进行确认。一般订单量小的网店在打包前人工检查订单商品的数量和规格。如果每天的订单量大了，可以借助手持终端设备扫描商品条形码来检查。用手持终端扫描订单条码和商品条码，核对商品数量是否正确，如不正确，信息系统会提示，如正确无误就进行下一步打包操作。

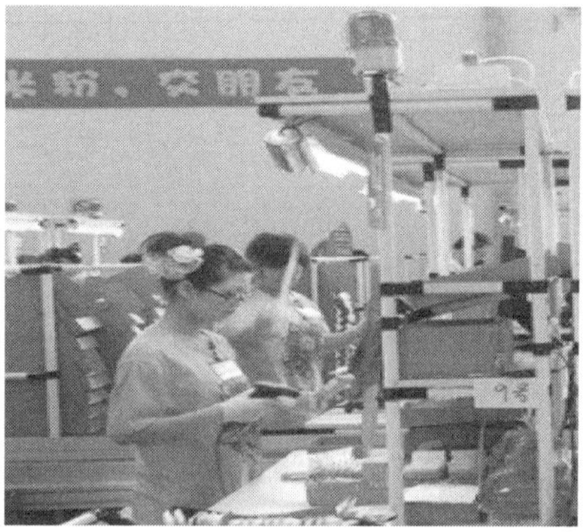

图 1-51　复核

3.商品怎样打包

完成出货复核后，对复核正确的商品进行打包。应选择适合的包装箱（袋），将商品放在包装箱（袋）内，将包装箱（袋）用塑胶带封箱。将快递单（面单）贴在外箱（袋）上，以便进行配送。

在电子商务物流中，包装容器一般选用包装箱、包装袋。所用包装材料主要有胶带、防震板、充气枕、气泡垫、珍珠棉等，如图 1-52、图 1-53 所示。

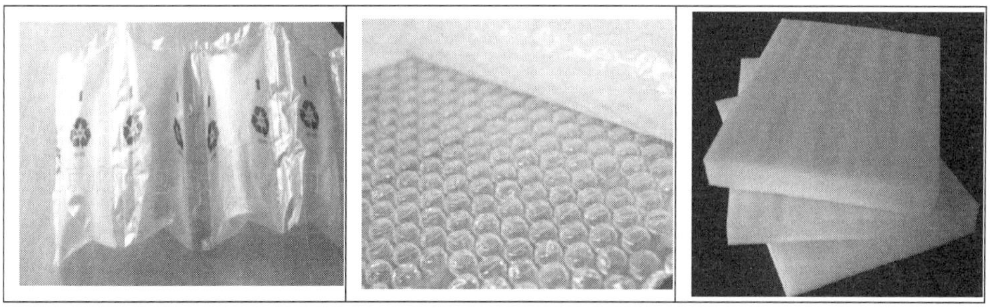

充气枕　　气泡垫　　珍珠棉

图 1-52　常用防震材料

胶带　　防震板

图 1-53　打包和防震材料

为了防止商品在运输、配送过程中不受损坏，包装时要将商品进行不同程度的防损包装，以便保护好商品，常用的防震材料有充气枕、气泡垫、珍珠棉、防震板等，其中特别要注意易碎商品的包装，易碎品包装示范如图 1-54 所示。

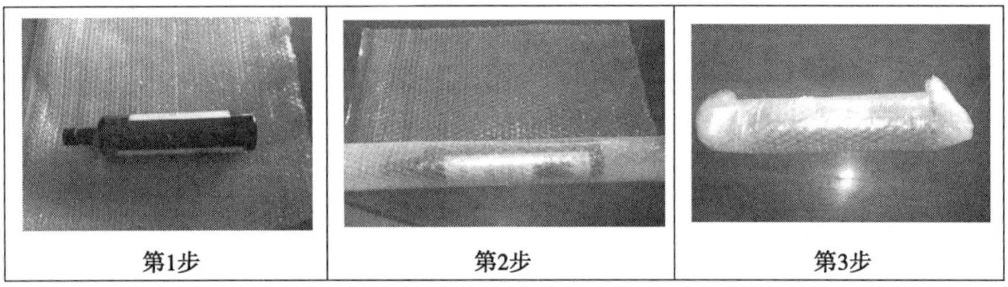

图 1-54　易碎品包装示范图

易碎品的包装要求：商品不能直接放入箱内，必须要在箱底垫上防震材料；在商品与商品之间、商品与箱子之间填满防震材料，以不晃动为准；易碎品，要用易碎品标志标出；怕倒置的物品，要用防倒置标志标出，见图 1-55。

图 1-55　易碎品和防倒置标志

4.与快递交接什么

与快递公司交接，快递公司清点数量、称重，包裹的重量将成为与快递公司对账的基础。快递公司提供快递单号，网站（或网店）将快递单号录入信息系统，以便网上消费者查询物流配送情况。

六、谁来配送

物流成为电商终极战场，电商时代“得物流者得天下”。如果说物流服务是网购“最后一公里”，那快递则是“最后一百米”，但快递行业发展速度明显滞后于电商行业，投诉率居高不下，暴力分拣、物品丢失甚至被调换，快递变慢递等现象已成为行业顽疾。重庆的刘女士原来一直在淘宝上买东西，近来却喜欢在京东上买了，原因是“当天下单，第二天就收到”，速度快，而且配送员是京东自己的，服务态度好。现在越来越多的网购消费者开始将“谁来配送”作为网购商品的前提。由谁来配送影响着电商企业的服务质量和客户的满意度,从而影响着电商企业的销量。

电子商务的配送是快递公司接到包裹后,将包裹送达目的地,再按客户收货地址进行派送。目前,我国的电子商务公司在配送环节有的自建配送系统进行配送,如京东、苏宁易购、顺丰优选等都由自建物流配送队完成商品配送;有的由第三方配送——快递公司进行配送,如淘宝、天猫、全球速卖通的配送是由申通、圆通、顺丰、韵达等快递公司完成的。不论是自建配送系统还是第三方配送来完成配送,大部分的网购商品是由快递完成配送。在自建物流系统的电商中,京东、苏宁易购、1 号店、凡客诚品都分别获得了快递业务经营许可证,经营国内快递业务,除了为本公司服务外,也向其他电商提供配送服务。因此,电子商务的配送主要是由快递完成的。

七、快递那些事儿

快递服务指在承诺时限内,快速完成的寄递服务,是门到门的服务。快递业诞生于 20 世纪,1907 年美国 UPS 创始人吉姆创建了美国信使公司,开始了快递服务。我国的快递开始于 1980 年,由中国邮政提供全球特快专递业务(EMS)。1993 年第一家民营快递企业诞生。在三十几年的发展中我国快递业形成了国有快递企业(中国邮政速递物流股份有限公司)、民营快递企业(顺丰、宅急送、天天、圆通、申通、中通、百世汇通、韵达等)和外资快递企业(DHL,UPS,FedEx)3 个市场主体,我国大大小小的快递企业有8 000多家,提供国际快递、国内快递和同城快递服务。

微视频:走进快递企业

随着电子商务迅猛发展,从 2005 年起,圆通、申通、中通和韵达先后和淘宝签约,成为淘宝推荐的物流企业。电子商务中的网购包裹迅速成为这些大型快递企业的主要业务来源。对一些小型快递企业而言,电子商务产生的业务量甚至占其业务总量的 90%~100%。在电子商务迅猛发展的形势下,近几年快递业务收入每年以 20%左右的速度增长,特别是每年的“双十一”快递业务量迅猛增长。来看看这些数字:2009 年首届电商狂欢,参与商家 27 家,成交 5 200 万元,从 2010 年开始成交额迅速激增,产生的包裹量也逐年成倍增长,2010 年为 1 000 万件,2011 年 2 200 余万件,2012 年达 7 800 余万件;2013 年后产生的包裹量便进入以亿计量的阶段,2013 年为 1.8 亿件,2014 年2.78亿件,2015 年 4.67 亿件,2016 年 6.57 亿件,这些巨大的包裹量,都是由快递企业完成。那么快递企业是如何将这些包裹送给网购消费者的呢? 下面来了解一下快递传递网络。

快递传递网络是由呼叫中心、收派处理点、处理中心和运输路线、调度运营中心组成。

呼叫中心

- 通过电话、网络系统负责受理客户委托、帮助客户查询快件信息、回答客户询问、受理客户投诉等工作

收派处理点

- 也称为营业网点，是快递企业收寄和派送快件的基层站点，功能是集散某个城市某一地区的快件，然后再按派送段进行分拣和派送

处理中心

- 也称为转运中心、分拨中心，是快件传递网络的节点，负责快件的分拣、封发、中转任务

运输线路

- 快递运输工具在营业网点、处理中心间以及车站、机场、码头之间，按固定班次及规定路线运输快件的行驶路线

调度运营中心

- 合理组织、调度和使用全网络的人力、物力和财力资源，确保快递网络迅速、高效地良性运转

八、一个包裹是怎样从电商企业到消费者的

一个包裹从电商企业到网购消费者手中，一般要经过快件收寄、快件处理、快件运输和快件派送 4 个环节，才能到达网购消费者手中。

微视频：快件的旅行

1.哪些物品是禁止寄递的

为加强邮政行业安全管理，防止禁止寄递物品进入寄递渠道，妥善处置进入寄递渠道的违禁物品，维护寄递渠道安全畅通。2016 年 12 月，国家邮政局、公安部、国家安全部联合发布了《禁止寄递物品管理规定》，给出了 19 类禁止寄递物品，如表 1-3 所示。

《禁止寄递物品管理规定》还规定：用户在交寄快件时应当遵守禁寄物品的规定，不得交寄禁寄物品，不得在快件内夹带禁寄物品，不得将禁寄物品匿报或者谎报为其他物品交寄。如违反规定，在快件内夹带禁寄物品，将禁寄物品匿报或者谎报为其他物品交寄，造成人身伤害或者财产损失的，依法承担赔偿责任；构成犯罪的，依法追究刑事责任；尚不构成犯罪的，依照《中华人民共和国治安管理处罚法》及有关法律、行政法规的规定处罚。

新规发布后，很多快递公司都按新的规定执行，一些原来可以邮递的物品，现在不能邮递了，因此，不论是卖家还是消费者都要弄清楚哪些物品能邮递，哪些不能，最大限

度地降低买卖中存在的风险。

注意这些是禁止邮递物品：象牙、虎骨、犀牛角等制品；刀具；一次性打火机、打火机气体；催泪器、催泪枪、防狼喷雾；暗藏式窃听器材、窃照器材；侵犯知识产权和假冒伪劣物品；白酒可以邮递，但不能超过56度，酒精不能邮递；香烟每次只能寄两条。一定要详细阅读表1-3所示的禁止寄递物品表。

表1-3　禁止寄递物品表

一、枪支（含仿制品、主要零部件）弹药
1.枪支（含仿制品、主要零部件）：如手枪、步枪、冲锋枪、防暴枪、气枪、猎枪、运动枪、麻醉注射枪、钢珠枪、催泪枪等。
2.弹药（含仿制品）：如子弹、炸弹、手榴弹、火箭弹、照明弹、燃烧弹、烟幕（雾）弹、信号弹、催泪弹、毒气弹、地雷、手雷、炮弹、火药等。
二、管制器具
1.管制刀具：如匕首、三棱刮刀、带有自锁装置的弹簧刀（跳刀），其他相类似的单刃、双刃、三棱尖刀等。
2.其他：如弩、催泪器、催泪枪、电击器等。
三、爆炸物品
1.爆破器材：如炸药、雷管、导火索、导爆索、爆破剂等。
2.烟花爆竹：如烟花、鞭炮、摔炮、拉炮、砸炮、彩药弹等烟花爆竹及黑火药、烟火药、发令纸、引火线等。
3.其他：如推进剂、发射药、硝化棉、电点火头等。
四、压缩和液化气体及其容器
1.易燃气体：如氢气、甲烷、乙烷、丁烷、天然气、液化石油气、乙烯、丙烯、乙炔、打火机等。
2.有毒气体：如一氧化碳、一氧化氮、氯气等。
3.易爆或者窒息、助燃气体：如压缩氧气、氮气、氦气、氖气、气雾剂等。
五、易燃液体
如汽油、柴油、煤油、桐油、丙酮、乙醚、油漆、生漆、苯、酒精、松香油等。
六、易燃固体、自燃物质、遇水易燃物质
1.易燃固体：如红磷、硫磺、铝粉、闪光粉、固体酒精、火柴、活性炭等。
2.自燃物质：如黄磷、白磷、硝化纤维（含胶片）、钛粉等。
3.遇水易燃物质：如金属钠、钾、锂、锌粉、镁粉、碳化钙（电石）、氰化钠、氰化钾等。
七、氧化剂和过氧化物
如高锰酸盐、高氯酸盐、氧化氢、过氧化钠、过氧化钾、过氧化铅、氯酸盐、溴酸盐、硝酸盐、双氧水等。
八、毒性物质
如砷、砒霜、汞化物、铊化物、氰化物、硒粉、苯酚、汞、剧毒农药等。
九、生化制品、传染性、感染性物质
如病菌、炭疽、寄生虫、排泄物、医疗废弃物、尸骨、动物器官、肢体、未经硝制的兽皮、未经药制的兽骨等。

续表

十、放射性物质

如铀、钴、镭、钚等。

十一、腐蚀性物质

如硫酸、硝酸、盐酸、蓄电池、氢氧化钠、氢氧化钾等。

十二、毒品及吸毒工具、非正当用途麻醉药品和精神药品、非正当用途的易制毒化学品

1.毒品、麻醉药品和精神药品：如鸦片（包括罂粟壳、花、苞、叶）、吗啡、海洛因、可卡因、大麻、甲基苯丙胺（冰毒）、氯胺酮、甲卡西酮、苯丙胺、安钠咖等。

2.易制毒化学品：如胡椒醛、黄樟素、黄樟油、麻黄素、伪麻黄素、羟亚胺、邻酮、苯乙酸、溴代苯丙酮、醋酸酐、甲苯、丙酮等。

3.吸毒工具：如冰壶等。

十三、非法出版物、印刷品、音像制品等宣传品

如含有反动、煽动民族仇恨、破坏国家统一、破坏社会稳定、宣扬邪教、宗教极端思想、淫秽等内容的图书、刊物、图片、照片、音像制品等。

十四、间谍专用器材

如暗藏式窃听器材、窃照器材、突发式收发报机、一次性密码本、密写工具、用于获取情报的电子监听和截收器材等。

十五、非法伪造物品

如伪造或者变造的货币、证件、公章等。

十六、侵犯知识产权和假冒伪劣物品

1.侵犯知识产权：如侵犯专利权、商标权、著作权的图书、音像制品等。

2.假冒伪劣：如假冒伪劣的食品、药品、儿童用品、电子产品、化妆品、纺织品等。

十七、濒危野生动物及其制品

如象牙、虎骨、犀牛角及其制品等。

十八、禁止进出境物品

如有碍人畜健康的、来自疫区的以及其他能传播疾病的食品、药品或者其他物品；内容涉及国家秘密的文件、资料及其他物品。

十九、其他物品

2.快递员为什么要验收快件

快递员验收快件主要是查验用户交寄的物品是否是国家禁止寄递的物品，以及物品的名称、性质、数量等是否与快递运单所填写的内容一致，如果发现法律、法规规定禁寄物品，快递员要拒收，验收合格后，要在快件上盖验视章。

3.快件重量和规格要求

一般快件的单件重量不宜超过 50 千克，包装规格任何一边的长度不宜超过 150 厘米，长、宽、高三边长度之和不宜超过 300 厘米。小物品包装好后的尺寸要求：不低于

20 厘米×20 厘米（长×宽）。如果超过了一般都选择发物流，不再发快递，发物流的费用比较便宜。

4.快递费怎样计算

电子商务网站很多商品都是包邮，因此对网店来说，快递费的高低就非常重要了。不同的快递公司快递费不同，这也是选择快递公司时需要考虑的因素。

快递费是怎样计算的？国内各快递公司在算快件费时，一般采取首重加续重的计价方法，计费重量选择实际重量和体积重量中较高的。

快递费为首重费加续重费，一般首重为 1 千克，快件重量超出 1 千克的部分为续重。

例 1：某快件从重庆寄到广州，首重价格 4 元/千克，续重价格 5 元/千克，实际重量 3 千克，快递费应该为多少？

按实际重量计费：　快递费＝4+(3−1)×5＝14(元)

对于一些体积大、实际重量轻的轻泡快件，由于在实际运输过程中占用较大体积，如果按照实际重量计算资费，不能弥补快递企业所需承担的运输成本，因此，快递企业在实际计费时，一般选择实际重量和体积重量中较高的作为计费重量。

体积重量是将快件的体积按照一定计算公式折合成为重量，其计算公式如下：

航空快件的体积重量（千克）＝长×宽×高（厘米）/6 000

非航空快件的体积重量（千克）＝长×宽×高（厘米）/12 000

例 2：某航空快件从重庆到广州，长、宽、高分别是 40 厘米、30 厘米、30 厘米，首重价格 4 元/千克，续重价格 5 元/千克，实际重量 3 千克，快递费用是多少？

体积重量为：(40×30×30)/6 000＝6 千克

由于体积重量大于实际重量 3 千克，因此，快件按体积重量 6 千克计费。

快递费为：4+(6−1)×5＝29(元)

该快件由于是轻泡货，不能按实际重量计费，而按体积重量计费，这样比按实际重量计费要多支付 15 元运费。从这我们看出，对于轻泡货要注意打包时合理选择包装箱的大小。

5.快件为什么要保价？保价费如何计算

图 1-56　快件保价

如果所寄的包裹价值高，需要考虑为包裹保价。快件保价是指客户向快递企业申明快件价值，除了承担基础资费之外，还要支付保价费用。如果快件在收派、处理和运输过程中发生遗失、损坏、短少等，快递企业以保价金额为限承担赔偿责任。

快件保价金额为快件的实际价值，不得超出

快递企业规定的最高赔偿价值限制。不同的快递公司，规定是不同的。保价费如何计算？我们分别以韵达、顺丰为例看看保价费的计算。

例：某快件从重庆到上海，快递费为 15 元，选择进行保价，快件实际价值为 2 500 元，客户应该付多少保价费？

圆通规定：价值在 2 000 元（含）以内的，保价费为保价金额的 0.1%，2 000 元以上的为 1%，快件单价不超过 3 万元。

该快件的保价费 = 2 500 × 1% = 25（元）

顺丰规定：保价费为保价金额的 5‰，四舍五入取整，500 元及以下收取 1 元服务费，501～1 000 元收取 2 元服务费，超出 1 000 元按 5‰收取。

该快件的保价费 = 2 500 × 5‰ ≈ 13（元）（12.5 四舍五入取整为 13）

如果选择圆通，除了支付快递费 15 元以外，还要支付保价费 25 元，如果选择顺丰要支付 13 元保价费。

快件保价了，一旦发生损毁、遗失，按保价金额进行赔偿，上面的例子中快递公司要赔偿 2 500 元给客户。如果快件没有保价，圆通规定未保价的物品，最高赔偿不超过 300 元/票；顺丰规定月结客户按运费的 9 倍，非月结客户按运费的 7 倍赔偿，即月结客户赔偿 135 元，非月结客户赔偿 105 元。从这可以看到，对于价值高的商品选择保价是很重要的。

目前，一些快递企业保价费是按 3%，1%，5‰等进行计费，声明价值的最高限额也不同，因此，在选择快递公司时，要了解清楚。

6.为什么要对快件进行处理？快件在分拨中心需要做什么

快件处理是在快件分拨中心完成的，任何一个快件至少要在两个分拨中心处理后，才派送给客户。快件在分拨中心要经过怎样的环节？首先各营业网点将揽收到的快件由快递企业的班车统一运送到分拨中心，每个快递公司都在重庆设有一个分拨中心。快件到了分拨中心后，按客户运单填写的寄达地址，将去向不同地方的快件分出来，如到北京的、到上海的、到广州的……再将这些快件通过航空（飞机）、陆运（汽车）发往目的地分拨中心。快件到目的地分拨中心后，一项重要的工作是再将快件按最终派送地进行分拣，如到达重庆的快件，再按重庆的不同区进行分拣，如渝中区、江北区、沙坪坝区……分出来的快件再由各区的网点进行派送。

微视频：走进运转中心

7.快件直封和快件中转是怎么回事

快件直封是在快件分拨中心将快件直接发给到达城市分拨中心，图 1-57 是天猫一个包裹从福建泉州到重庆的物流跟踪情况，通过该图可以看到包裹到达圆通速递泉州转运中心后，经过处理直接发运到重庆转运中心，这种方式就是直封。

2015-11-13	周五	11:43:12	商家正通知快递公司揽件
2015-11-14	周六	21:36:30	【泉州市】圆通速递 福建省泉州市收件员 已揽件
2015-11-15	周日	15:05:58	福建省泉州市公司 已发出,下一站 泉州转运中心
		16:30:30	泉州转运中心公司 已收入
		16:31:20	泉州转运中心公司 已发出,下一站 重庆转运中心
2015-11-17	周二	07:19:28	重庆转运中心公司 已收入
		08:49:00	【重庆市】重庆转运中心 已发出
		13:45:15	【重庆市】快件已到达 重庆市沙坪坝区大学城
		18:13:21	重庆市沙坪坝区大学城 已收入
		18:13:21	【重庆市】重庆市沙坪坝区大学城派件员：王×189×××××××× 正在为您派件
		19:15:55	【重庆市】重庆市沙坪坝区大学城公司 已签收 签收人：代办点签收，感谢使用圆通速递，

图 1-57　快件跟踪——快件直封

快件中转是在快件分拨中心把快件发给相关的中途分拨中心，经再次分拣处理，然后发给到达城市分拨中心。图 1-58 是一个包裹从江苏昆山到重庆的物流跟踪情况。

2014-11-06 14:14:17	卖家已发货
2014-11-06 19:48:03	在江苏昆山市区公司进行揽件扫描
2014-11-06 22:05:34	在分拨中心江苏昆山分拨中心进行称重扫描
2014-11-06 22:07:50	在江苏昆山分拨中心进行装车扫描，即将发往：浙江杭州分拨中心
2014-11-07 04:33:13	在分拨中心浙江杭州分拨中心进行卸车扫描
2014-11-07 04:33:31	在分拨中心浙江杭州分拨中心进行称重扫描
2014-11-07 04:36:19	在浙江杭州分拨中心进行装车扫描，即将发往：
2014-11-07 04:36:19	在浙江杭州分拨中心进行装车扫描，即将发往：四川成都分拨中心
2014-11-09 17:11:46	在分拨中心四川成都分拨中心进行卸车扫描
2014-11-09 17:12:03	在四川成都分拨中心进行装车扫描，即将发往：重庆分拨中心
2014-11-10 04:41:13	在分拨中心重庆分拨中心进行卸车扫描
2014-11-10 04:44:02	在重庆分拨中心进行大包拆包扫描
2014-11-10 07:55:23	从重庆分拨中心发出，本次转运目的地：重庆市沙坪坝区陈家桥公司
2014-11-11 08:49:27	到达目的地网点重庆市沙坪坝区陈家桥公司，快件将很快进行派送
2014-11-11 08:58:26	在重庆市沙坪坝区陈家桥公司进行派件扫描；派送业务员：×××；]

图 1-58　快件跟踪——快件中转

包裹进入江苏昆山分拨中心，经过处理发往杭州分拨中心，在杭州分拨中心处理后，发往成都分拨中心，最后再达到重庆分拨中心。从昆山分拨中心到重庆分拨中心，不是直封，而是经过了杭州和成都两个分拨中心进行中转才到达，采用这种分拣方式，可以使快件处理量相对集中，便于合理组织运输和处理的快件。但经过几次中转处理后，包裹在途时间增加，时效性较差。这就是为什么有时候卖家发货很快，但买家却要等几天才能收到货，因为不是直接发到重庆，而是经过多次中转后才到重庆。

8.快件有哪些派送方式

快递派送是快递员按运单信息将快件递交给收件人并获得签收信息的过程。快件派送主要有按址派送、网点自取、智能自提柜自取、社区服务点自取方式，见图 1-59。

图 1-59　快件派送方式

图 1-60　智能自提柜

9.快件丢了，快递公司该不该赔

小李在淘宝网开了一个网店，专门卖梁平竹帘画，深圳的一位买家王先生特别喜欢，花 1 300 元买了一幅。小李通过申通快递将这幅竹帘画快递给了王先生，发货 3 天后，王先生收到包裹，包裹破损，打开后发现竹帘画被损坏，王先拒绝收货。竹帘画被损坏，责任是谁的？快递公司应该赔偿吗？

快件理赔是快递公司在递送的过程中发生事故后，对寄件人所提出的索赔案件的处理。快件遭受丢失、损毁等问题后，寄件人应立即向快递公司提出索赔申请。那么什么情况下，才应该向快递公司进行索赔，我们来看看索赔的因素。

图 1-61　快件赔偿

(1) 索赔因素

快件在寄递过程中出现了延误、丢失、损毁和内件不符问题，寄件人有权向快递公司索赔，赔付的对象为寄件人或寄件人指定的受益人。索赔因素主要包括快件延误、丢失、损毁和内件不符，见图 1-62。

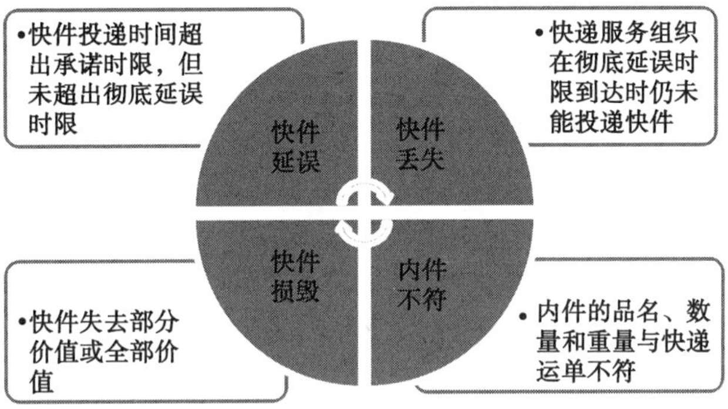

图 1-62　快件索赔因素

(2) 赔偿的原则

如果快件在寄递过程中发生延误、丢失、损毁和内件不符，双方事先有约定的可以协商解决，没有约定的可根据《快递服务》国家标准 GB/T 27917.3—2011(2012 年 5 月正式实施)中的快件赔偿规定进行赔偿，见图 1-63。

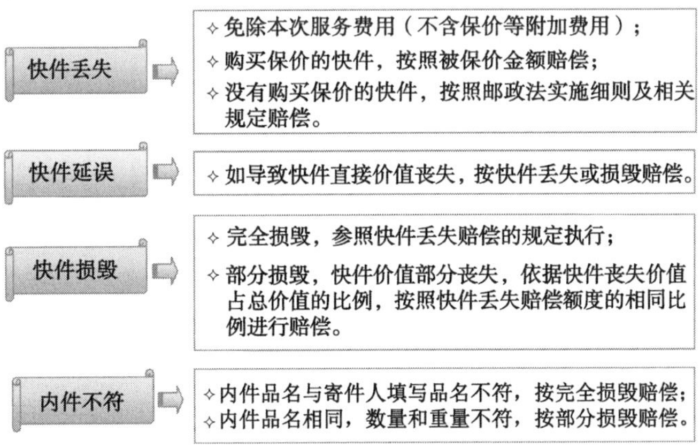

图 1-63　快件赔偿相关规定

(3)索赔期限及其他(图 1-64)

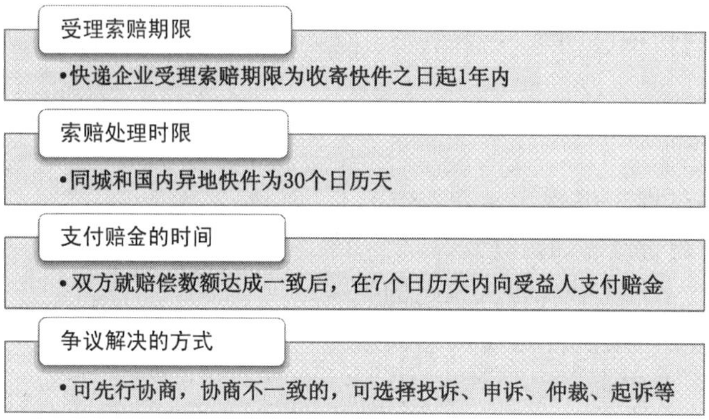

图 1-64 索赔

10.如何选择快递公司

如果你在淘宝网上开了一个网店,配送业务准备请快递公司来完成,那么,你该怎样选择快递公司?是选择一家还是多家快递公司?

作为卖家,选择快递公司时要考虑哪些因素?快件的速度、安全、价格、快递公司的网点、销售什么商品等都是需要考虑的,下面分别看看这些因素。

①速度。顺丰速度最快,大多走航空,航空禁运和四通一达(指圆通、申通、中通、百世汇通、韵达)差不多。

②安全。EMS、顺丰安全性比较高,出现事故的概率比较小,到付快件一般选择顺丰,其他快递都差不多。

③网点。EMS 最全,覆盖全国,能到村;四通一达网点都差不多,很多能到镇,顺丰一般二级城市都有网点。

④价格。“四通一达”价格相差不大,价格中等;EMS 比较贵,顺丰最贵;全峰、天天、优速等价格比较便宜。

⑤销售的商品。有些商品不能走航空,只能选择陆运、火车或者物流,这也是选择的一个关键问题。

⑥优势区域。每家快递都有自己的优势省份,所以要了解所在地区到每个省份的大概到货时间。

⑦选择服务好的快递员。寻找所在片区各快递公司的快递员,多接触几家快递公司,尝试发几个快递,多了解快递员,选择做事认真、踏实、利落、有时间观念的快递员。好的快递员每天能准时收货,当天保证安排出货,在遇到退件或者其他问题时,会及时通知你并协调解决。

在选择快递公司时,尽量选择全国直属网点多的公司;尽量选择口碑较好的快递公司；尽量选择网点比较多的快递公司；尽量选择开着货车去取件的快递公司；尽量选择损坏率低、丢包率低的快递公司；尽量选择赔偿金额或倍数高而且保价率低的快递公司；尽量选择一个服务好的快递员。总之，价格不是主要的，良好的快递服务才是重要的。有时网购消费者在网上购物很愉快，但收货时由于快递环节体验差，如快递速度慢、快递员服务态度差、包裹被摔坏等，最后给网店一个差评或中评，直接影响网店的声誉，所以选择好快递公司是很重要的。

如果网站有推荐物流也可以在其中选择，如果在淘宝开店推荐快递方案：四通一达为主，顺丰、EMS 备用，其他快递作补充，EMS 一定要合作，四通一达到不了的地方，EMS 都能到。也可以根据自身的实际情况，在不同的城市选择不同的快递公司，一切以方便、快速、安全为前提。

11.与快递公司签订协议

选择好快递公司后，与快递公司签订协议，以保障今后的利益。协议一般包括：

①明确各自的责、权、利，以及服务细则和签收要求；
②注明发货方享受的优惠折扣标准；
③资费结算周期和支付方式；
④快件损坏、丢失的赔偿处理原则；
⑤合作期限和合作解除条款。

第五节　电子商务的交易安全

在电子商务快速发展的同时，电子商务安全问题也日益突出，比较常见的如个人或商务信息泄露、网络欺诈、钓鱼网站等，直接影响电子商务的交易以及买家和卖家的资金安全。那么，在电子商务中面临哪些安全威胁？如何来防范？

一、电子商务面临哪些安全威胁

电子商务的安全威胁来自两方面，一是计算机网络的安全，二是商务交易的安全。这两个方面的安全威胁给电子商务带来了很多安全问题，如图 1-65 所示。

二、如何防范电子商务交易的风险

为了保证电子商务交易的安全、可靠，在交易时就要采用一些措施进行防范，以做到信息的机密性、完整性、交易者身份的真实性、不可抵赖性和系统的可靠性几个基本

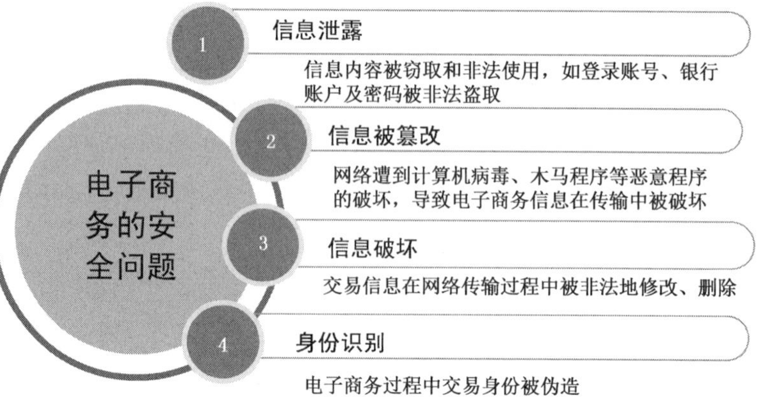

图 1-65　电子商务安全问题

要求。怎样防范电子商务交易的风险？可以采取以下措施进行防范。

1.如何管理好账户密码

账户密码的安全是保证网络交易安全的基础！在电子商务交易过程中需要保护的密码有：淘宝的登录密码、支付宝登录密码和支付密码、网银的登录和支付密码、注册邮箱的密码。

目前，各网站账户密码被盗的现象时有发生，如支付宝和网上银行密码被盗，可能导致钱款的损失。

如何保护账户安全，使账号密码不被他人盗取。

首先需要设置一个安全的账户密码，然后还要管理好密码。为了让密码更加安全，可参考以下的做法：

- ✧ 输入密码时，用复制+粘贴的方式，以免被记键木马程序跟踪
- ✧ 定期更改密码，作好记录，以免忘记
- ✧ 不同的账户设置不同的密码
- ✧ 重要资料不要泄露给他人

不要轻易将身份证、营业执照及其复印件、公章等相关证明材料提供给他人。如果将这些资料泄露了，骗子拿着这些证件，可以要求网站把密码交给他。由于这些资料都是真实的，网站无法确认是否是本人。

不同的账户设置不同的密码，以免一个账户被盗造成其他账户同时被盗。如有一位淘宝会员的密码被盗，淘宝帮她找回了密码，可第二天这位会员的密码再次被盗！调查后发现，她将会员密码和邮箱的密码设置成一样的，淘宝将密码发到她的邮箱等于同时发给了骗子。

2.如何防范木马病毒盗取密码

在网络上有一些网上的间谍程序，称作木马。中了木马病毒之后，手机、电脑中的

重要资料会被木马窃取一空，包括各类账号和密码。木马病毒通过一些恶意网站，各类聊天工具传播。因此，在与人沟通时，一定注意不要点开陌生人发的链接，如果不小心点击，打开了陌生的网站，这个网站很有可能在不知不觉中，将一个木马植入到电脑、手机中，见图 1-66。

> **“掌柜的你好，我看中了一个包，你看能进到么？图片你接一下，多谢了哦。^_^”**
>
> 这是一位假冒的客户，与网店掌柜沟通时常见的情况，一般是发来一个压缩文件，里面往往是一个木马病毒，如果运行了，电脑、手机就中毒了。如果电脑杀毒软件没有经常升级，或者是没有安装杀毒软件，对方就可能完全控制你的电脑。

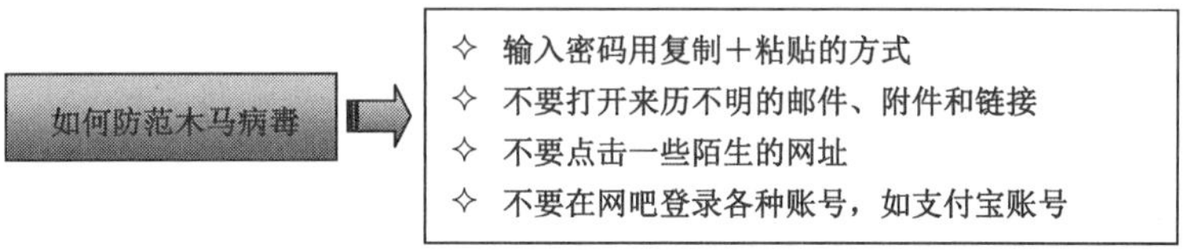

图 1-66

3.如何防范钓鱼网站

钓鱼网站是指不法分子利用各种手段，仿冒真实网站的地址以及页面内容，或者利用真实网站服务器程序上的漏洞在站点的某些网页中插入危险的 HTML 代码，诱惑人们去登录，以此来骗取用户登录账号、密码以及银行账号、密码等信息。

图 1-67　钓鱼网站

图 1-67 就是一个钓鱼网站，仔细查看网址为 http://taobaoo.h172.1stxy.com.cn，这个网站不是淘宝网的网址。

淘宝的网址是 http://www.taobao/com，见图 1-68，因此，登录网站时要看清楚网址。

图 1-68　淘宝网

网上的骗子常常抓住新手卖家防骗意识不强，经验不足，急于成交的心理，巧妙地
 用钓鱼网站盗取卖家的信息。如图 1-69 所示，发来类似淘宝商品链接，这个链接的网址并不是淘宝的网址。如点击进入，那么它会提示输入淘宝账号和登录密码。如果在这里输入了淘宝账号和登录密码，那么下一个页面会继续输入支付宝的支付密码！

图 1-69

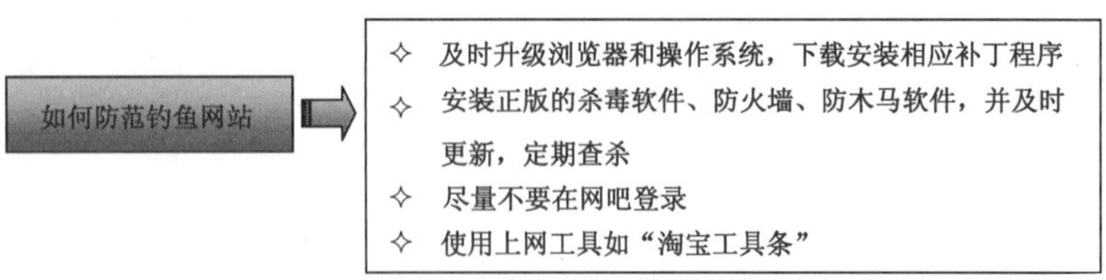

图 1-70

第二章　网上开店准备

网上开店并不像很多人认为的那么简单，会涉及一系列的工作，首先开店前的准备就非常重要。

第一节　开网店要会什么

尽管网上开店投资少、操作简单，但在学习如何开网店之前，网店卖家也应该具备一些基本能力和条件。

1.会使用互联网

网上开店，顾名思义就是选择一个提供店铺的网站平台进行开店。所以，网店卖家除了要保证有电脑与便捷的网络等基本条件以外，还应该能熟练操作电脑。如果连自己网店的网页都不会打开，想把网店的生意做好也将成为空谈。

2.会使用聊天软件

一般来说，在网上买卖东西的双方是不见面的，如果卖家能够熟练地运用一些网上即时聊天工具，如淘宝的千牛、腾讯的QQ等，将有助于卖家与买家的沟通，有助于网上交易的成交。另外，聊天时打字要熟练，否则买家会以为卖家不在线或故意怠慢。

3.会拍摄和图像处理

网上开店，卖家需要通过图片来表现商品信息，让买家能对商品有直观、全面的了解。精美的商品图片往往会吸引买家的眼球，而质量差的图片将会使买家望而却步。所以，卖家需要学会使用数码相机（或者拍摄像素高的手机）拍摄商品照片，并掌握一些简单的拍摄技巧。同时，要能够使用一款图像处理软件进行简单的照片后期处理，例如Photoshop、光影魔术手等，以便能做出漂亮的商品图片。

小提示

如果新手卖家短时间难以掌握商品拍摄和图像处理的方法与技巧,可以委托一些专业的摄影服务机构来帮助完成商品图片的拍摄制作,这样效率会高一些。淘宝网等平台上就能够找到这样的服务,也可以考虑外包给当地的摄影服务机构。

第二节　去哪里开网店

一般来说,网上开店都是在第三方网络零售平台上进行,这就好比个体经营者开设摊位需要找合适的市场一样。目前,包括淘宝网、京东商城、亚马逊等传统平台,以及微店、微信小店等微商平台都是非常热门的网上开店平台。

1.淘宝网

淘宝网在我国网上购物市场占有绝对优势,而且采用免费注册、免费开店的"免费营销"策略,所以淘宝网一直以来都是经营者网上开店的首选平台。

淘宝网的店铺主要有天猫商城店铺(B 店)和淘宝集市店铺(C 店)两类。天猫商城店铺面向企业和商家,要求其具备企业法人资质并拥有经营品牌,而个体经营者一般开设淘宝集市店铺,门槛低,流程简单。图 2-1 为淘宝网首页。

2.京东商城

京东商城是目前最大的自营式电商企业,京东商城目前拥有遍及全国各地 3 500 万注册用户,近 8 000 家供应商,在线销售囊括家电、手机、电脑、母婴、服装等共 13 大类,数万品牌,超过 4 000 万种商品。作为专业的 B2C 平台,京东商城无论访问量、点击率、销售量及业内知名度,在国内网购平台中都具有非常大的影响力。

京东商城不接受个人开店申请,要在京东商城开网店,需要提供公司营业执照和经营许可证等资质证明,并获取所经营商品的品牌授权。相对来说,在京东商城开网店的门槛比在淘宝网要高。图 2-2 为京东商城首页。

3.微店

微店是一款帮助卖家使用手机开店的软件,操作简单,不收取任何费用。卖家使用智能手机通过手机号码就可以开通自己的网上店铺,而且能非常方便地通过微信、微博、QQ 等社交工具来分享和宣传自己的店铺和商品。如果卖家有淘宝网店,还可以导入到微店中。

图 2-1

图 2-2

微店作为一种新兴的网络零售平台，随着智能手机的普及应用发展非常迅速，目前已有超过 5 000 万用户在微店做起了微商。图 2-3 为微店（IOS 版）的工作界面。

图 2-3

小提示

在网上开店的初期，应该寻找门槛低、费用低的平台，而且还要有非常高的人气，这样可以争取到更多的销售机会。当网店发展壮大以后，可以考虑在各大平台上都铺设自己的网店。因此，初期在淘宝网开店是绝大多数人的选择。如果要做微商，可以选择微店平台。

第三节　开网店卖什么

开一个网店，能不能开得好，首先要想好卖什么。所以，选择货源相当重要。选择货源涉及两个问题：一是卖什么，二是货源在哪里。

1.卖什么

在网络零售如此发达的今天，除法律法规明令禁止的以外，几乎没有什么东西不能在网上销售。但是，对于网店新卖家来说，选择货源还是有一些原则可以遵循的：

(1)选择自己熟悉的产品

选择自己熟悉和喜欢的产品，其优势在于非常详细地了解该产品的特点，不需要用更多的时间来学习专业知识，与客户交流起来也得心应手。

(2)选择网上最热卖的产品

热卖产品在网上的交易量大，消费人群广。选择热卖的产品意味着潜在的客户群体庞大，哪怕做的人再多，也总能分到自己的那块蛋糕。例如服装、手机及配件、美容护肤、数码产品及配件、箱包等。

(3)选择新奇独特的产品

选择新奇的产品就是想别人想不到的，做别人不可以做的。网上商品种类繁多，但总有一些潜在的产品没有被挖掘出来；在网上销量较好的商品，本身就独具特色和亮点，能吸引买家的注意。

(4)选择具有地域优势的产品

中国地大物博，各地都有一些地方特产。这些产品一般是其他地区没有的，因此具有资源优势和价格优势，在网上销售往往能成为热门商品，所以很容易受到当地卖家的青睐。

2.货源在哪里

在确定了卖什么以后，就要找到网店的货源渠道，但不管是哪种渠道，最关键的还是物美价廉。只要找到了物美价廉的货源，网店就有了成功的基础。一般来说，可以通过线下线上相结合的方式解决货源问题。

(1)批发市场

批发市场地域分布广泛，产品品种齐全，可以小额批发，价格一般比较便宜，适合以零售为主的小店，是网店卖家非常理想的货源地。对于刚开始从事网上开店的新卖家应多去当地的批发市场调研，多与批发市场店家交流，形成熟悉、稳定的关系，以能够获得较低的进货价格，并可以洞察商品行情信息。

(2)厂家直接进货

厂家货源是一手货源，没有中间环节，通常情况下也是市面上能拿到的最便宜的价格。正规的厂家货源充足、信誉度高，如果长期合作，还能争取到产品调换或退货退款。

一般来说，厂家的起批量都比较高，不适合小规模的卖家。如果有足够的资金储备，能承受压货风险，这种货源渠道就比较好。

(3)网上采购批发市场

随着网络零售的蓬勃发展，越来越多的网上平台针对卖家提供网上采购批发服务，如阿里巴巴1688、天猫供销平台、生意宝等供销平台。这些网上批发市场查找信息方便，产品种类多，为卖家提供了很大的选择空间。现在，越来越多的卖家习惯于在网上采购批发市场挑选网店的商品。

网上采购批发市场一般提供两种货源模式：一种是经销，另一种是代销。经销是指从网上采购批发市场批量进货后再进行网上销售；而代销是卖家将供应商的产品放到自己的网店代理销售，卖出后一般由供应商发货，所以代销模式下卖家没有库存压力，也不用考虑物流。

表2-1　梁平特色产品一览表

产品名称	生产企业	地　址	联系电话
张鸭子	梁平张鸭子食品有限公司	梁平区工业园区A区	4000239023
谢鸭子	梁平谢鸭子食品有限公司	梁平区梁山镇兴隆街338号	13452631076
梁平龙滩柚	梁平龙滩柚子专业合作社	梁平区合兴镇龙滩村	13983473668
蟠龙大米	重庆知稻生态农业有限公司	梁平区蟠龙镇扈槽村11组	18983956555
有机大米	梁平区光华米业有限责任公司	梁平区碧山镇新华街16号	13908263259
黑花生	重庆市尧龙农业开发有限公司	梁平区碧山镇碧清路36号	18996515045
回味泥鳅	梁平区回味食品有限公司	梁平区明达镇万亩泥鳅产业园	13883188645
福德牌咸鸭蛋	重庆市福德食品有限公司	梁平区双桂街道迎宾路321号	15123336837
广味香肠	重庆山桂食品有限公司	梁平区工业园区A区	17783515116
平川翠芽	梁平区平川茶厂	梁平区梁山镇八角村	13709453598
甜茶	梁平区顺丰甜茶种植家庭农场	梁平区龙胜乡公平村2组	13983502210
袁驿豆干	重庆市袁驿豆制品有限责任公司	梁平区袁驿镇国道西路159号	13709453030
殷佳坝萝卜	梁平区三清蔬菜专业合作社	梁平区云龙镇三清村	13635353065
豆筋	重庆一根豆筋有限公司	梁平区金带镇仁和村9组	18983531840

续表

产品名称	生产企业	地　址	联系电话
禅指姜	梁平区禅指姜生态农业科技发展有限公司	梁平区和林镇桂林路 89 号	13637772656
花椒	重庆文然农业开发有限公司	梁平区文化镇长春村 1 组	13983501887
豆干、柚子糖、柚子茶	梁平县奇爽食品有限公司	梁平区工业园区 A 区	13611438439
梁平竹帘	重庆知德文化传播有限公司	梁平区梁山街道梁山路 647 号	18290566387
竹木手工艺品	梁平县楠木坊工艺品加工厂	梁平区双桂街道皂角社区 4 组	13320324953
阴沉木工艺品	重庆市木缘坊工艺品有限公司	梁平区工业园区 A 区	18696882777

第四节　用什么送货方式

网上商店交易达成以后，卖家可以提供平邮、快递、EMS 等送货方式供买家选择，而买家一般会选择快递，所以，快递是卖家最常用的送货方式。

全国有数千家快递公司在开展业务，都有各自不同的特点和优势，卖家需要选择对自己来说性价比最高的快递。对于新手卖家，可以从知名度、安全性、覆盖面、价格等方面考虑选择哪家快递公司，比较常见的方案是：三通一达为主（申通快递、圆通速递、中通快递、韵达快递），顺丰、EMS 备用，其他快递作补充。图 2-4 为申通快递的官方网站。

另外，卖家应多试用几家本地区的快递公司，多打几次交道，这样才能看出来哪家快递公司的服务好，价格便宜。卖家还可以尝试对为你服务的快递员多些了解，选择那些办事认真的快递员并建立业务联系。

图 2-4

表 2-2 梁平快递公司一览表

公司名称	地　址	首重及价格	联系方式
国通快递	梁平区万盛街 86 号	1 千克（2~4 元）、1 千克以上 4~8 元/千克	023-53221122
申通速递	梁平区梁山路 538 号	1 千克（2~4 元）、1 千克以上 4~8 元/千克	023-53251818
中通速递	梁平区桂溪街 91 号	1 千克（2~4 元）、1 千克以上 4~8 元/千克	18996203330
梁平邮政	梁平区梁山路 84 号	1 千克（2~4 元）、1 千克以上 4~8 元/千克	023-53224386
天天快递	梁平区梁山镇安华小区	1 千克（2~4 元）、1 千克以上 4~8 元/千克	023-53367082
韵达快递	梁平区大河坝街 23 号	1 千克（2~4 元）、1 千克以上 4~8 元/千克	023-53338832
顺丰速运	梁平区创业路 33 号	1 千克（2~4 元）、1 千克以上 4~8 元/千克	95338
百世汇通	梁平区名号 39 幢 27 号	1 千克（2~4 元）、1 千克以上 4~8 元/千克	023-53585558
圆通速递	梁平区福禄街	1 千克（2~4 元）、1 千克以上 4~8 元/千克	023-53338333

第三章　开通网上店铺

在做好网上开店准备以后，就可以着手选择合适的网络零售平台开店了。淘宝网是网上开店的首选平台，企业一般在天猫商城开店（B 店），个人、个体工商户多在淘宝网开店（C 店）。下面就以个人在淘宝网开店（C 店）为例，来说明网上开店的基本流程。

第一节　注册淘宝账号

注册淘宝账号有两种方式：一是手机号注册，但必须是未被注册的手机号；二是电子邮箱注册，卖家需要先注册一个电子邮件地址。以手机号注册为例，具体操作步骤如下：

①启动浏览器，在地址栏中输入 http://www.taobao.com，打开淘宝网首页，点击“免费注册”，如图 3-1 所示。

图 3-1

②进入淘宝用户注册页面，阅读注册协议以后，点击“同意协议”按钮，如图 3-2 所示。

③输入手机号码，用鼠标按住滑块拖动至最右侧验证通过后，点击“下一步”按钮，如图 3-3 所示。

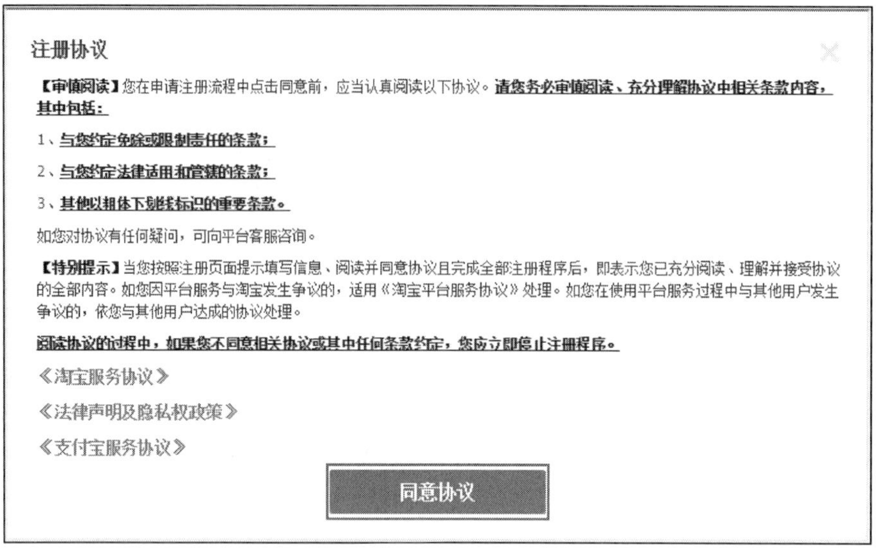

图 3-2

图 3-3

④点击“免费获取验证码”，淘宝网将发送一个 6 位数字校验码到所输入的手机上，输入该验证码，点击“确认”按钮，如图 3-4 所示。

图 3-4

⑤在“填写账号信息”页面中，依次设置登录密码（两次）、设置会员名，完成后点击“提交”按钮，如图 3-5 所示。

图 3-5

⑥在“设置支付方式”页面中，依次输入银行卡号、持卡人姓名、身份证号、手机号码，然后点击“获取校验码”按钮，如图 3-6 所示。

图 3-6

⑦输入校验码，设置好支付密码，点击“同意协议并确定”按钮，开通银行卡快捷支付，如图 3-7 所示。

图 3-7

⑧最后提示当前账号注册成功，如图 3-8 所示。同时，会自动将该账号作为支付宝账号以及其他阿里巴巴旗下平台的注册账号。

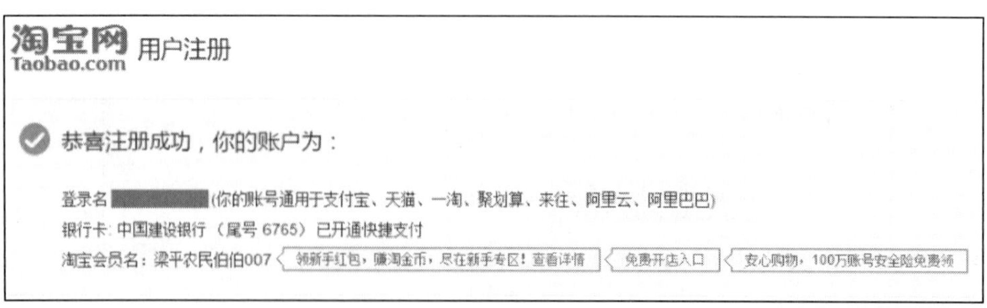

图 3-8

小提示

注册淘宝账号时，应注意以下事项：

1.个人用户建议采用手机号注册，企业账号采用邮箱注册。

2.设置密码切忌纯数字或纯字母组合，建议采用数字与字母组合，采用数字、字母以及符号组合安全性是最高的。

3.淘宝会员名称(旺旺名)一旦设置成功以后无法修改。如果货源已经确定，会员名称可以取得细化一点，例如卖梁平柚，可取名为“买梁平柚子喽”“梁平农民伯伯”等，一个细化的名称可以加深买家对店铺的记忆；如果货源尚未明确，名称则可取得宽泛一点。

4.在设置支付方式时，淘宝网会要求开通银行卡快捷支付。银行卡相关信息要填写正确，特别注意的是手机号码一定要填写在银行预留的电话号码。

5.注册成功以后，除淘宝网以外，该账号在阿里巴巴的其他平台或工具如支付宝、阿里巴巴中文站、阿里巴巴国际站、一淘、阿里旺旺、阿里云等可以通用。

第二节　免费开店流程

淘宝账号注册成功以后，就可以直接登录淘宝网免费开店，开店流程包括 3 个步骤：选择开店类型、阅读开店须知、申请开店认证。

①登录后，在淘宝网首页选择“卖家中心”，在下拉列表中点击“免费开店”进入淘宝网“卖家中心”开店页面，如图 3-9 所示。

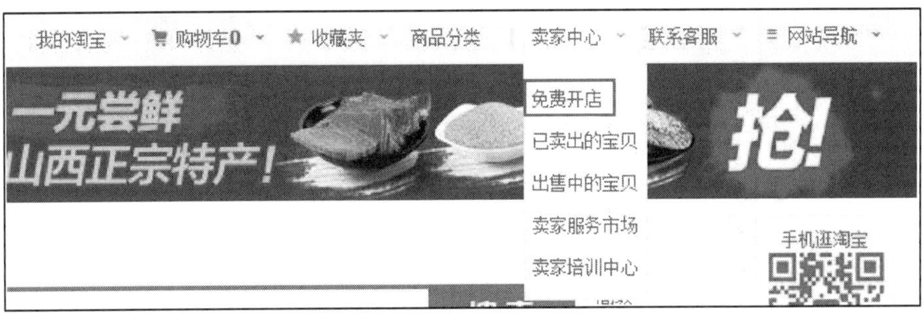

图 3-9

②进入开店页面后，在开店类型中选择“个人店铺”，点击“创建个人店铺”按钮，如图 3-10 所示。

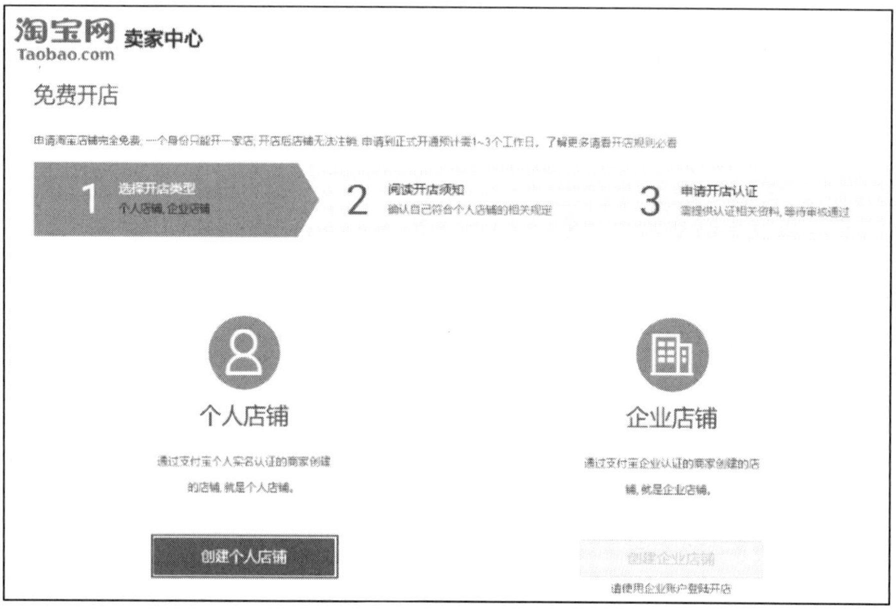

图 3-10

③接下来阅读开店须知，没有问题就点击“我已了解，继续开店”按钮，申请开店认证，如图 3-11 所示。首先选择“用户类型”为“中国大陆”，然后进行“淘宝开店认证”，未完成支付宝实名认证的账号，先要进行支付宝实名认证，点击“立即认证”。

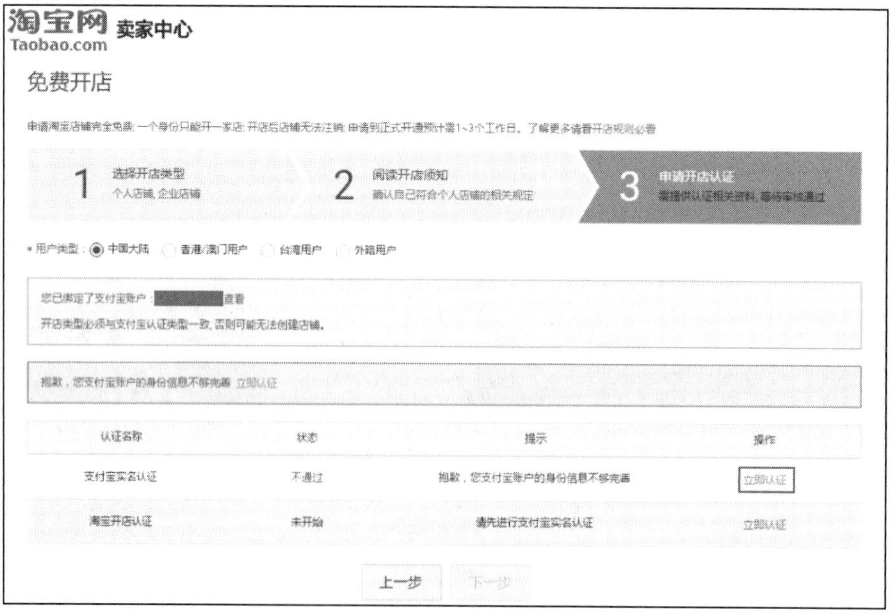

图 3-11

④登录支付宝,进入"身份验证"页面,上传身份证正反面照片,输入身份证有效期,点击"确认提交"按钮,如图 3-12 所示。

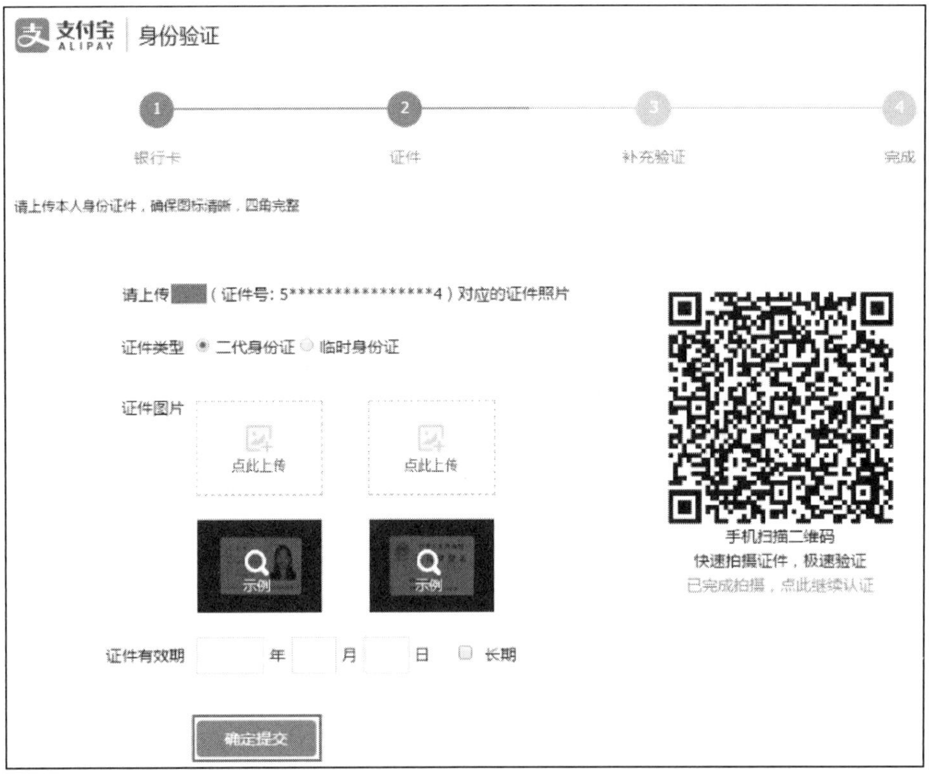

图 3-12

⑤提交成功以后,24 小时内完成证件审核,如图 3-13 所示。

图 3-13

⑥证件审核成功以后,还需进行补充验证,有两种方式:手机扫码人脸验证和本人银行卡验证。以银行卡验证为例,如图 3-14 所示,点击"若无法验证人脸,可验证本人银行卡"。

图 3-14

⑦输入银行卡号，获取手机验证码并输入后，点击“下一步”，如图 3-15 所示。

图 3-15

⑧支付宝身份验证成功后如图 3-16 所示。

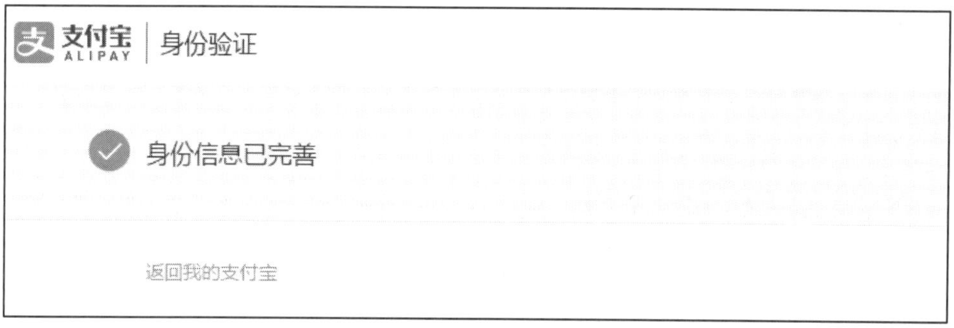

图 3-16

⑨支付宝实名认证完成以后会显示已通过的状态，然后进行第二项：淘宝开店认证。进入淘宝开店认证页面，点击“立即认证”，如图 3-17 所示。

图 3-17

⑩淘宝开店认证分为电脑认证、手机淘宝客户端认证和阿里钱盾认证 3 种方式，系统会根据网络环境作出指定推荐。第一种方式是电脑认证，操作步骤如下：

➢ 如图 3-18 所示，在淘宝身份认证资料页面中，点击“电脑认证”。

➢ 在电脑认证页面中按照提示填写本人真实资料，如图 3-19 所示。

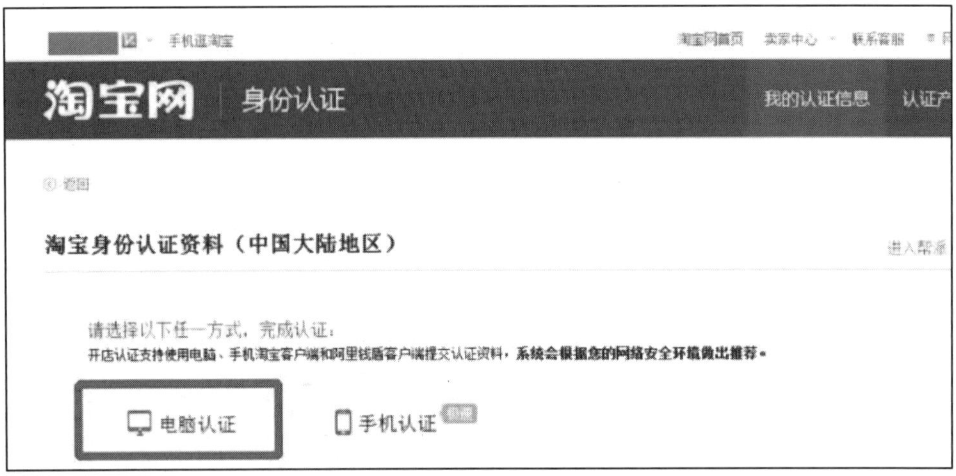

图 3-18

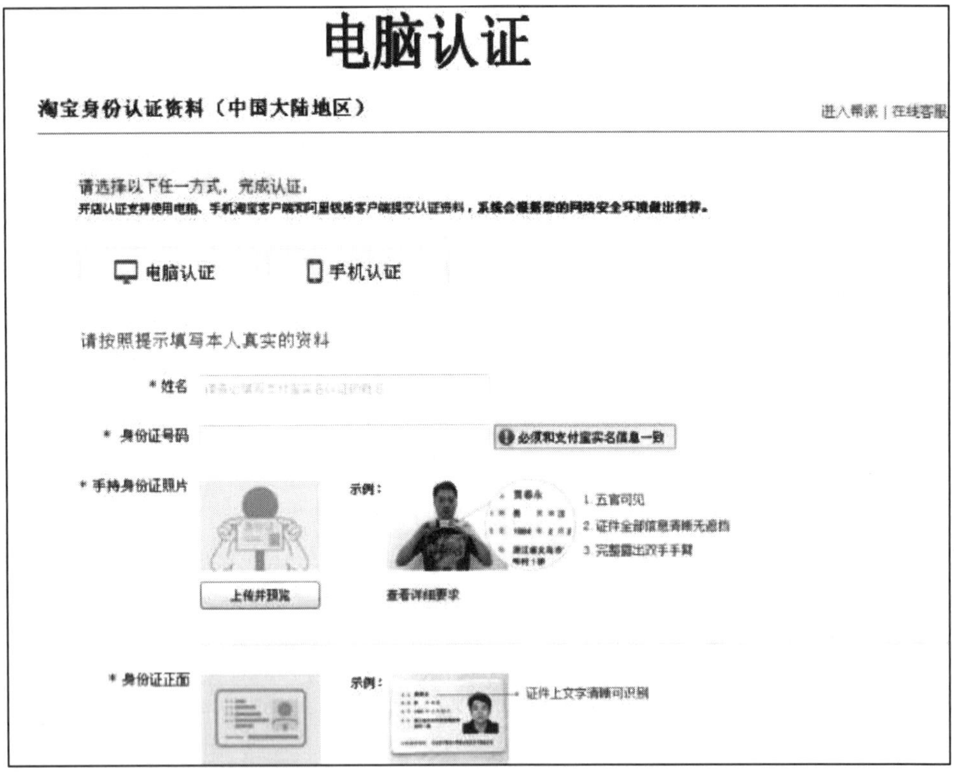

图 3-19

➢ 在上传手持身份证照片时需注意以下事项，如图 3-20 所示。

➢ 在后续信息填写时，需要注意一点，在填写完手机号码后需点击“获取验证码”，该验证码不会以短信形式发送到手机上，而是由一个 400 的电话通知验证码是多少，一

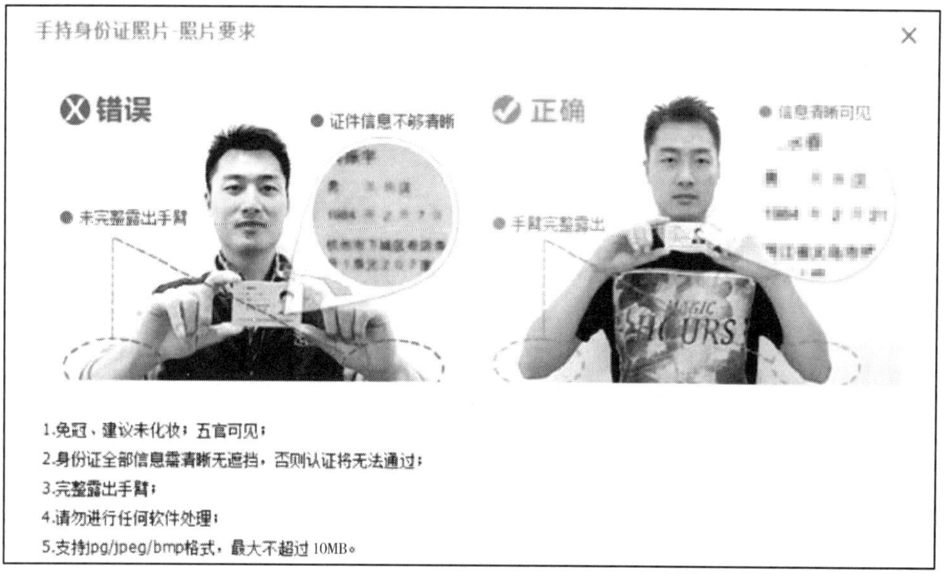

图 3-20

般会报3遍,需要注意接听并正确输入,最后点击“提交”完成电脑认证,如图3-21所示。

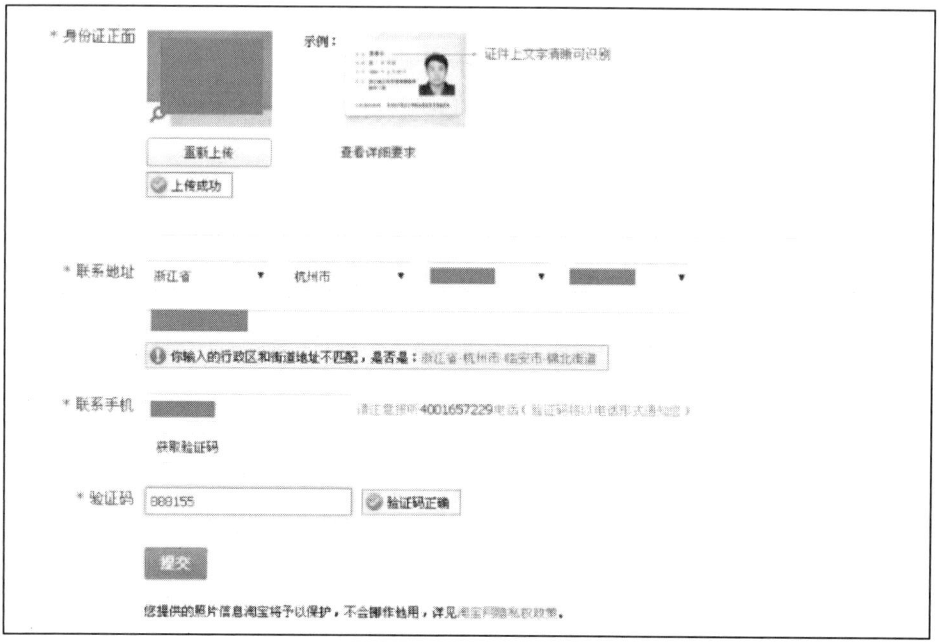

图 3-21

➢ 提交认证信息成功以后，会提示认证审核的预计完成时间，一般最迟为 48 小时以后，如图 3-22 所示。

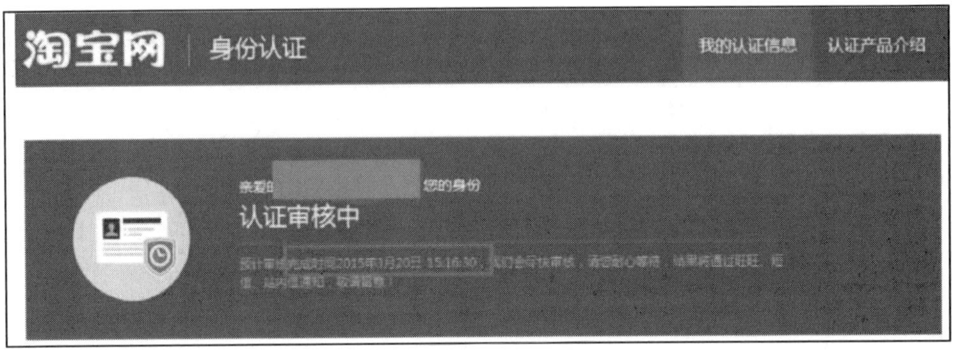

图 3-22

⑪第二种方式是手机淘宝客户端认证，操作步骤如下：

➢ 进入淘宝身份认证资料页面，选择“手机认证”—“手机淘宝客户端认证”。

➢ 下载并安装手机淘宝客户端，通过手机淘宝客户端“扫一扫”功能扫描二维码进行认证，如图 3-23 所示。

图 3-23

➢ 根据手机页面提示依次进行操作，如图 3-24 所示。

➢ 填写有效联系手机号码，接收并填写验证码，点击“下一步”后填写真实的联系地址，再点击“下一步”，如图 3-25 所示。

➢ 手机淘宝客户端认证只需上传手势照片和身份证正面照片，手势照片请按示例要求进行拍摄，凭证提交成功后，审核时间为 48 小时，如图 3-26 所示。

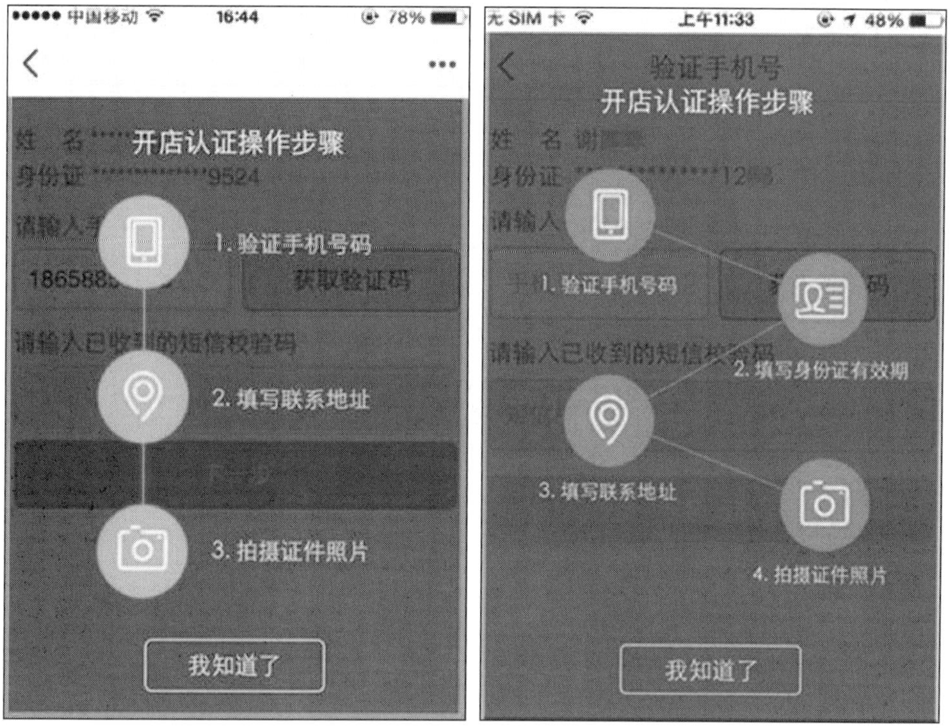
开店认证操作步骤
1. 验证手机号码
2. 填写联系地址
3. 拍摄证件照片
我知道了
开店认证操作步骤
1. 验证手机号码
2. 填写身份证有效期
3. 填写联系地址
4. 拍摄证件照片
我知道了

图 3-24

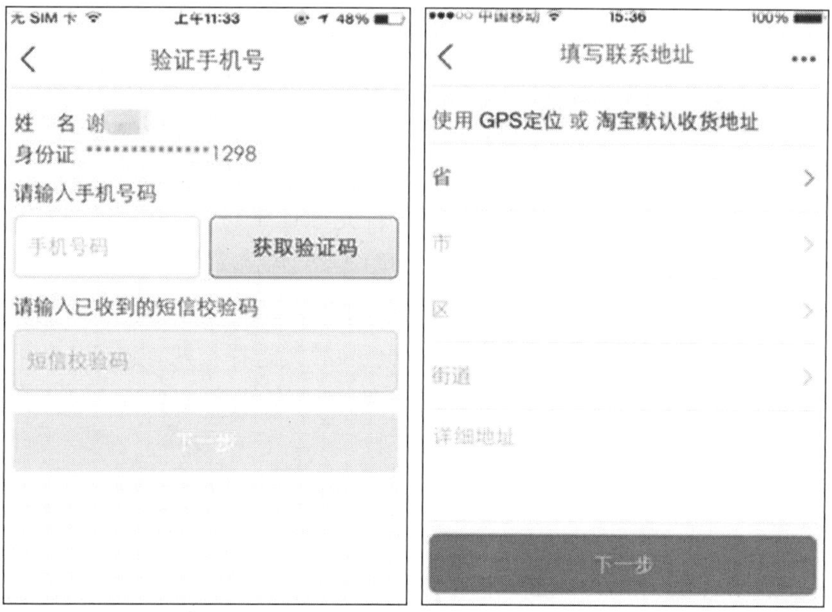
验证手机号
姓　名 谢
身份证 **************1298
请输入手机号码
手机号码
获取验证码
请输入已收到的短信校验码
短信校验码
下一步
填写联系地址
使用 GPS定位 或 淘宝默认收货地址
省
市
区
街道
详细地址
下一步

图 3-25

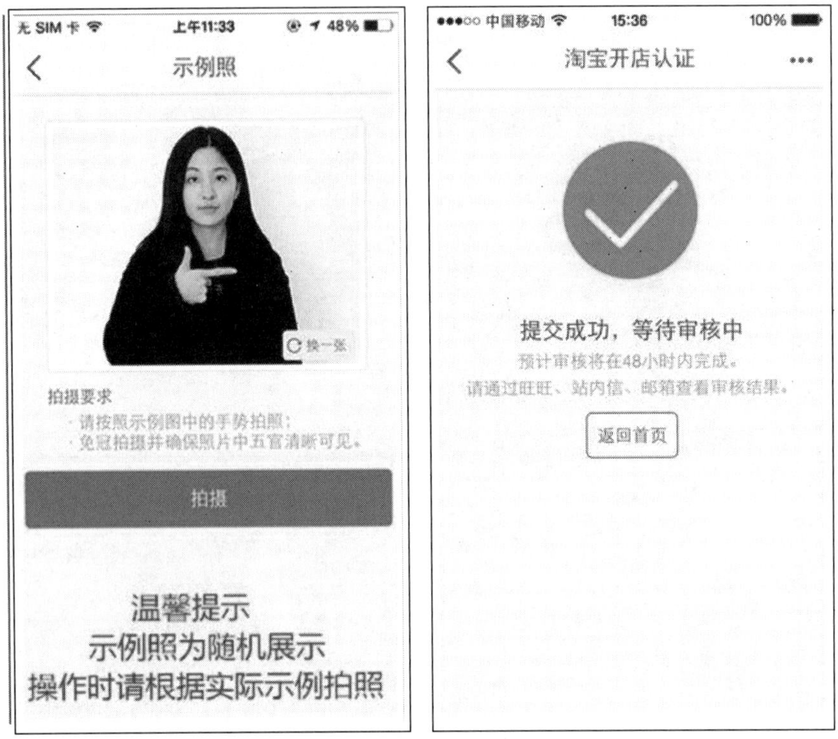

图 3-26

⑫第三种方式是阿里钱盾认证，操作步骤如下：

➢ 进入淘宝身份认证资料页面，提示为手机淘宝认证时：扫码下载安装阿里钱盾，如图 3-27 所示，下载后手机打开阿里钱盾客户端，点击扫码功能扫描页面中的二维码进行认证。

➢ 扫码后，提示阿里钱盾开店认证步骤，首先验证手机号：填写有效联系手机号码，接收并填写验证码，点击“下一步”按钮，如图 3-28 所示。

➢ 如实填写身份证有效期后，点击“下一步”按钮，如图 3-29 所示。45 岁以下的会员，按照身份证背面有效期填写；45 岁以上的会员，直接选择长期有效。

➢填写有效联系地址，也可以定位当前位置，或者使用淘宝默认地址，点击“下一步”按钮，如图 3-30 所示。

➢ 根据要求提供手势照、身份证正面照和身份证背面照，完成后提交，如图 3-31 所示。

➢ 提交成功后 48 小时内完成审核。

电脑认证
手机认证
使用阿里钱盾极速开店
把鼠标放在此位置可出现“二维码”哦
扫码安装阿里钱盾
扫码安装
（建议在Wi-Fi环境下进行操作）
阿里钱盾是阿里巴巴最新推出的，全方位保护您手机资金安全的手机应用 • 点击了解更多
使用阿里钱盾扫描认证
打开【阿里钱盾】客户端，点击右上角"⊟"扫描下图二维码开始认证。
刷新二维码
使用如图方式扫码
在手机上完成以下操作：
验证手机号
填写身份证有效期
填写联系地址
上传手势照
上传身份证照

图 3-27

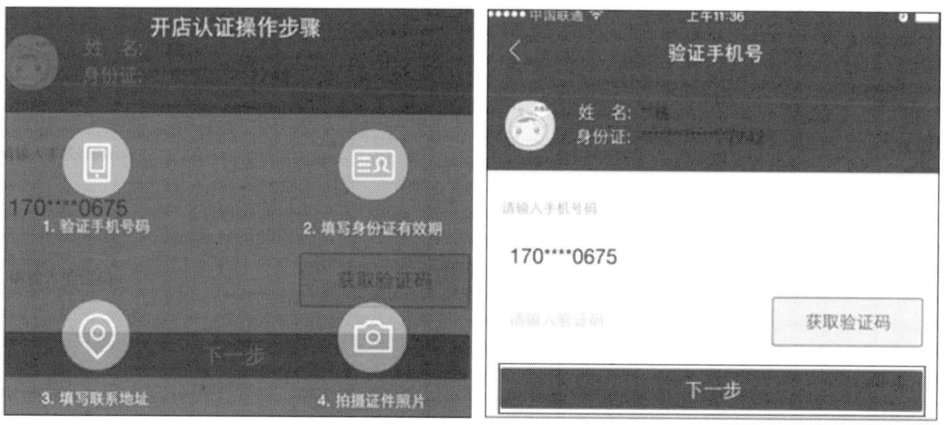
开店认证操作步骤
1. 验证手机号码
2. 填写身份证有效期
3. 填写联系地址
4. 拍摄证件照片
验证手机号
姓　名:
身份证:
请输入手机号码
170****0675
获取验证码
下一步

图 3-28

选择身份证有效期
请选择有效日期
长期有效
45周岁以上居民的长期有效身份证
下一步
选择身份证有效期
请选择有效日期
长期有效
下一步

图 3-29

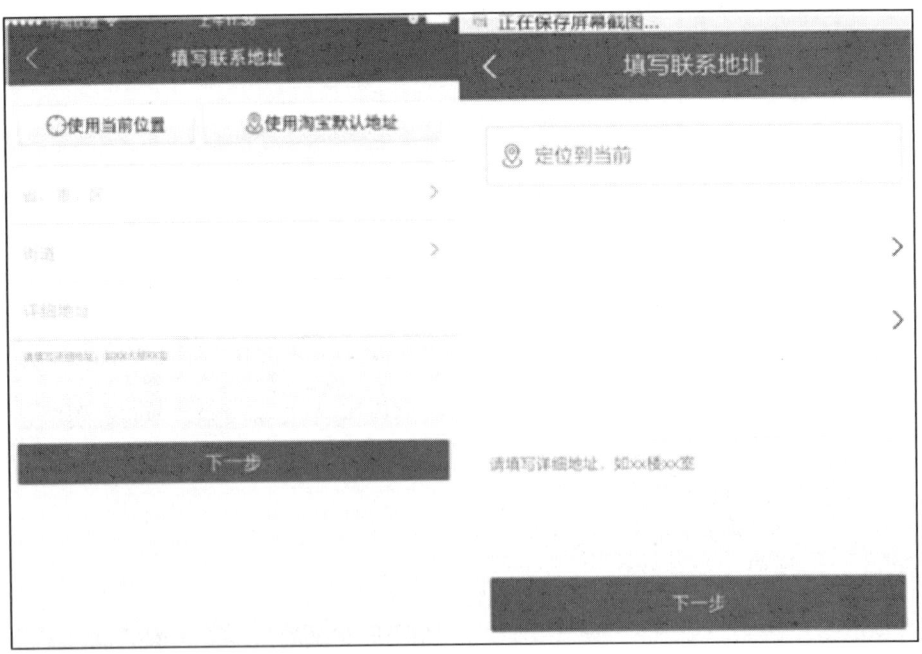
填写联系地址
使用当前位置
使用淘宝默认地址
下一步
正在保存屏幕截图...
填写联系地址
定位到当前
请填写详细地址，如xx楼xx室
下一步

图 3-30

图 3-31

小提示

淘宝的 3 种开店认证方式中，拍照都是必备的环节，不管是证件照、手势照都必须按照要求拍摄，否则认证将无法通过。淘宝认证拍照的注意事项可参考淘宝官方“淘宝认证之拍照攻略”。

第三节　创建淘宝店铺

在完成淘宝账号注册与认证流程后，就可以创建淘宝店铺了。

①在支付宝实名认证和淘宝开店认证通过以后，在免费开店页面中点击“下一步”开始创建淘宝店铺，如图 3-32 所示。

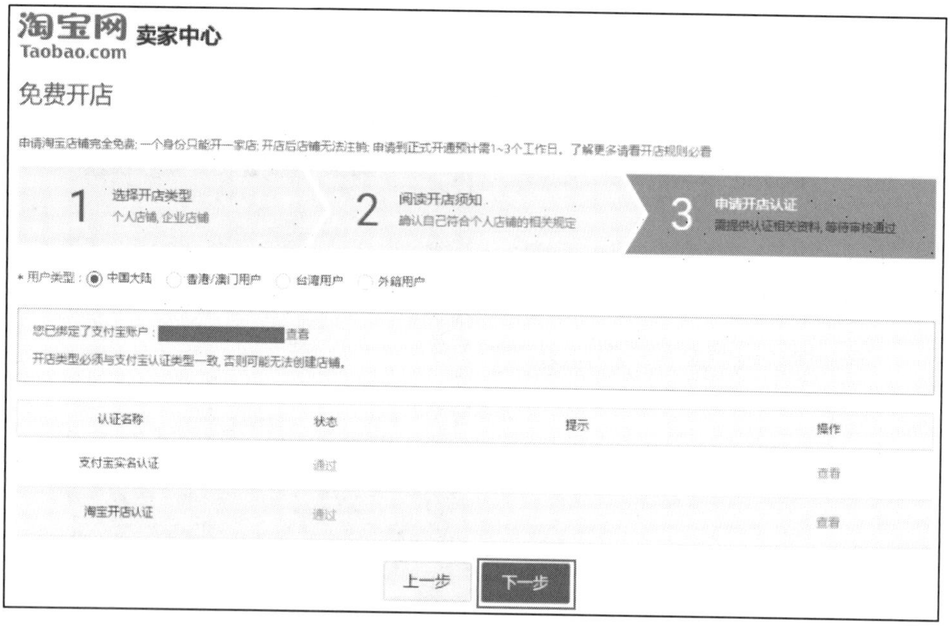

图 3-32

②阅读开店协议并点击“同意”，店铺即创建成功，如图 3-33 所示。

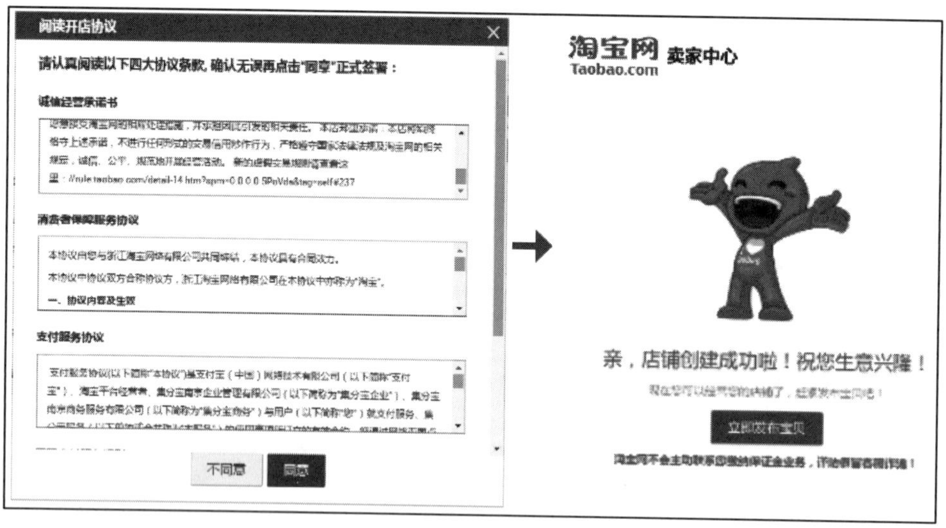

图 3-33

第四节 店铺基本设置

店铺创建成功以后，需要完善店铺的基本信息，完成店铺设置。

①在淘宝网首页点击“卖家中心”进入卖家中心首页，在左侧边栏“店铺管理”项下点击“店铺基本设置”进入设置页面，如图 3-34 所示。

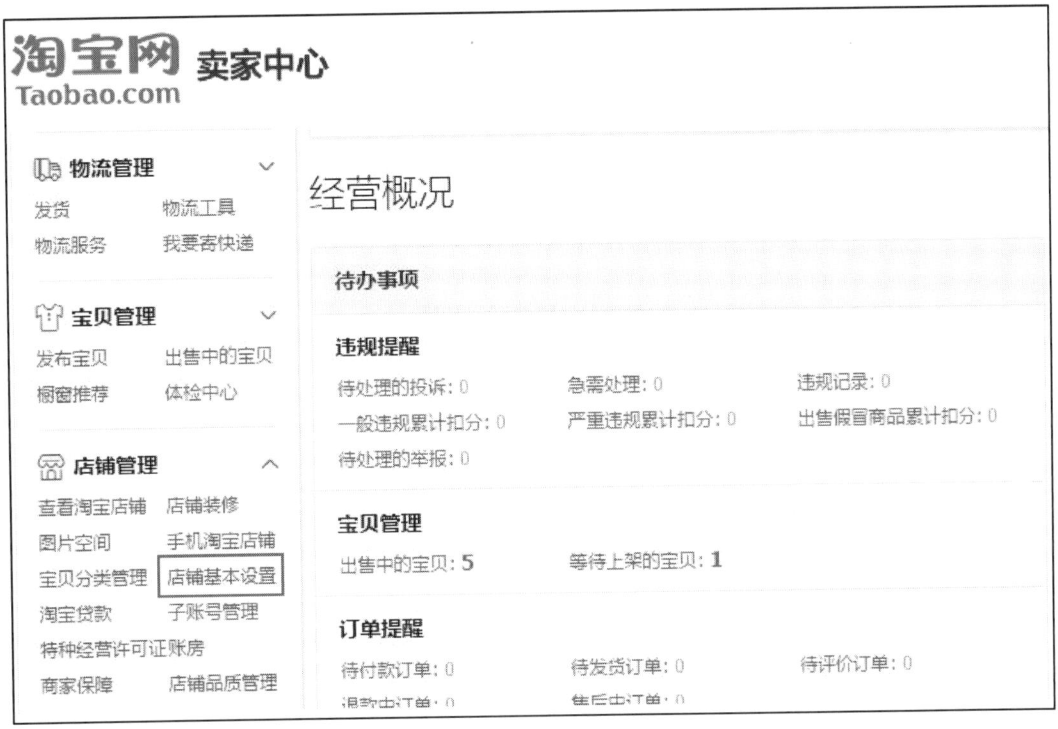

图 3-34

②进入店铺基本设置页面后，如图 3-35 所示。首先需要设置店铺基本信息，包括店铺名称、店铺标志、店铺简介、经营地址、主要货源、店铺介绍等信息。

③店铺基本信息填写完成并符合要求后，点击“保存”，出现“操作成功”提示后，店铺基本设置就完成了。如果要开设手机店铺，点击“手机淘宝店铺”后，按照提示设置信息即可。

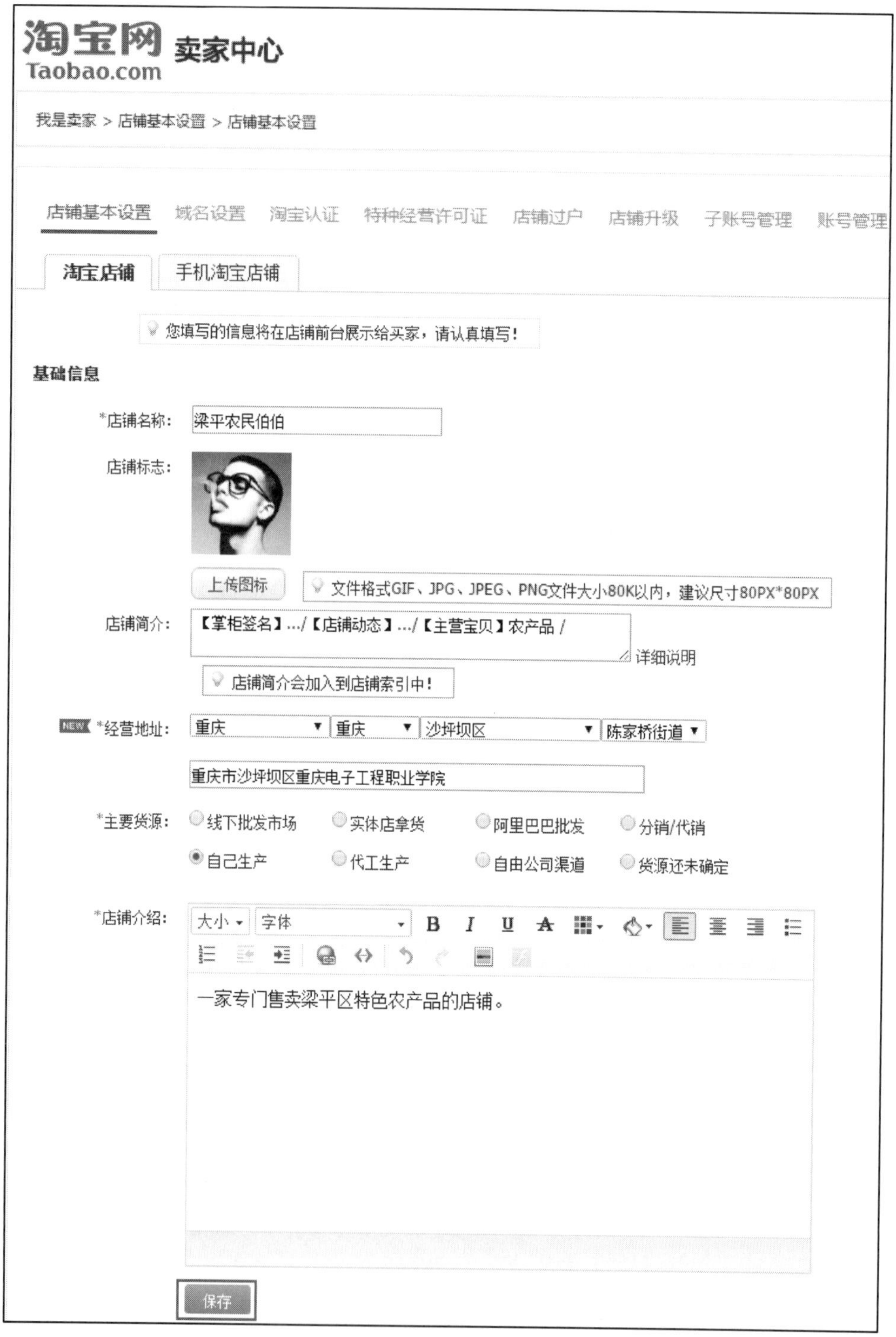
淘宝网 卖家中心
Taobao.com
我是卖家 > 店铺基本设置 > 店铺基本设置
店铺基本设置 域名设置 淘宝认证 特种经营许可证 店铺过户 店铺升级 子账号管理 账号管理
淘宝店铺 手机淘宝店铺
您填写的信息将在店铺前台展示给买家，请认真填写！
基础信息
*店铺名称：
梁平农民伯伯
店铺标志：
上传图标
文件格式GIF、JPG、JPEG、PNG文件大小80K以内，建议尺寸80PX*80PX
店铺简介：
【掌柜签名】.../【店铺动态】.../【主营宝贝】农产品 /
详细说明
店铺简介会加入到店铺索引中！
NEW *经营地址：
重庆 重庆 沙坪坝区 陈家桥街道
重庆市沙坪坝区重庆电子工程职业学院
*主要货源：
线下批发市场 实体店拿货 阿里巴巴批发 分销/代销
自己生产 代工生产 自由公司渠道 货源还未确定
*店铺介绍：
大小 字体
一家专门售卖梁平区特色农产品的店铺。
保存

图 3-35

小提示

店铺基本信息填写时,应注意以下事项:

1.店铺名称:店铺名称可以多次修改;已经被人使用过的名称不可以使用;旗舰、直营、淘宝特许、淘宝授权等未经授权的非法词汇不得使用;店铺名称一般应有明确的品牌定位或产品定位。

2.店铺标志:文件大小 80 KB 以内;尺寸一般 80＊80 像素;店铺标志设计应能表现店铺的品牌和特点,应能提供有助于买家识别、记忆的元素,如店铺域名。店铺标志应与店铺整体装修风格相匹配。

3.店铺简介:可选项,但会加入到店铺索引中,对店铺搜索排名会有较大影响;店铺简介可按照默认的编辑格式填写—"【掌柜签名】填这里,没有就为空/【店铺动态】填这里,没有就为空/【主营宝贝】填这里,没有就为空/"。例如:有一家店,没有掌柜签名和店铺动态,主营宝贝是原木家具,那么,内容可以这样填写:"【掌柜签名】/【店铺动态】/【主营宝贝】原木家具/"。

4.店铺介绍:内容尽量简洁明了,使用较少的文字直观反映店铺的产品定位、产品的核心特点和经营理念等。例如:"本店所售×××商品均属正品,假一罚十信誉保证。欢迎广大顾客前来放心选购,我们将竭诚为您服务!"

第五节　淘宝规则

为了防止各种不诚信的欺诈行为,杜绝不正当竞争的商业弊端,淘宝网这类交易平台都会制订一系列的规则和措施,来约束和规范用户在平台上的行为,如果想在这里立足,就必须遵守相关的规则条款。

淘宝规则,是对淘宝用户增加基本义务或限制基本权利的条款,违反淘宝规则的行为将会受到淘宝网相应的处理。淘宝网的规则体系主要包括基础规则、行业市场规则、营销活动规则和临时公告以及规则实施细则等。这些规则在淘宝网规则频道,如图 3-36,都有详细的说明,更多的规则和对规则的理解需要在操作中不断地学习,这样才能保证自己在平台上如鱼得水,买卖行为不会受到处罚。

同时,随着平台的变化和升级,规则也在不断地增补及完善,所以卖家在经营过程中应及时关注规则的变化,保证经营活动的正常进行。

https://rule.taobao.com/index.htm?spm=a21bo.50862.201865-nav.2.6P5Kou
淘宝网 规则
Taobao.com
首页
规则辞典
规则众议院
我的规则中心
淘宝规则
基础规则 行业市场 营销活动 临时公告
解读说明
规则动态
协议专区
NO!!!
[浅规则VOL.15]
向“换马甲”售假
SAY NO!
最新公告
学院 University
广场 Square
专栏 Column
浅规则
邮费
规则众评
淘宝争议处理
（买家版）
淘宝争议处理

图 3-36

第四章　网店装修与美化

淘宝店铺创建成功以后，接下来就应该进行网店的装修和美化工作，这与线下实体店要装修后才开张是一个道理，淘宝店铺也应该装修后开张。

第一节　淘宝旺铺装修系统

淘宝店铺装修与线下实体店装修是一个意思，都是让店铺变得更美，更吸引人。装修店铺不仅可以使卖家的店铺更加美观，而且还能表现卖家对店铺的重视程度，使买家觉得卖家是在用心经营，提升买家对店铺的好感。淘宝旺铺装修系统专门为店铺装修提供服务：

①进入卖家中心，点击“店铺管理”项下的“店铺装修”，如图 4-1 所示。

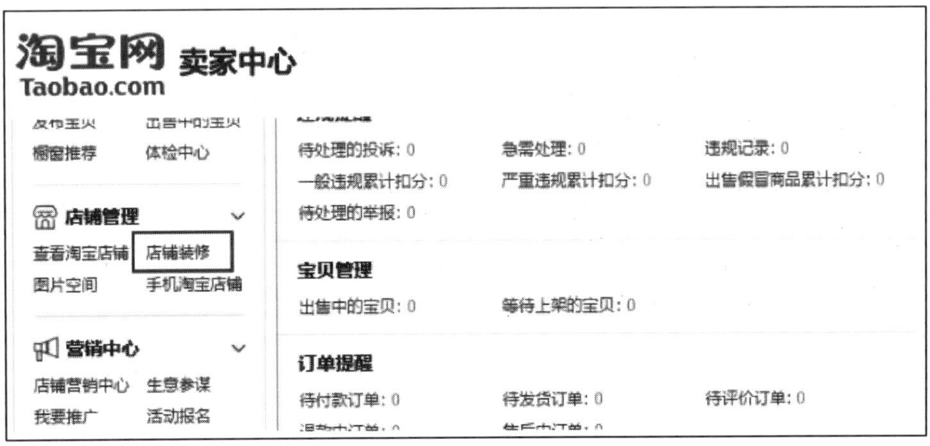

图 4-1

②进入旺铺装修系统以后，查看左上角旺铺版本信息，默认为专业版，若需要使用智能版，则点击“升级到智能版”可升级到智能版旺铺装修系统，如图 4-2 所示。

图 4-2

③进入旺铺装修系统后，如图 4-3 所示，即可按照自己的需要完成店铺装修。

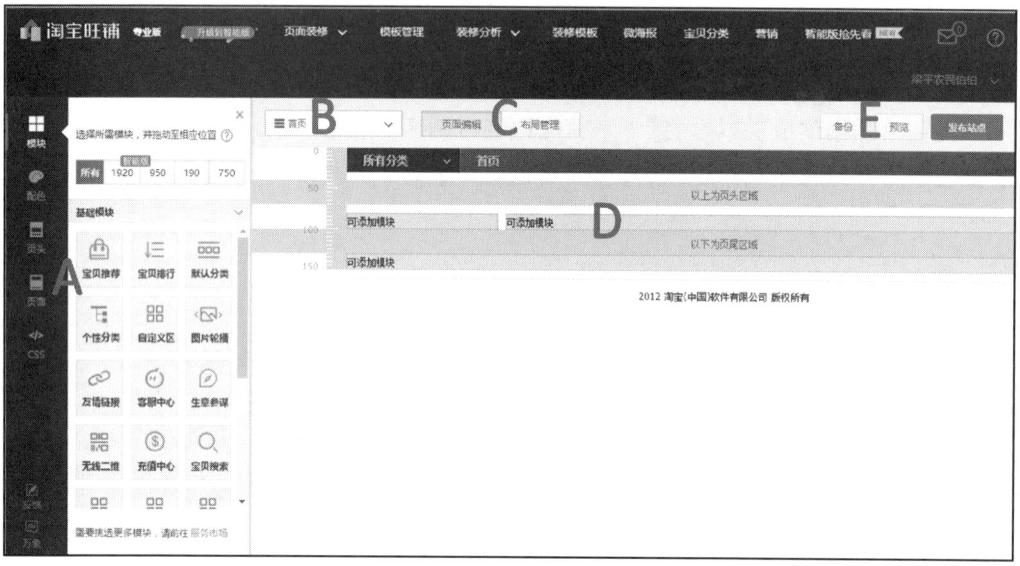

图 4-3

图中 A 区域为工具面板，包括模块、配色、页头、页面和 CSS 5 个工具面板，提供了相关快捷功能。

图中 B 区域为页面列表，在下拉列表中可以查看并选择店铺的所有页面，并提供页面管理入口。

图中 C 区域为编辑模式按钮，提供了页面编辑和页面布局两种编辑模式。

图中 D 区域为页面编辑工作区，淘宝旺铺装修的具体内容在此区域完成编辑，此区域的内容可根据编辑模式和页面选择的结果进行切换。

图中 E 区域为店铺装修生成按钮，包括备份、预览和发布 3 个功能按钮。

淘宝店铺由一系列页面组成，类似于一个小的用于店面和商品展示的网站，包括首页、宝贝详情页、宝贝列表页和自定义页面，装修实际上就是按照淘宝旺铺装修系统的要求对这些页面进行网页设计。

小提示

淘宝旺铺是淘宝网提供的一套专业店铺装修系统,能管理和装修展示店铺和产品,让店铺更加专业,提供更佳的用户体验和更多店铺功能。根据不同卖家特点以及所需要的使用权限不同,淘宝旺铺的版本类型也不一样。目前,主要分为专业版和智能版两种类型,专业版免费使用,智能版 99 元/月。

淘宝旺铺装修系统对页面设计的要求是模块化,即必须按照系统所提供的模块来搭建页面的结构,模块里的内容可以由用户自己进行设计。淘宝旺铺专业版提供了 3 种不同尺寸(950 px、190 px、750 px)的基础模块由用户选用,如图 4-3 中 A 区域所示。

另外,淘宝店铺装修可采用两种方式:一是通过装修市场购买对应版本的模板,直接应用;二是用户自定义装修。

第二节　店铺首页装修

店铺首页是打开店铺的第一个页面,也是旺铺装修系统默认的编辑页面。在"页面编辑"模式中,店铺首页结构上由 3 部分组成:页头区域、页面主体区域和页尾区域,其中页头区域包含导航模块,页面主体区域为自定义模块,如图 4-4 所示。

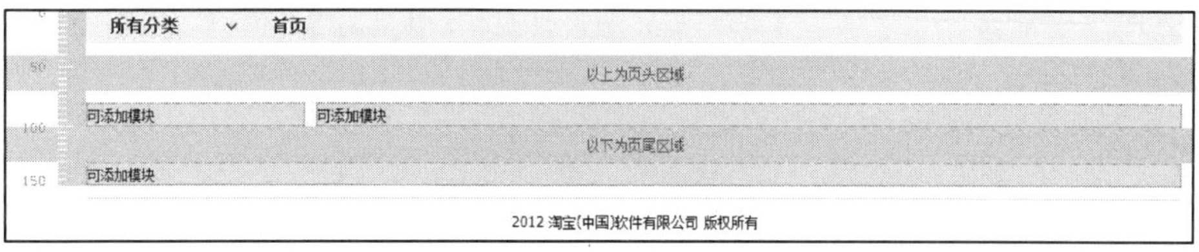

图 4-4

在"布局管理"模式中,可以查看当前页面的结构,在页面主体区域中添加或删除布局单元修改页面结构,如图 4-5 所示,但是,页头区域和页尾区域的默认模块不能修改。

在进行页面装修时,先在"布局管理"模式中选择想要使用的模块类型做好页面结构后,然后回到"页面编辑"模式中对模块内容进行编辑。如果不需要修改页面结构,在"页面编辑"模式中直接编辑就可以了。

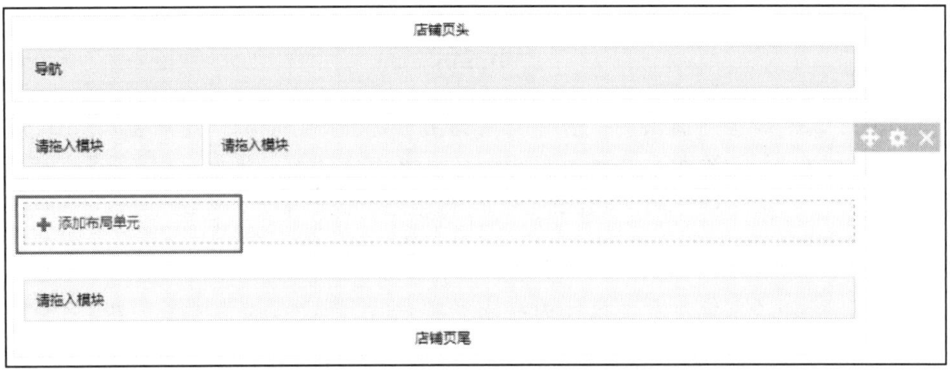

图 4-5

下面以用户自定义装修为例来说明淘宝店铺装修的过程。

1.添加店铺招牌

店铺招牌是店铺十分重要的宣传工具,也是店铺的一个广告牌,以图片形式起到传达店铺经营理念、突出店铺的经营风格、彰显店铺形象的作用。

首先,需要制作好店铺招牌图片,然后可以添加到店铺首页,操作步骤如下:

①在店铺首页中添加店铺招牌模块:进入旺铺装修页面,在左侧“基础模块”找到“店铺招牌”模块,拖动到导航模块的上方,如图 4-6 所示;此时的店铺招牌显示是默认背景图片和店铺名称,如图 4-7 所示。

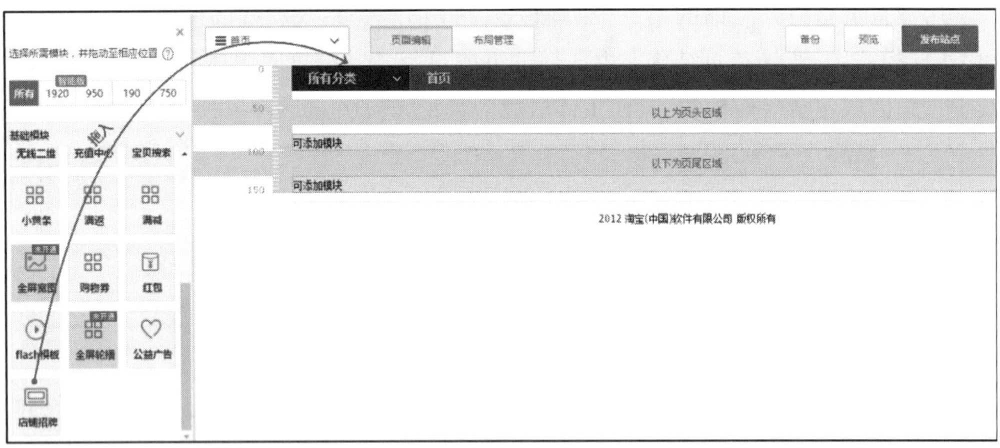

图 4-6

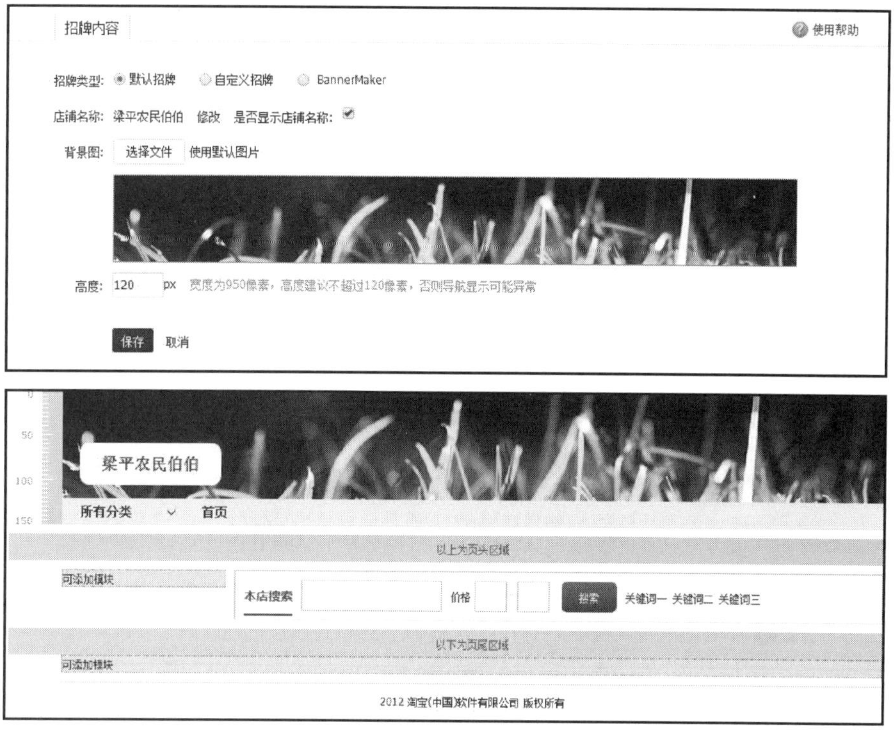

图 4-7

②将鼠标移入店铺招牌，点击左侧“编辑”按钮，打开“招牌内容”窗口，如图 4-8 所示，设置招牌内容如下：

➢ 招牌类型：选择“默认招牌”；

➢ 店铺名称：去掉“是否显示店铺名称”勾选；

➢ 高度：根据所设计的店铺招牌图片实际高度设置，但不能超过 120 像素；

➢ 背景图：点击“选择文件”按钮打开如图 4-9 所示页面，先设定好在图片空间中的存储位置，然后点击“添加图片”按钮，将设计好的店招图片添加即可，如图 4-10 所示。

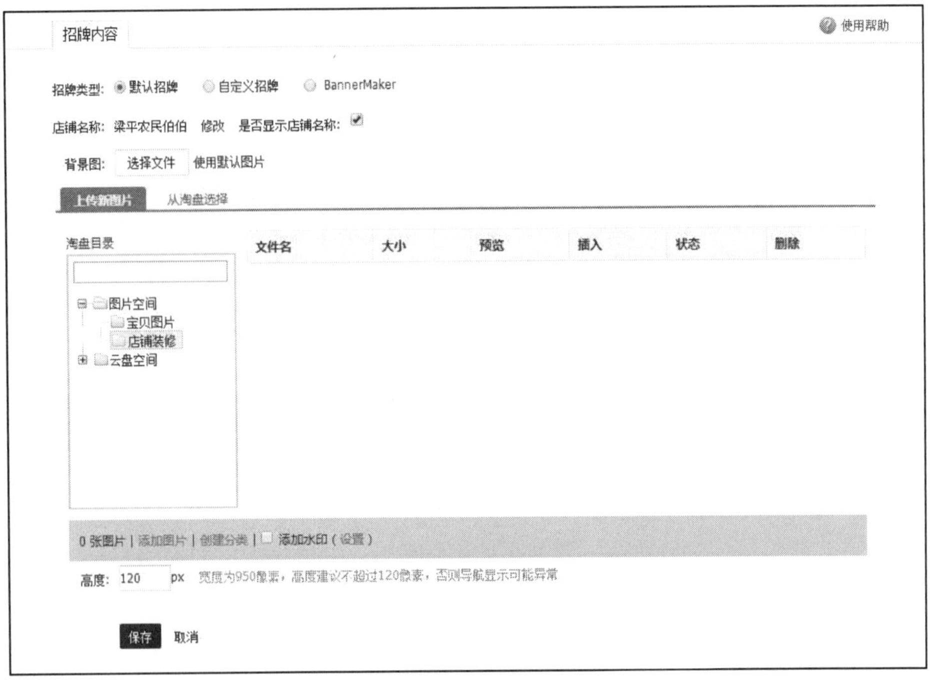
招牌内容
使用帮助
招牌类型: 默认招牌 自定义招牌 BannerMaker
店铺名称: 梁平农民伯伯 修改 是否显示店铺名称:
背景图: 选择文件 使用默认图片
上传新图片 从淘盘选择
淘盘目录
图片空间
宝贝图片
店铺装修
云盘空间
文件名 大小 预览 插入 状态 删除
0 张图片 | 添加图片 | 创建分类 | 添加水印（设置）
高度: 120 px
保存 取消

图 4-8

首页
页面编辑 布局管理
备份 预览 发布站点
梁平柚
Liang Ping Of China
Grapefruit
一種神奇的果實
所有分类 首页

图 4-9

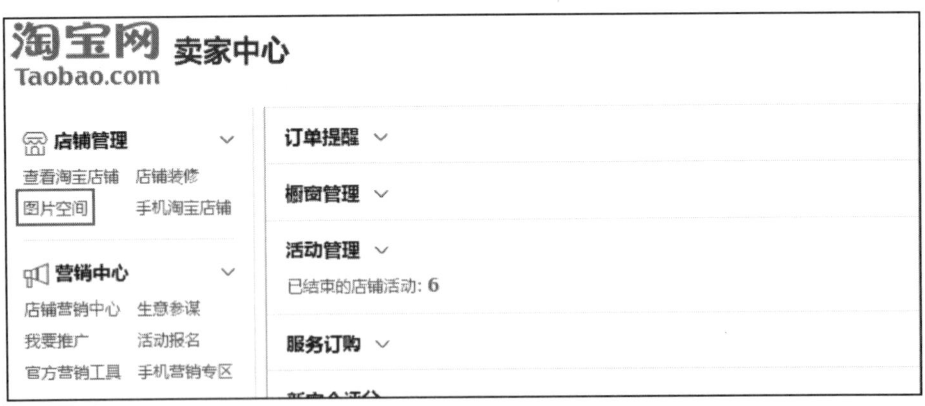
淘宝网 卖家中心
Taobao.com
店铺管理
查看淘宝店铺 店铺装修
图片空间 手机淘宝店铺
营销中心
店铺营销中心 生意参谋
我要推广 活动报名
官方营销工具 手机营销专区
订单提醒
橱窗管理
活动管理
已结束的店铺活动: 6
服务订购

图 4-10

小提示

在制作和设计店铺招牌时应注意以下几点：

1.店铺招牌上应包括店铺名称，告诉客户店铺是卖什么的，有品牌的店铺还应该放上品牌 LOGO 展示；

2.店铺招牌上应有主要产品的实物照片，直观形象地告诉客户店铺是卖什么的；

3.店铺招牌应能体现产品定位，直接阐述店铺产品的特点，第一时间打动客户，吸引客户；

4.店铺招牌应能体现优势和差异化特征，告诉客户店铺和产品的优势以及与其他店铺的不同之处；

5.制作好的店铺招牌应符合旺铺装修系统的尺寸要求：宽度建议 950 像素，高度不超过 120 像素；

6.目前，淘宝网只支持 GIF，JPG，PNG 格式的店招图片。

2.设置店铺促销广告区

促销是一种直接提升销量非常有效的方式，是商业中经常采用的手段和技巧。在淘宝店铺的首页中，通常会采用促销广告的形式，将店铺的各种优惠活动直接直观地传达给到店访问的用户。所以，一般需要在首页设置促销广告模块将促销广告图片放置其中。

①首先将设计好的促销广告图片（宽度不超过 950 像素）存放于淘宝图片空间中，具体步骤如下：

➢ 在卖家中心，点击左侧“店铺管理”项下“图片空间”，如图 4-11 所示。

图 4-11

➢ 在图片空间中，选择存储位置为“我的图片”，点击“上传图片”，如图 4-12 所示。

➢ 在“上传图片”弹出窗口中点击“点击上传”将设计好的促销广告图片上传到图片空间中，如图 4-13 所示。

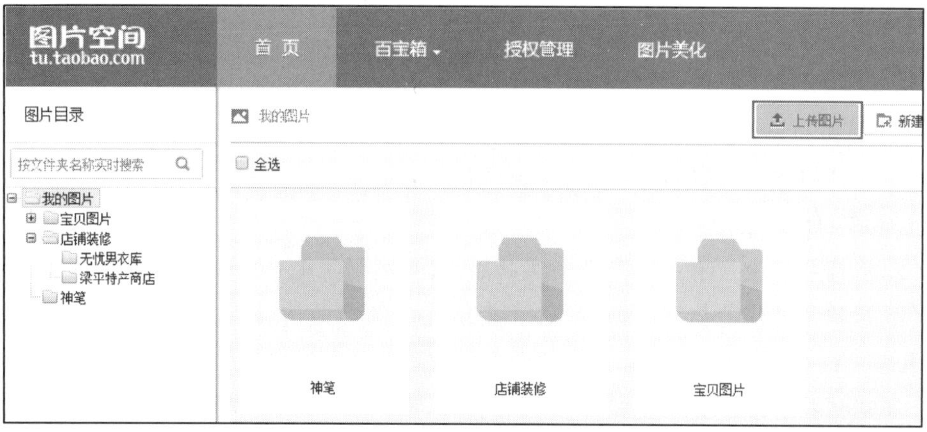

图 4-12

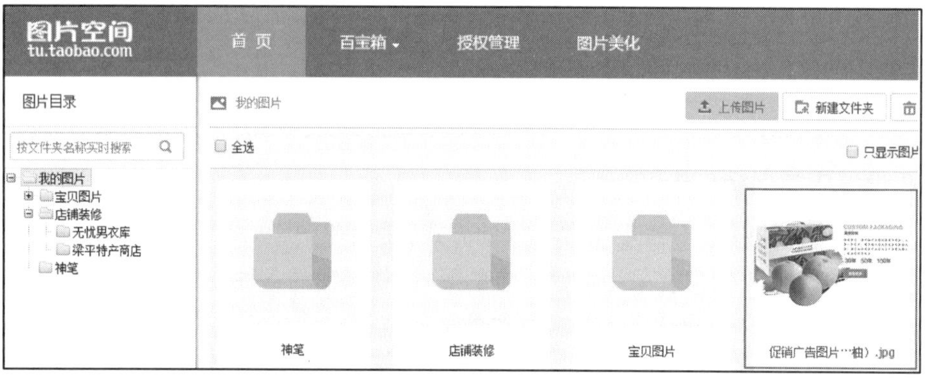

图 4-13

➢ 双击打开上传后的图片,在图片预览窗口中点击“复制链接”,如图 4-14 所示。

图 4-14

②回到旺铺装修页面，将左侧“基础模块”中“自定义区”模块拖动到页面编辑区“可添加模块”区域中，如图 4-15 与图 4-16 所示。

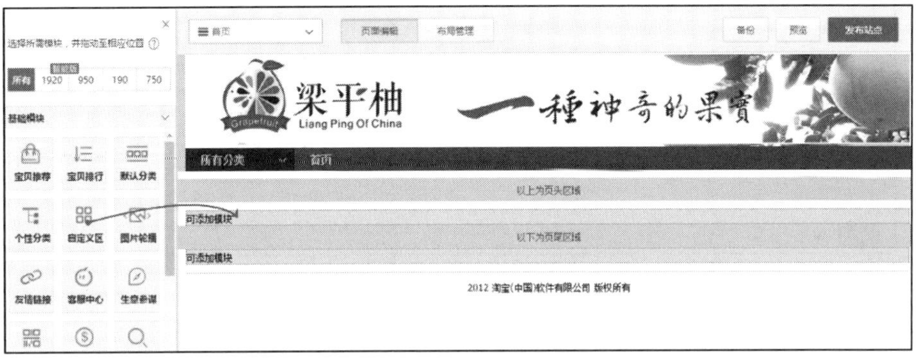

图 4-15

图 4-16

③将鼠标移入“自定义内容区”，点击右上方“编辑”，进入“自定义内容”编辑区：“显示标题”设置为“不显示”，并点击工具栏上“插入图片”按钮，如图 4-17 所示。

④将在图片空间中复制的图片地址粘贴到“图片地址”文本框中，点击“确定”（图 4-18），回到自定义内容区编辑窗口（图 4-19），点击“确定”，完成促销广告区设置。

⑤促销广告区设置成功后如图 4-20 所示。如果有两张以上的店铺促销广告图片，可以通过使用“图片轮播”模块来实现。

3.设置首页左侧功能区

淘宝店铺首页中的客服中心、搜索框、商品分类列表、销售排行等服务功能模块通常设置在页面的左侧，这些模块的宽度为 190 像素。

图 4-17

图 4-18

图 4-19

图 4-20

(1)设置客服中心

淘宝首页的客服中心是客户与淘宝店主联系的通道入口，一般设置在促销广告区的下方。设置客服中心操作步骤如下：

①点击“布局管理”按钮，在“布局管理”模式中点击“添加布局单元”按钮，在弹出的窗口中选择“190+750”布局单元，如图 4-21 所示，添加成功后如图 4-22 所示。

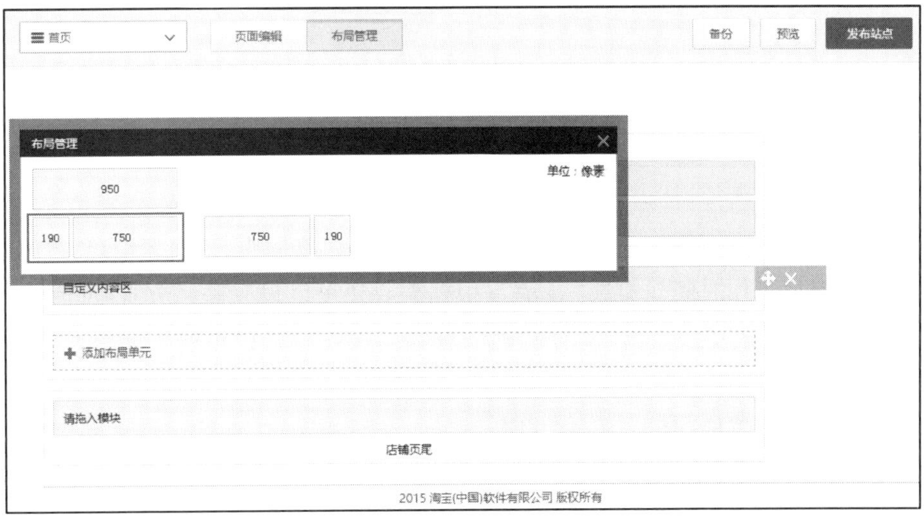

图 4-21

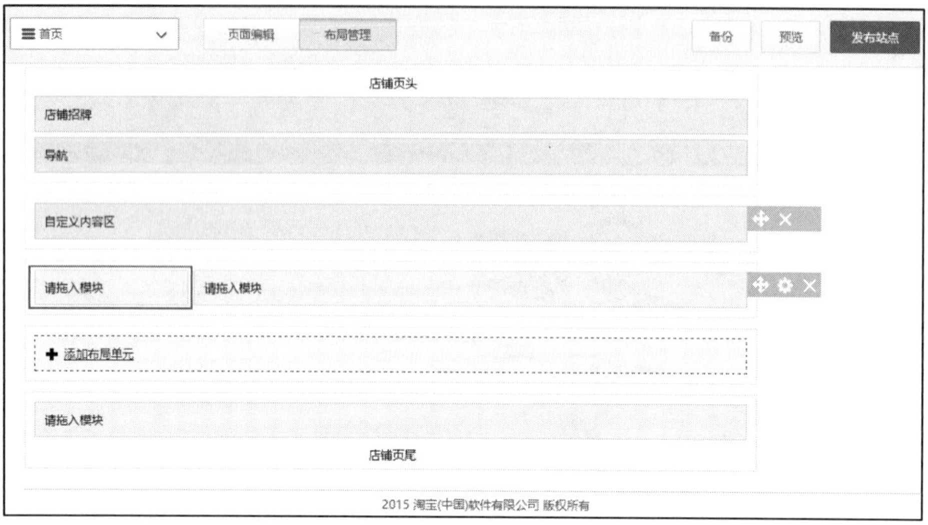

图 4-22

②点击“页面编辑”按钮，在“页面编辑”模式中从左侧基础模块区域选择“客服中心”模块拖入该区域中，如图 4-23 所示。

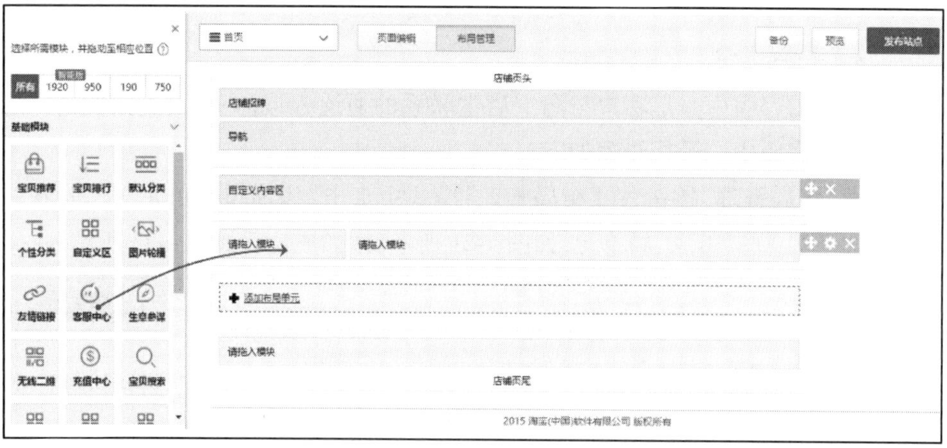

图 4-23

③将鼠标移入“客服中心”区域，点击“编辑”，进入“客服中心”设置窗口，在内容设置窗口设置客服工作时间并勾选“显示”，根据需要还可以设置联系方式旺旺分组，如图 4-24 所示，设置成功后点击“保存”按钮；在显示设置窗口设置模块标题为“客服中心”，勾选“显示标题栏”，如图 4-25 所示。

④客服中心设置成功后如图 4-26 所示。

图 4-24

图 4-25

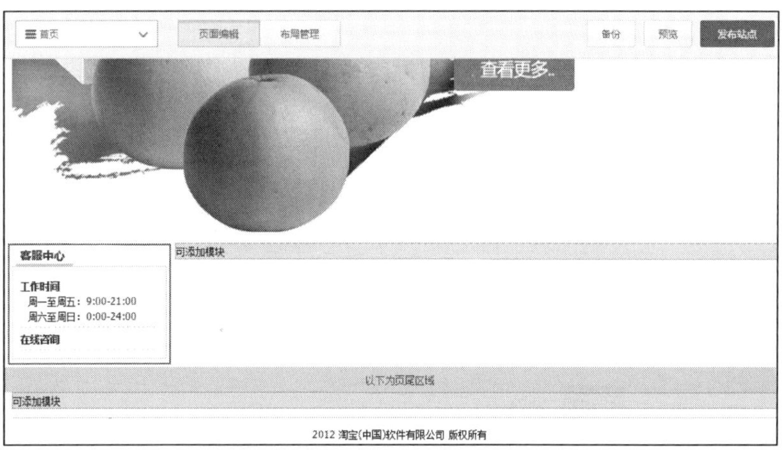

图 4-26

(2)设置搜索框

当店铺商品较多时,可以在店铺首页中设置搜索框,方便用户在店铺中查找商品。设置搜索框操作步骤如下:

①在“页面编辑”模式中,从左侧基础模块区域拖入“宝贝搜索”模块到“客服中心”右侧“可添加模块”区域中,如图 4-27 所示。

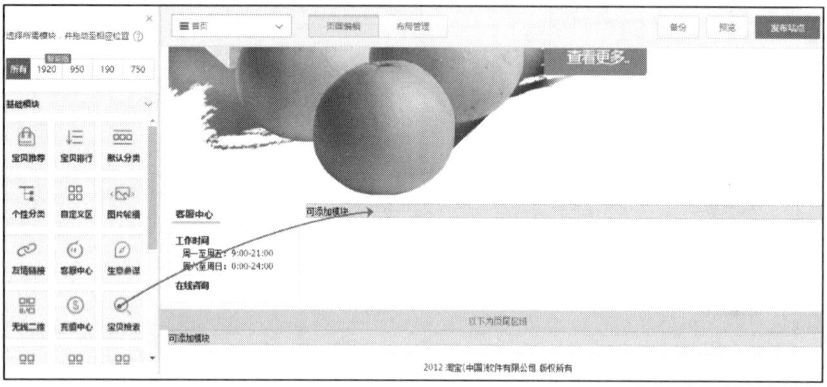

图 4-27

②将鼠标移入“宝贝搜索”区域,点击“编辑”,进入“搜索店内宝贝”设置窗口,如图 4-28 所示。修改显示标题为:店内搜索,选择“显示”项,在“是否显示”项下勾选“价格筛选”。另外两项可根据需要设置:预置关键字,可以设置一个关键字默认显示在搜索框中;推荐关键字,可以提供不超过 3 个卖家推荐的商品关键字供用户选择。设置完成后点击“保存”按钮。

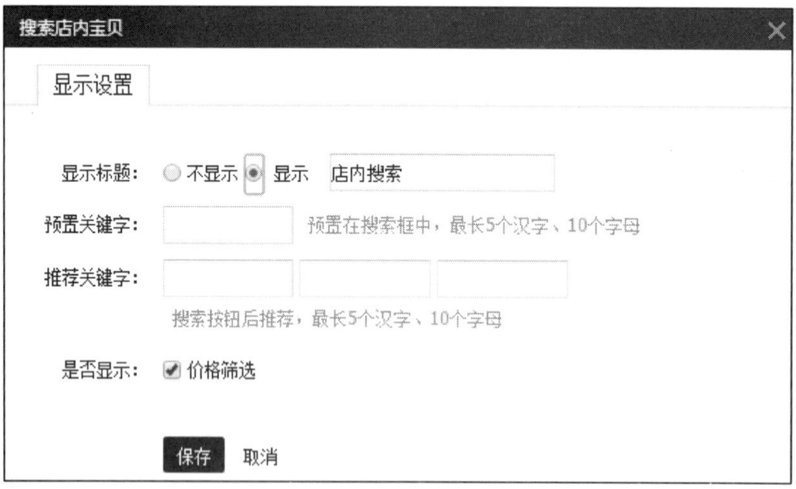

图 4-28

③搜索框设置成功后如图 4-29 所示。

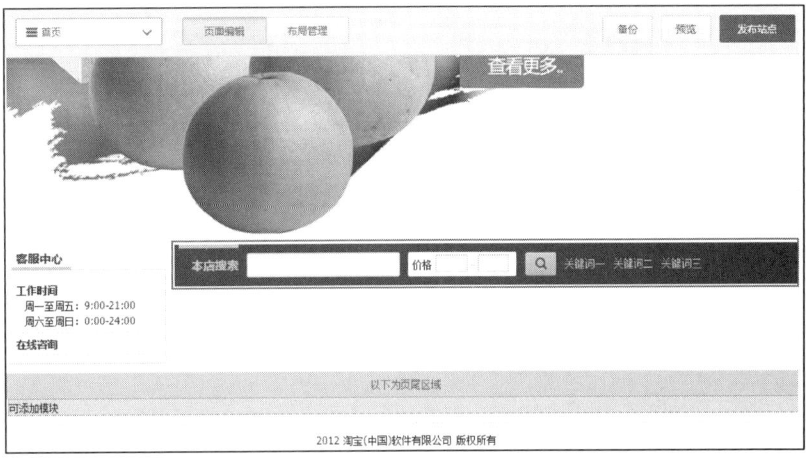

图 4-29

(3)设置商品分类列表

商品分类列表是将店铺内的商品按照类目、属性、价格等因素分类展示,为客户商品选购提供一定的便利。设置商品分类列表操作步骤如下:

①在“页面编辑”模式中从左侧基础模块区域拖入“默认分类”模块到“客服中心”下方区域中,如图 4-30 所示。

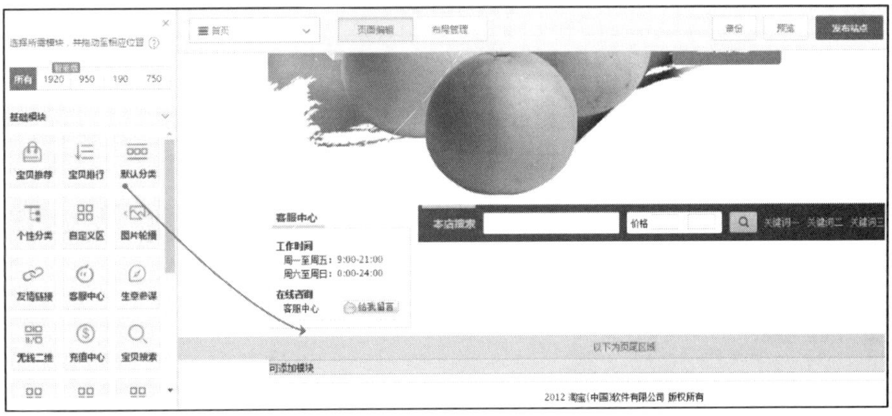

图 4-30

②将鼠标移入“宝贝分类”区域,点击“编辑”,可以进入“分类管理”设置窗口进行商品类别的手动分类、自动分类设定和商品的分类设定。具体的分类设定需要在商品上传之后根据商品的类别和数量进行设置,此时暂不需要进行添加。添加成功后的商品分类列表如图 4-31 所示。

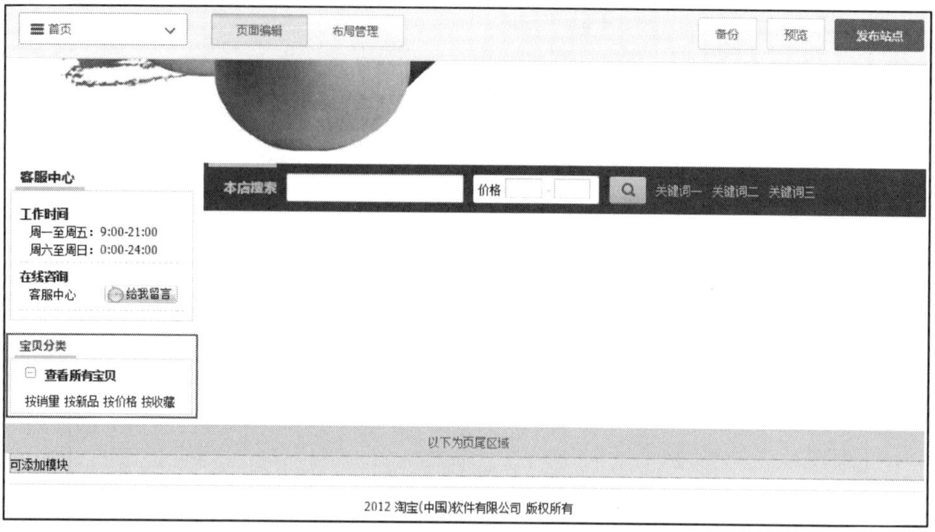

图 4-31

(4)设置销售排行榜

销售排行榜是根据店铺内商品销量数据将畅销商品展示给客户，为客户购买提供参考，从某种程度上讲也是一种推广行为。设置销售排行榜的操作步骤如下：

①在“页面编辑”模式中从左侧基础模块区域拖入“宝贝排行”模块到“宝贝分类”下方区域中，如图 4-32 所示。

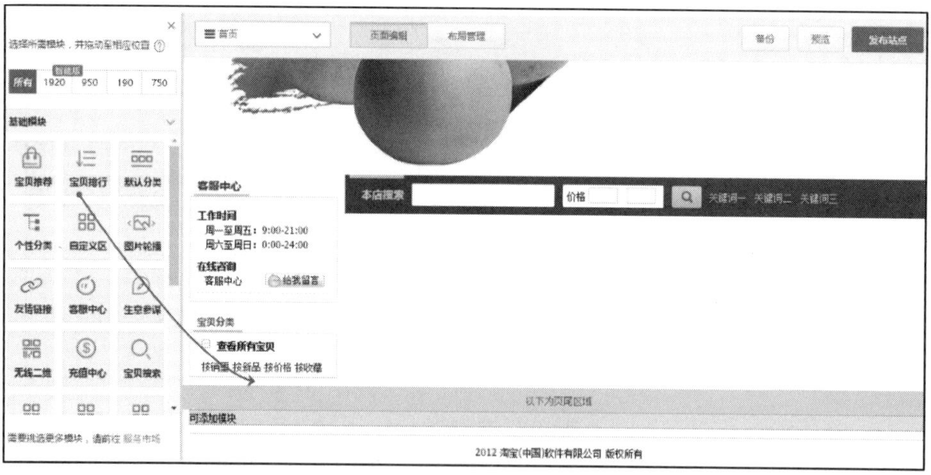

图 4-32

②将鼠标移入“宝贝排行”区域，点击“编辑”，进入“宝贝排行榜”设置窗口，如图 4-33 所示。

设定显示标题：勾选“显示”项，设置标题为“宝贝排行榜”；

宝贝分类：选择“所有分类”，也可以选择其他分类；

关键字：可以添加关键字筛选商品；

价格范围：可以设定价格区间筛选商品；

显示数量：设定排行榜显示的商品数量，范围3~10，选择“显示5个宝贝”；

默认显示：排行榜提供“本月热销排行”和“热门收藏排行”两种方式进行筛选，前一种以销量为依据，后一种以收藏量为依据，选择“本月热销排行”；

数据时间范围：勾选“显示最近30天的数据”，否则对全部数据进行筛选。

设置完成后点击“保存”按钮。

图 4-33

③销售排行榜设置成功后如图4-34所示。

(5)其他模块设置

淘宝店铺首页左侧功能区除以上模块以外，还可以根据店铺的实际情况设置友情链接、二维码等模块。

4.设置宝贝推荐区

宝贝推荐区是淘宝店铺首页非常重要的组成部分，类似于线下的门店用于商品展示和陈列的货架或柜台。一般来说，卖家应根据商品的特性和展示的需要设置宝贝推荐区，宝贝推荐区的商品是卖家按照自己推荐的理由或可以打动客户的理由进行选择的。可以根据店铺商品的实际情况设置多个宝贝推荐区，但推荐区的名称应和选择的

图 4-34

商品对应，淘宝网上比较常见的名称诸如“新品上架”“爆款推荐”“镇店之宝”“超值促销”等。

设置宝贝推荐区的操作步骤如下：

①在“页面编辑”模式下从左侧基础模块区域拖入“宝贝推荐”模块到“本店搜索”下方区域中，如图 4-35 所示。

图 4-35

②将鼠标移入“宝贝推荐”区域,点击“编辑”,进入“宝贝推荐”设置窗口,在此区域中,可以进行宝贝设置和电脑端显示设置。

(1)宝贝设置

推荐方式可以选择自动推荐和手动推荐。自动推荐在指定类别中按照关键字和价格区间由系统自动选择,并可以自定义设置商品筛选数量,如图 4-36 所示。手动推荐可以由卖家在自己的商品中任意选择进行推荐,最多可推荐 28 个,如图 4-37 所示。

图 4-36

图 4-37

(2)电脑端显示设置(图 4-38)

显示标题:可选择是否显示推荐标题,也可以修改显示标题内容。此处勾选“显示”项，标题修改为“新品上架”。

展示方式：可选择以商品图片形式“一行展示 4 个宝贝”“一行展示 3 个宝贝”“一行无缝展示 3 个宝贝”3 种方式。此处选择默认的“一行展示 3 个宝贝”。

是否显示：可以设置是否在推荐商品图片下方显示“折扣价”“最近 30 天销售数据”“累计评价数”“评论”等信息。对于新手卖家，此处勾选“折扣价”即可。

设置完成后，点击“保存”按钮。

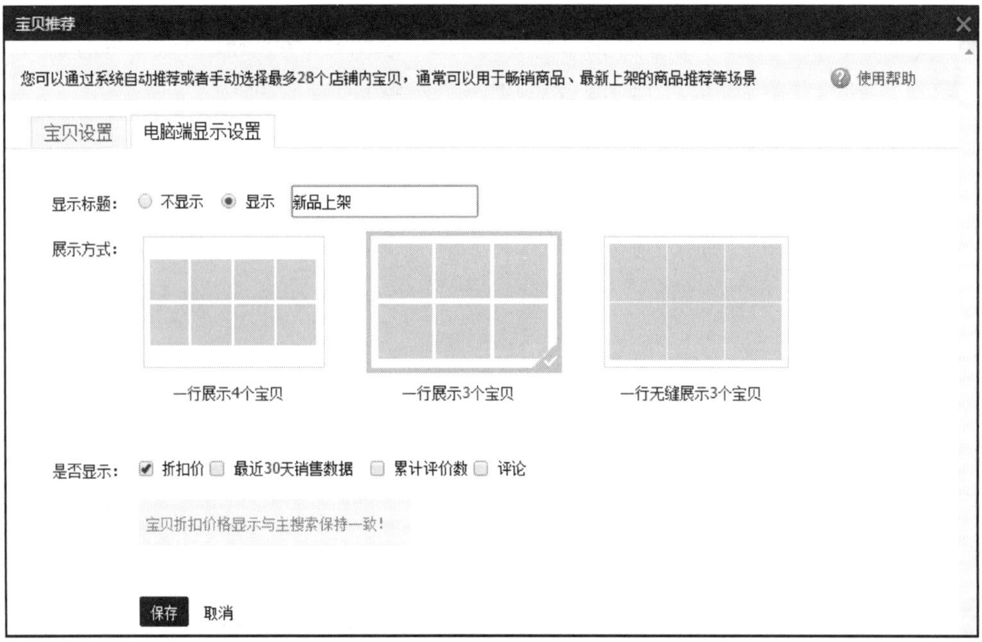

图 4-38

(3)注意事项

由于此时还没有上架商品不能进行商品推荐，所以宝贝推荐区设置好以后，并不能看见推荐的商品；按照相同的方法，另外再设置一个“超值促销”模块，完成后的宝贝推荐区如图 4-39 所示。

5.设置店铺首页底部

店铺首页底部也就是页尾区域，一般放置导航栏或以图片的形式展示物流等服务信息，主要是为了提升客户的购物体验。

①在“页面编辑”模式下从左侧基础模块区域拖入“自定义区”模块到页尾“可添加模块”区域，如图 4-40 所示。

②将事先制作好的图片上传至图片空间，编辑“自定义内容区”，选择“不显示”标题，并将图片插入即可，如图 4-41 所示。

图 4-39

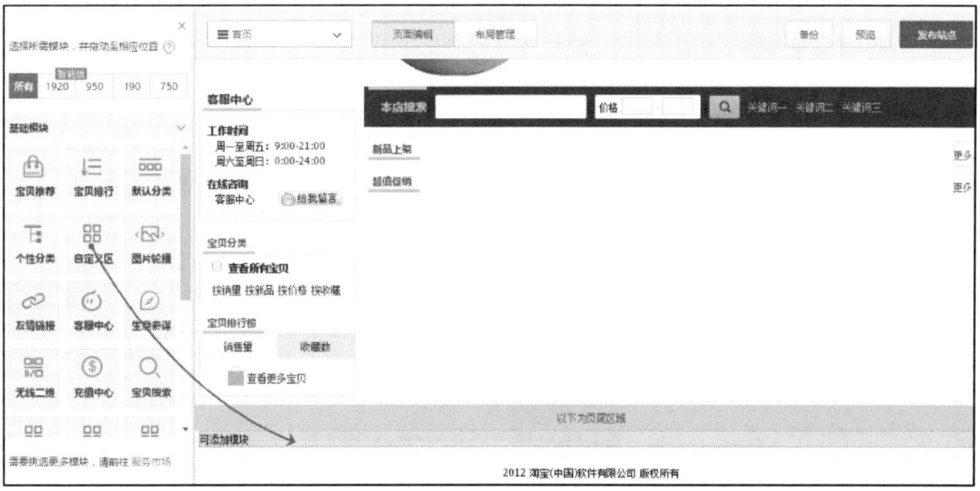

图 4-40

6.设置店铺收藏

对于淘宝店铺而言，收藏数是一个很重要的指标，对于店铺经营来说具有很重要的作用，例如收藏数的多少是一个店铺热度的衡量标准；在同类店铺中，收藏数高的店铺往往曝光量比其他同行要高；在同类商品中，收藏数高的商品往往比收藏数低的商品卖得更火热。淘宝网收藏店铺的功能设置在通用店铺信息中（图 4-45），由于收藏的重要性，在进行淘宝店铺首页装修时，通常会在首页中对收藏功能着重突出显示，所以在装

图 4-41

修时要考虑收藏店铺的功能。淘宝旺铺装修系统中并没有提供店铺收藏模块,所以需要自定义完成。设置店铺收藏的操作步骤如下:

①制作展示店铺收藏功能的图片并上传至图片空间。

②在“页面编辑”模式下从左侧基础模块区域拖入“自定义区”模块“客服中心”的上面,如图 4-42 所示。

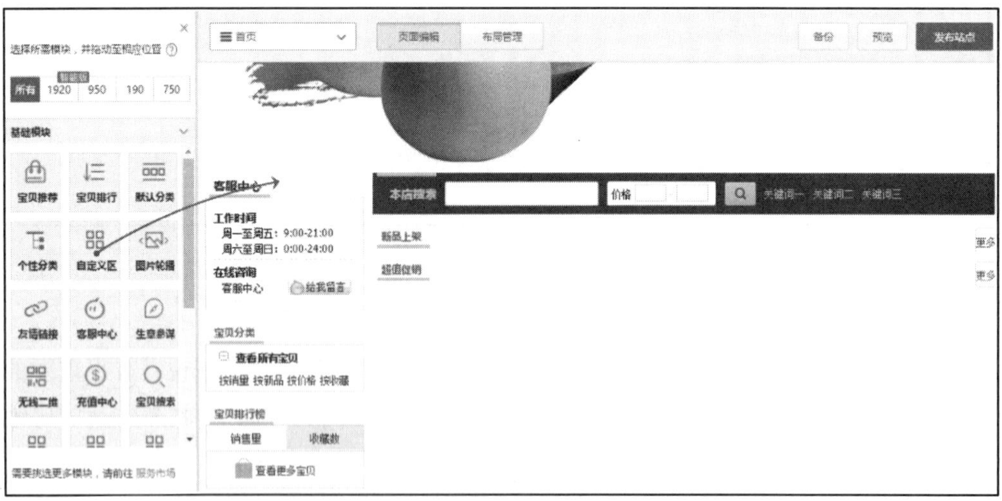

图 4-42

③将鼠标移入该区域，点击“编辑”进入“自定义内容区”设置窗口，选择“不显示”标题，从图片空间将店铺收藏图片插入，如图 4-43 所示。

图 4-43

④在卖家中心中点击“查看淘宝店铺”，如图 4-44 所示。

图 4-44

⑤在店铺首页页头中“收藏店铺”处点击右键，选择“复制链接地址”，如图 4-45 所示。

图 4-45

⑥在“页面编辑”模式下将鼠标移入店铺收藏区域，点击“编辑”，在“自定义内容区”设置窗口中选中店铺收藏图片，点击“编辑”，如图 4-46 所示。

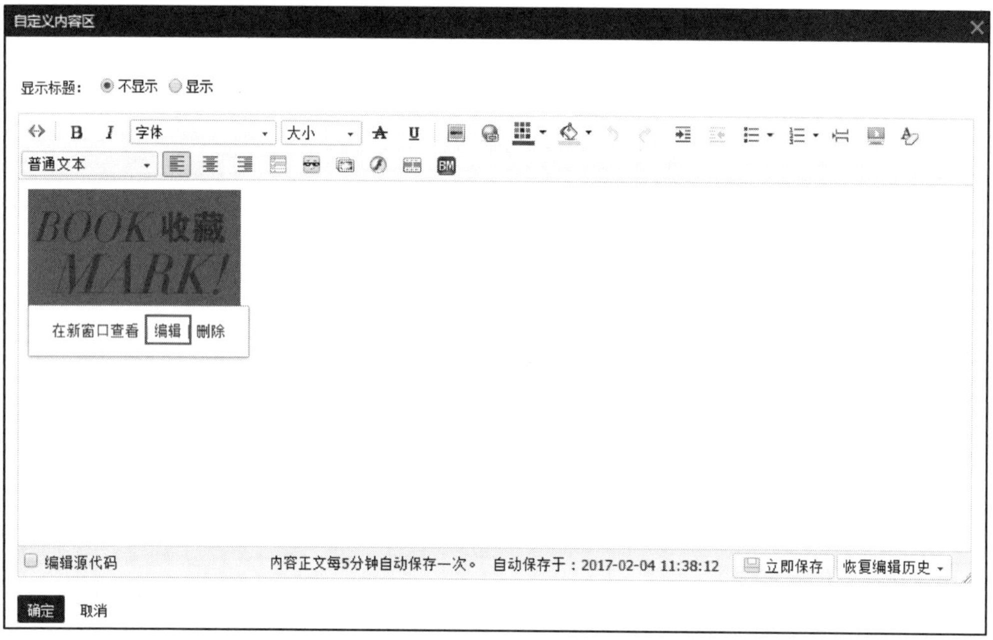

图 4-46

⑦在弹出的图片设置窗口中，将复制的链接地址粘贴到“链接网址”文本框中，如图 4-47 所示，点击“确定”按钮。回到“自定义内容区”设置窗口，点击“确定”按钮。

至此，淘宝店铺首页装修就基本完成了，布局管理模式下的店铺首页布局结构，如图 4-48 所示，页面编辑模式下完整的装修图如图 4-49 所示。

最后，点击旺铺装修页面右上方“发布”按钮，可以将装修好的店铺正式发布从而可以被客户通过淘宝网访问到。另外，在正式发布之前，也可以点击“预览”按钮查看店铺装修的效果。此时还没有上传商品，与商品有关的数据和信息在页面中还不能显示出来，如图 4-50 所示。

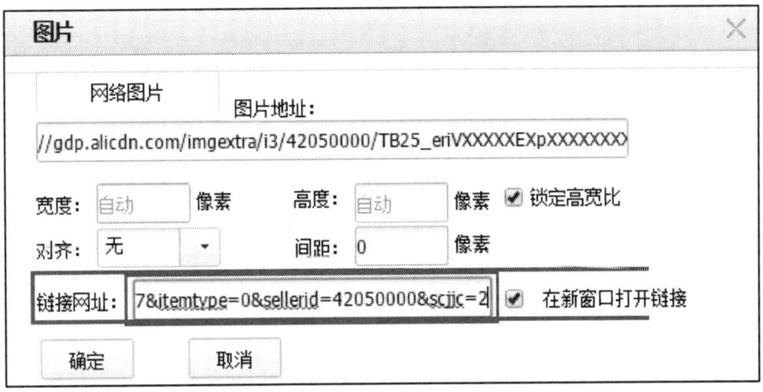

图片
网络图片
图片地址：
//gdp.alicdn.com/imgextra/i3/42050000/TB25_eriVXXXXXEXpXXXXXXXX
宽度：
自动
像素
高度：
自动
像素
锁定高宽比
对齐：
无
间距：
0
像素
链接网址：
7&itemtype=0&sellerid=42050000&scjjc=2
在新窗口打开链接
确定
取消

图 4-47

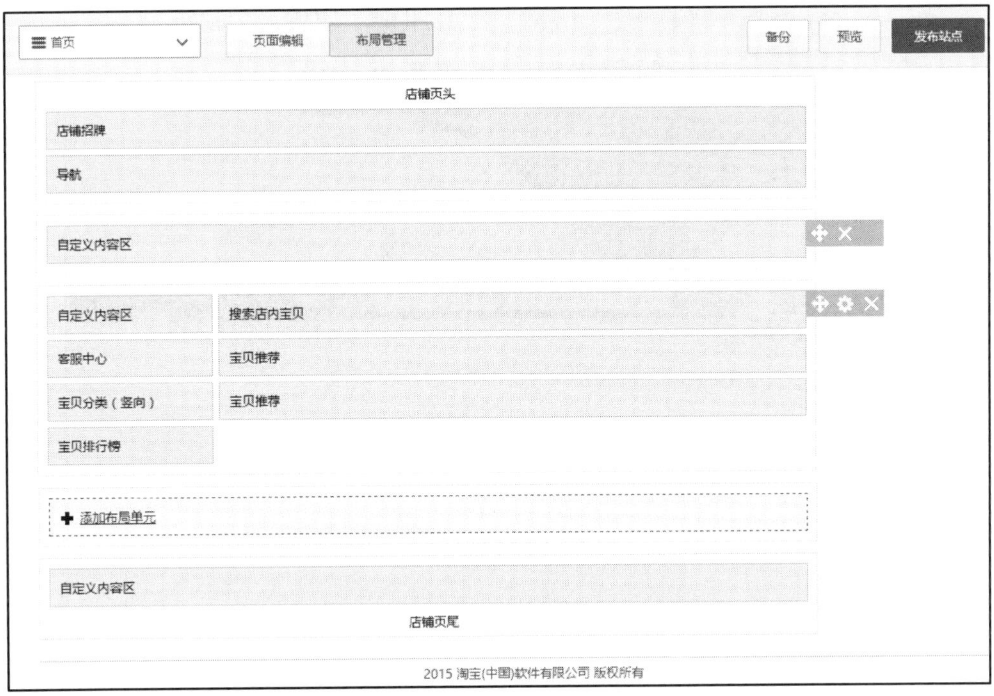

首页
页面编辑
布局管理
备份
预览
发布站点
店铺页头
店铺招牌
导航
自定义内容区
自定义内容区
搜索店内宝贝
客服中心
宝贝推荐
宝贝分类（竖向）
宝贝推荐
宝贝排行榜
添加布局单元
自定义内容区
店铺页尾
2015 淘宝(中国)软件有限公司 版权所有

图 4-48

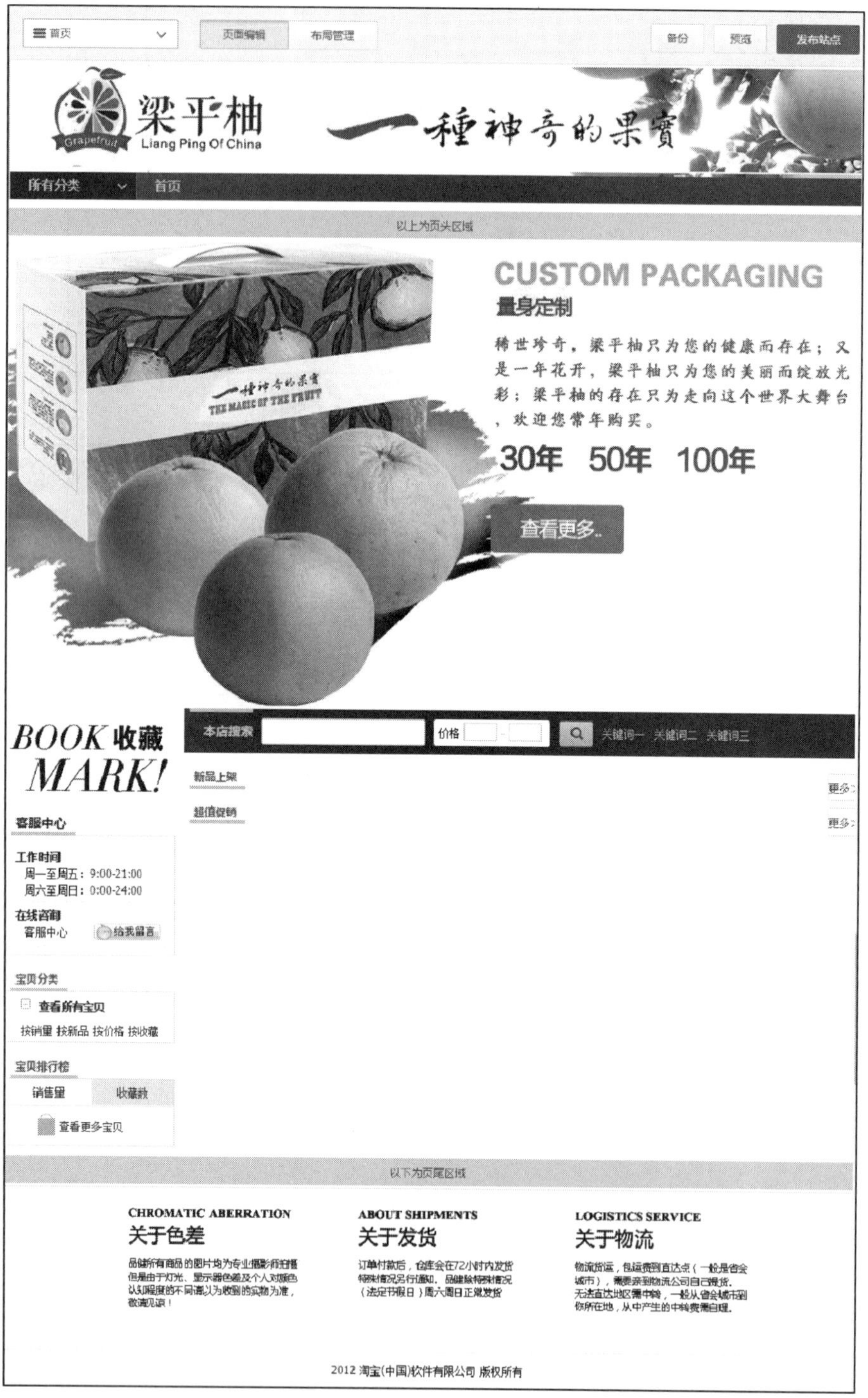
首页
页面编辑
布局管理
备份
预览
发布站点
梁平柚
Liang Ping Of China
Grapefruit
一種神奇的果實
所有分类
首页
以上为页头区域
CUSTOM PACKAGING
量身定制
稀世珍奇，梁平柚只为您的健康而存在；又是一年花开，梁平柚只为您的美丽而绽放光彩；梁平柚的存在只为走向这个世界大舞台，欢迎您常年购买。
30年 50年 100年
查看更多..
BOOK 收藏
MARK!
本店搜索
价格
关键词一 关键词二 关键词三
新品上架
超值促销
客服中心
工作时间
周一至周五：9:00-21:00
周六至周日：0:00-24:00
在线咨询
客服中心
给我留言
宝贝分类
查看所有宝贝
按销量 按新品 按价格 按收藏
宝贝排行榜
销售量
收藏数
查看更多宝贝
以下为页尾区域
CHROMATIC ABERRATION
关于色差
ABOUT SHIPMENTS
关于发货
LOGISTICS SERVICE
关于物流
2012 淘宝(中国)软件有限公司 版权所有

图 4-49

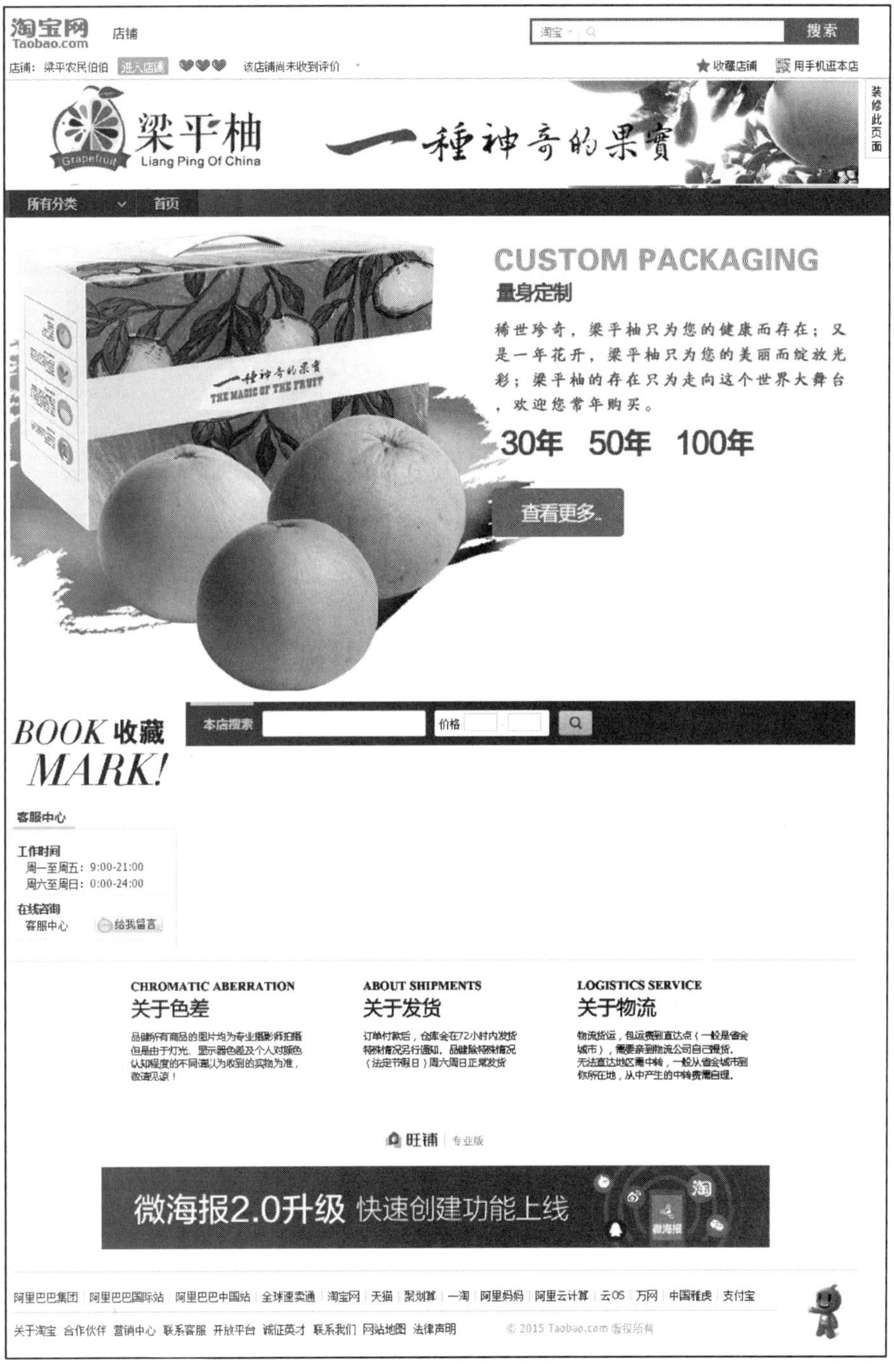
淘宝网
Taobao.com
店铺
搜索
店铺：梁平农民伯伯
进入店铺
该店铺尚未收到评价
收藏店铺
用手机逛本店
装修此页面
梁平柚
Grapefruit
Liang Ping Of China
一種神奇的果實
所有分类
首页
CUSTOM PACKAGING
量身定制
稀世珍奇，梁平柚只为您的健康而存在；又是一年花开，梁平柚只为您的美丽而绽放光彩；梁平柚的存在只为走向这个世界大舞台，欢迎您常年购买。
30年　50年　100年
查看更多..
BOOK 收藏
MARK!
本店搜索
价格
客服中心
工作时间
周一至周五：9:00-21:00
周六至周日：0:00-24:00
在线咨询
客服中心
给我留言
CHROMATIC ABERRATION
关于色差
ABOUT SHIPMENTS
关于发货
LOGISTICS SERVICE
关于物流
旺铺 专业版
微海报2.0升级 快速创建功能上线
阿里巴巴集团 | 阿里巴巴国际站 | 阿里巴巴中国站 | 全球速卖通 | 淘宝网 | 天猫 | 聚划算 | 一淘 | 阿里妈妈 | 阿里云计算 | 云OS | 万网 | 中国雅虎 | 支付宝
关于淘宝 合作伙伴 营销中心 联系客服 开放平台 诚征英才 联系我们 网站地图 法律声明
© 2015 Taobao.com 版权所有

图 4-50

小提示

以上店铺首页装修的方式或结构只是众多店铺首页装修模式的其中之一而已，而且也只采用了旺铺装修系统默认的配色方案，并没有深入地去做视觉设计。但是，不管采用何种结构和风格，在淘宝店铺首页要传递给客户的内容和功能至少应该包括店铺招牌、营销或促销广告、宝贝推荐、客服中心、宝贝搜索、销售排行、店铺收藏和购物说明等。

第三节　宝贝分类页装修

宝贝分类页是用于显示淘宝店铺内所有商品的页面，并可以设置按照关键字和价格区间查询的功能。宝贝列表页装修的操作步骤如下：

①打开页面选择下拉列表，在“宝贝列表页”中选择“默认宝贝分类页”，如图 4-51 所示。

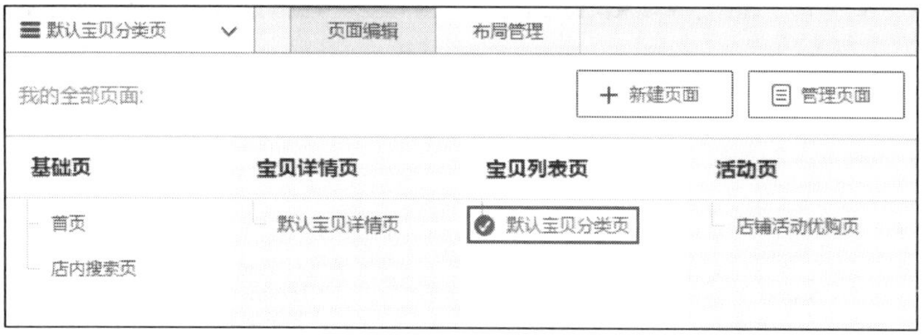

图 4-51

②宝贝分类页中的店铺招牌、导航、左侧功能区(自定义内容区除外)和页尾区域与店铺首页是一样的，右侧部分是默认的所有宝贝模块，如图 4-52 所示。

③将鼠标移入“所有宝贝”区域，点击“编辑”，进入“所有宝贝”显示设置窗口，如图 4-53 所示。

- 分类导航：选择“打开”；
- 显示方式：选择“列表”，并勾选“一行展示 3 个宝贝”；
- 排序方式：在下拉列表中选择“热卖宝贝在前”；
- 每页展示宝贝数：在下拉列表中选择“24”；
- 是否显示：仅勾选“折扣价”。

设置完成后点击“保存”按钮。

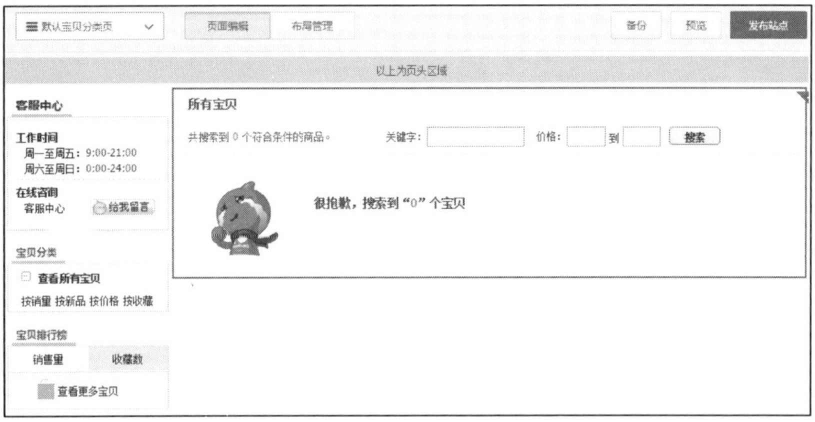
默认宝贝分类页
页面编辑
布局管理
备份
预览
发布站点
以上为页头区域
客服中心
工作时间
周一至周五：9:00-21:00
周六至周日：0:00-24:00
在线咨询
客服中心
给我留言
宝贝分类
查看所有宝贝
按销量 按新品 按价格 按收藏
宝贝排行榜
销售量
收藏数
查看更多宝贝
所有宝贝
共搜索到 0 个符合条件的商品。
关键字：
价格：
到
搜索
很抱歉，搜索到“0”个宝贝

图 4-52

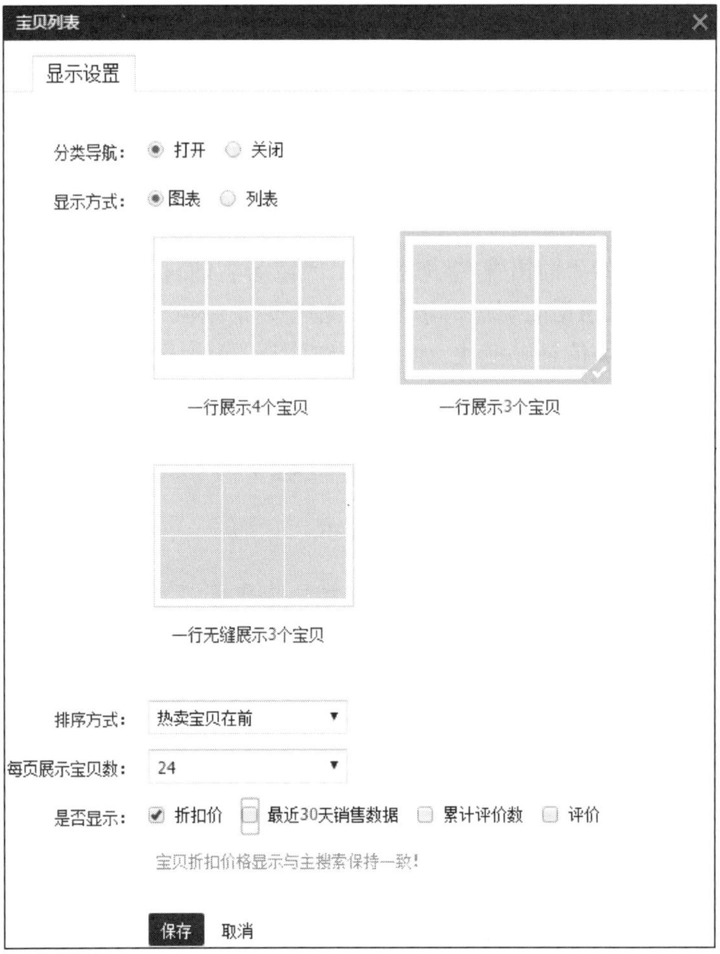
宝贝列表
显示设置
分类导航：
打开
关闭
显示方式：
图表
列表
一行展示4个宝贝
一行展示3个宝贝
一行无缝展示3个宝贝
排序方式：
热卖宝贝在前
每页展示宝贝数：
24
是否显示：
折扣价
最近30天销售数据
累计评价数
评价
宝贝折扣价格显示与主搜索保持一致！
保存
取消

图 4-53

第四节　宝贝详情页装修

宝贝详情页是卖家用来展示商品的基本情况、商品营销和促销信息，表现商品卖点的页面。宝贝详情页装修的操作步骤如下：

①打开页面选择下拉列表，在“宝贝详情页”下选择“默认宝贝详情页”，如图 4-54 所示。

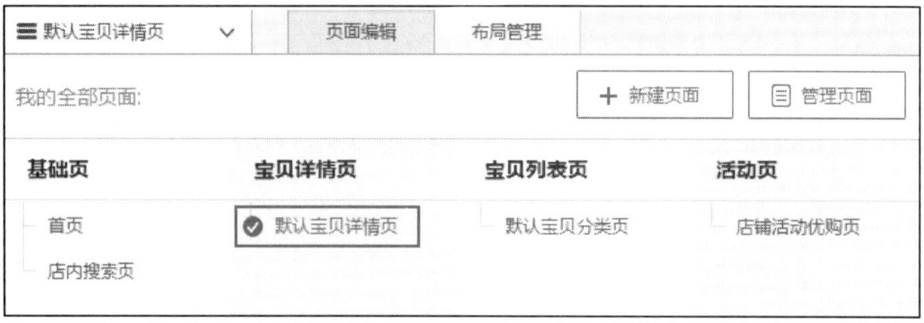

图 4-54

②宝贝详情页中的店铺招牌、导航和页尾区域与店铺首页是一样的。左侧功能区设置了部分模块，可以根据需要进行修改；右侧是页面主体区域，包括宝贝基础信息、宝贝描述信息和宝贝相关信息等模块，如图 4-55 所示。为保证商品描述结构的统一，页面主体区域结构一般不允许修改（在宝贝相关信息模块下方可以放置自定义内容区），其中的内容在商品发布后自动展现。

小提示

淘宝店铺装修本质上是通过网页布局与设计构建属于卖家的网上商城，为客户营造良好的购物环境，吸引顾客关注店铺及产品，为塑造店铺形象及品牌建立奠定基础。

淘宝店铺装修除店铺首页、宝贝分类页和宝贝详情页 3 个基本页面以外，可以根据卖家的实际需要自定义添加其他的页面；除了旺铺装修系统所提供的两种基本风格以外，也可以根据卖家的实际需要修改店招背景图、店铺背景图、配色方案等；除了可以使用基础模板以外，还可以通过自定义区自己编写网页代码实现所需要的结构和功能。

淘宝店铺几个主要页面设置完成以后，点击“发布站点”就完成了店铺装修。由于还没有发布商品，此时查看淘宝店铺还不能完全体现店铺装修的效果。

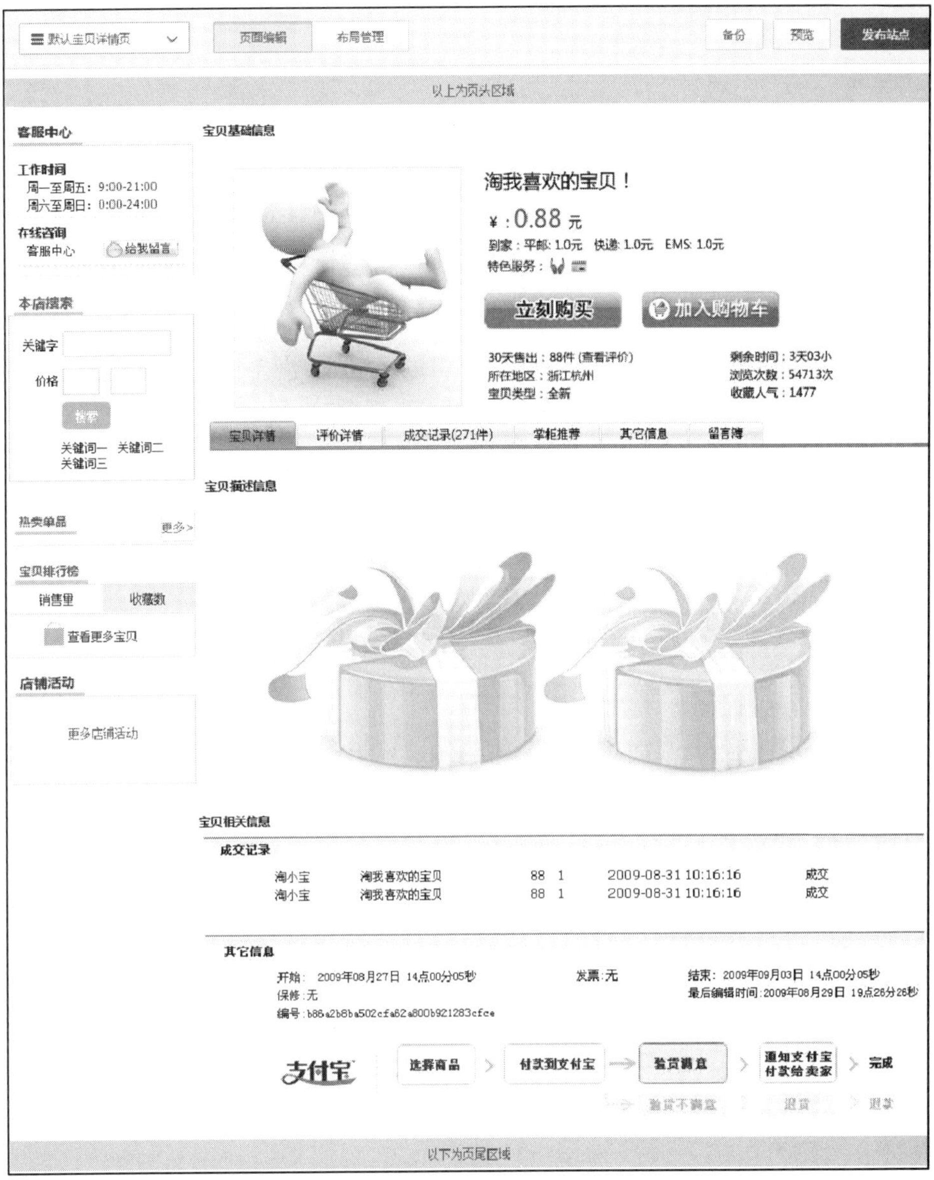
默认宝贝详情页
页面编辑
布局管理
备份
预览
发布站点
以上为页头区域
客服中心
工作时间
周一至周五：9:00-21:00
周六至周日：0:00-24:00
在线咨询
客服中心
给我留言
本店搜索
关键字
价格
搜索
关键词一　关键词二
关键词三
热卖单品
更多>
宝贝排行榜
销售量
收藏数
查看更多宝贝
店铺活动
更多店铺活动
宝贝基础信息
淘我喜欢的宝贝！
¥：0.88 元
到家：平邮: 1.0元　快递: 1.0元　EMS: 1.0元
特色服务：
立刻购买
加入购物车
30天售出：88件 (查看评价)
所在地区：浙江杭州
宝贝类型：全新
剩余时间：3天03小
浏览次数：54713次
收藏人气：1477
宝贝详情
评价详情
成交记录(271件)
掌柜推荐
其它信息
留言簿
宝贝描述信息
宝贝相关信息
成交记录
淘小宝　淘我喜欢的宝贝　88　1　2009-08-31 10:16:16　成交
淘小宝　淘我喜欢的宝贝　88　1　2009-08-31 10:16:16　成交
其它信息
开始：2009年08月27日 14点00分05秒
发票:无
结束：2009年09月03日 14点00分05秒
保修:无
最后编辑时间:2009年08月29日 19点26分26秒
支付宝
选择商品
付款到支付宝
验货满意
通知支付宝付款给卖家
完成
验货不满意
退货
退款
以下为页尾区域

图 4-55

第五章　网店日常管理

在做好店铺的基础装修和准备好商品资料的基础上，淘宝店铺就可以开张了。和线下实体店一样，店铺开张首先要把商品上架并正确摆放，开门迎客开始经营之路。当然，要把网店经营好，有效益，仅仅把店铺开起来是远远不够的，在淘宝店铺经营过程中还应当做好商品管理、客户服务、商品配送、数据管理与分析等日常管理工作。

第一节　发布商品

万事俱备，只欠东风，只要把商品发布到淘宝网上，就可以当老板啦！发布商品的操作步骤如下：

①登录淘宝网，单击进入“卖家中心”。

②单击左侧边栏“宝贝管理”项下“发布宝贝”，如图 5-1 所示。

图 5-1

③在打开的商品发布页面中，如图 5-2 所示，首先认真阅读淘宝网商品发布规则，尤其是要明确所售商品在发布时是否有特殊要求，以免以后带来不必要的麻烦。例如：

管制类刀具,带有宗教、种族歧视的相关商品等是不允许售卖的,酒类制品等需要特种经营资质等。

图 5-2

④在“一口价”选项中,选择要发布宝贝的类目,以发布“张鸭子”为例。类目选择有两种方式:一是在页面左侧商品类目列表中查找最适合“张鸭子”的类目,前提是对商品的性质和淘宝的类目体系比较熟悉,如图 5-3 所示;二是在搜索框输入“张鸭子”,单击“快速找到类目”按钮,在系统匹配出的 10 个类目中选择与“张鸭子”最接近的类目,如图 5-4 所示。

图 5-3

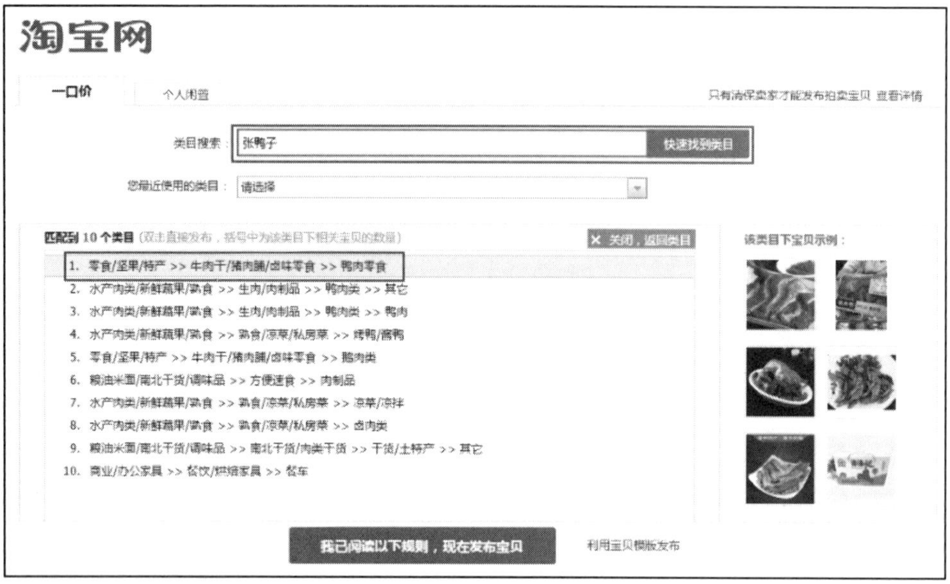

图 5-4

⑤适合“张鸭子”的类目为“零食/坚果/特产>>牛肉干/猪肉脯/卤味零食>>鸭肉零食”，选中后页面底部“我已阅读以下规则，现在发布宝贝”按钮由灰色变成蓝色，单击该按钮进入下一步。

小提示

淘宝网的商品发布有 3 种方式，即一口价方式、拍卖方式和个人闲置。一口价和拍卖只有在淘宝开店以后才能发布，经营性网店商品发布一般采用一口价方式；个人闲置是针对没有在淘宝开店的用户出售二手货闲置商品。

采用一口价方式发布商品，必须是消保卖家，就是要缴纳消费者保障服务保证金，不同的类目需要缴纳的保证金数额不同，大多数类目缴纳 1 000 元即可，而且是可以退还的。提交保证金具体方法是：卖家中心—客户服务—消费者保障服务，申请提交保证金。

⑥由于“张鸭子”选择了食品类类目，所以需要签署《淘宝网食品卖家承诺书》，如图 5-5 所示，点击“我已阅读以上承诺书，立即签署”按钮。

⑦填写宝贝基本信息。

在“一口价宝贝发布”页面，第一部分填写“宝贝基本信息”。首先根据提示输入发布商品的宝贝类型、宝贝卖点、宝贝属性等商品基本信息，如图 5-6 所示，这些都属于商品最基本的参数，其中带红色“ * ”的项目必须填写。

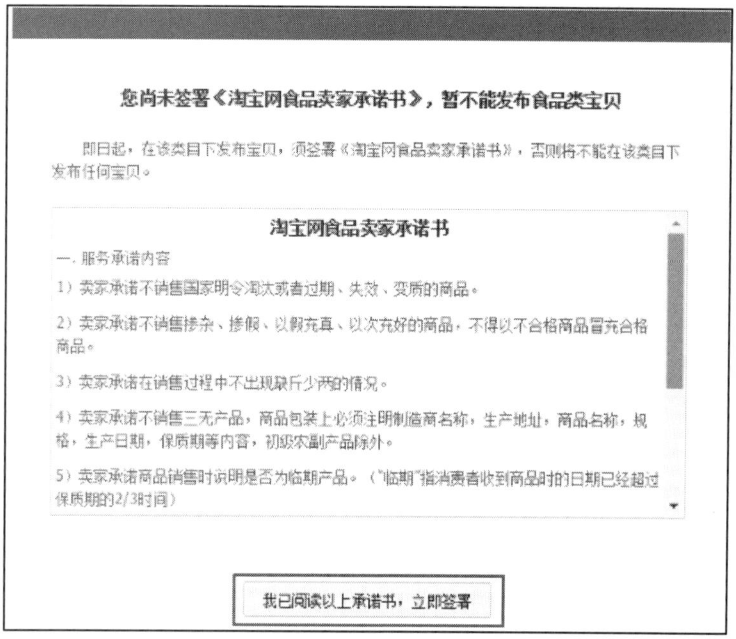
您尚未签署《淘宝网食品卖家承诺书》，暂不能发布食品类宝贝
即日起，在该类目下发布宝贝，须签署《淘宝网食品卖家承诺书》，否则将不能在该类目下发布任何宝贝。
淘宝网食品卖家承诺书
一、服务承诺内容
1）卖家承诺不销售国家明令淘汰或者过期、失效、变质的商品。
2）卖家承诺不销售掺杂、掺假、以假充真、以次充好的商品，不得以不合格商品冒充合格商品。
3）卖家承诺在销售过程中不出现缺斤少两的情况。
4）卖家承诺不销售三无产品，商品包装上必须注明制造商名称，生产地址，商品名称，规格，生产日期，保质期等内容，初级农副产品除外。
5）卖家承诺商品销售时说明是否为临期产品。（"临期"指消费者收到商品时的日期已经超过保质期的2/3时间）
我已阅读以上承诺书，立即签署

图 5-5

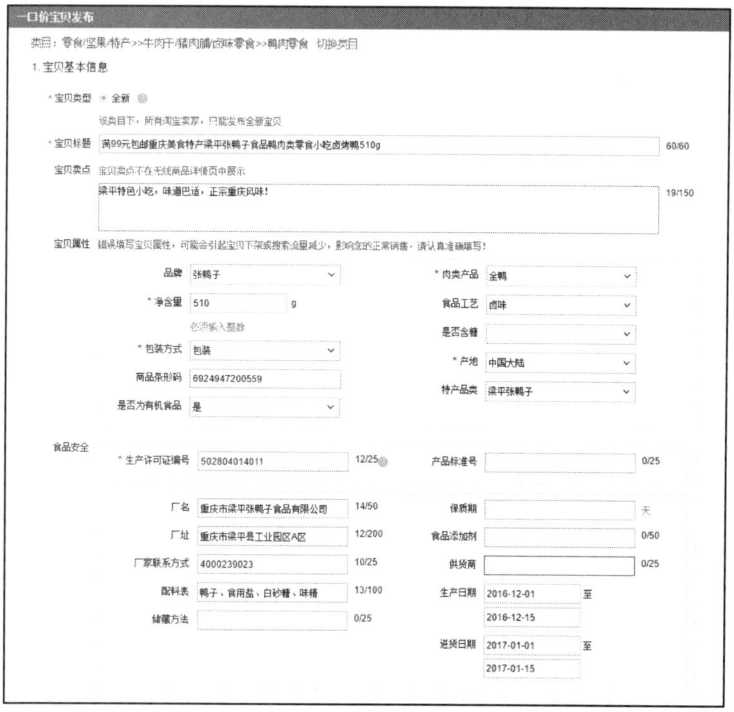
一口价宝贝发布
类目：零食/坚果/特产>>牛肉干/猪肉脯/卤味零食>>鸭肉零食　切换类目
1. 宝贝基本信息
* 宝贝类型　全新
该类目下，所有淘宝卖家，只能发布全新宝贝
* 宝贝标题　满99元包邮重庆美食特产梁平张鸭子食品鸭肉类零食小吃卤烤鸭510g　60/60
宝贝卖点　宝贝卖点不在无线商品详情页中展示
梁平特色小吃，味道巴适，正宗重庆风味！　19/150
宝贝属性　错误填写宝贝属性，可能会引起宝贝下架或搜索流量减少，影响您的正常销售，请认真准确填写！
品牌　张鸭子
* 净含量　510　g
必须输入整数
* 包装方式　包装
商品条形码　6924947200559
是否为有机食品　是
* 肉类产品　全鸭
食品工艺　卤味
是否含糖
* 产地　中国大陆
特产品类　梁平张鸭子
食品安全
* 生产许可证编号　502804014011　12/25
厂名　重庆市梁平张鸭子食品有限公司　14/50
厂址　重庆市梁平县工业园区A区　12/200
厂家联系方式　4000239023　10/25
配料表　鸭子、食用盐、白砂糖、味精　13/100
储藏方法　0/25
产品标准号　0/25
保质期　天
食品添加剂　0/50
供货商　0/25
生产日期　2016-12-01　至　2016-12-15
进货日期　2017-01-01　至　2017-01-15

图 5-6

小提示

宝贝标题在商品基本信息中非常重要,它主要有两个功能:激发买家购买和保证被搜索到。一般来说,买家在淘宝网购物时大多从搜索商品开始,然后从搜索的商品结果中进行选购,而搜索商品时往往只是输入能反映商品特征的简短词语,即所谓的商品关键字,来与淘宝网里的商品进行匹配得到搜索结果。所以,宝贝标题的设置要尽可能地与买家最常用的搜索关键字相匹配。

宝贝标题一般通过属性关键字、促销关键字、品牌关键字、评价关键字组合而成,可以是两两组合、三三组合或全部组合,但无论如何组合和排列顺序,都必须要有属性关键字,因为属性关键字直接表明商品的名称、类别、规格、功用等信息,是宝贝标题的核心。例如,“满99元包邮重庆美食特产梁平张鸭子食品鸭肉类零食小吃卤烤鸭510 g”这个关键词就由“满99元包邮”(促销关键字)+“梁平张鸭子”(品牌关键字)+“重庆美食特产食品鸭肉类零食小吃卤烤鸭510 g”(属性关键字)三三组合而成。

属性关键字必须要表明商品名称,同时还要将商品的其他核心信息展示出来,所以通常会由多个关键词构成。需要注意的是,除商品名称以外的其他关键词,应选择淘宝网中关于此类产品的热搜关键词(可以通过淘宝搜索提示、淘宝指数等工具查询)。

另外,宝贝标题的容量是60个字符(30个字),应尽量用完。

➢商品基本参数填写完成以后,接下来需要上传商品图片或视频以及填写商品规格、库存数量等信息,如图5-7所示。其中至少需要上传一张主图,另外还可以上传最多不超过5张商品图片或视频,上传方式可以选择本地上传或淘宝空间上传。

通常,获得商品图片的方法有3种:一是厂商直接提供或从厂商的网站下载;二是将产品或产品手册进行扫描;三是用数码相机拍摄,并进行适当处理。

➢填写电脑端商品描述。选择“使用文本编辑”,操作与在Word文档中的操作类似,并按照“详情导航模块”设计的结构模板化编辑商品描述,如图5-8所示。商品描述一般可以采用文字、图文混排、图片形式展现,其中图片形式的商品描述比较普遍,这需要事先对上传的商品按照“详情导航模块”的结构做好商品描述图片设计。

如果选择“使用神笔模板编辑”的话,可以购买详情页模板编辑商品描述,无需自己设计。此处选择“使用文本编辑”,具体操作步骤参见本章第三节“编辑商品描述”。

➢编辑手机端商品描述。电脑端描述如果按照详情导航模块进行组织,一般可以单击“导入电脑端描述”按钮直接导入到手机端描述中,如图5-9所示。

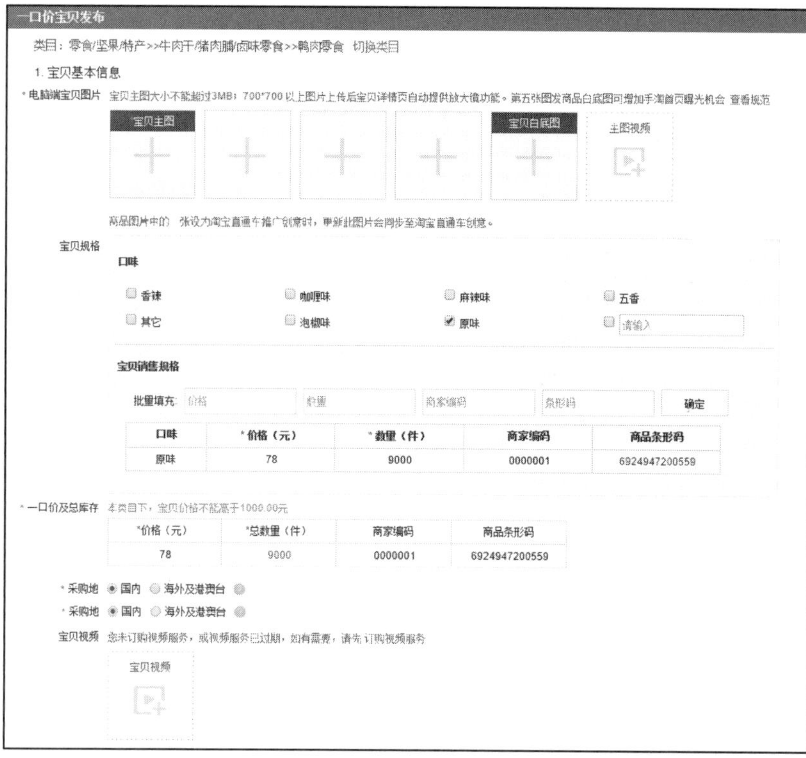

一口价宝贝发布
类目：零食/坚果/特产>>牛肉干/猪肉脯/卤味零食>>鸭肉零食 切换类目
1.宝贝基本信息
电脑端宝贝图片
宝贝主图
宝贝白底图
主图视频
宝贝规格
口味
香辣
咖喱味
麻辣味
五香
其它
泡椒味
原味
请输入
宝贝销售规格
批量填充：
确定
口味
价格（元）
数量（件）
商家编码
商品条形码
原味
78
9000
0000001
6924947200559
一口价及总库存
价格（元）
总数量（件）
商家编码
商品条形码
78
9000
0000001
6924947200559
采购地
国内
海外及港澳台
宝贝视频

图 5-7

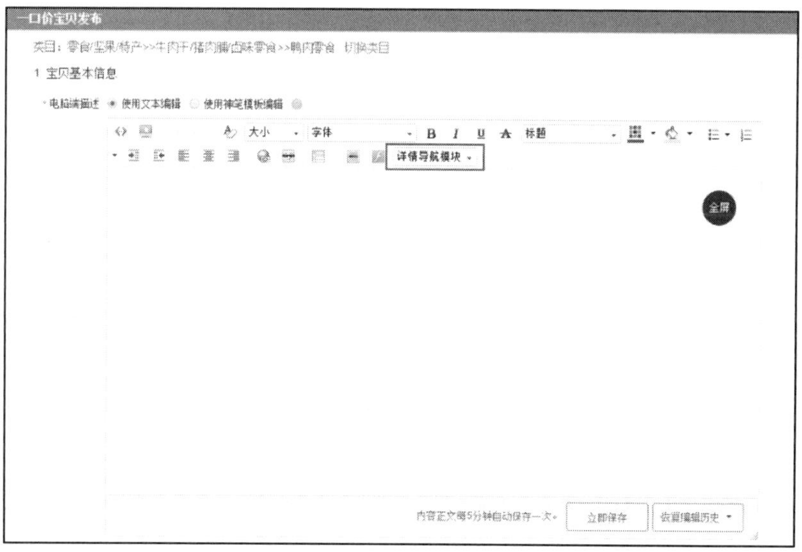

一口价宝贝发布
类目：零食/坚果/特产>>牛肉干/猪肉脯/卤味零食>>鸭肉零食 切换类目
1 宝贝基本信息
电脑端描述
使用文本编辑
使用神笔模板编辑
大小
字体
标题
详情导航模块
全屏
立即保存

图 5-8

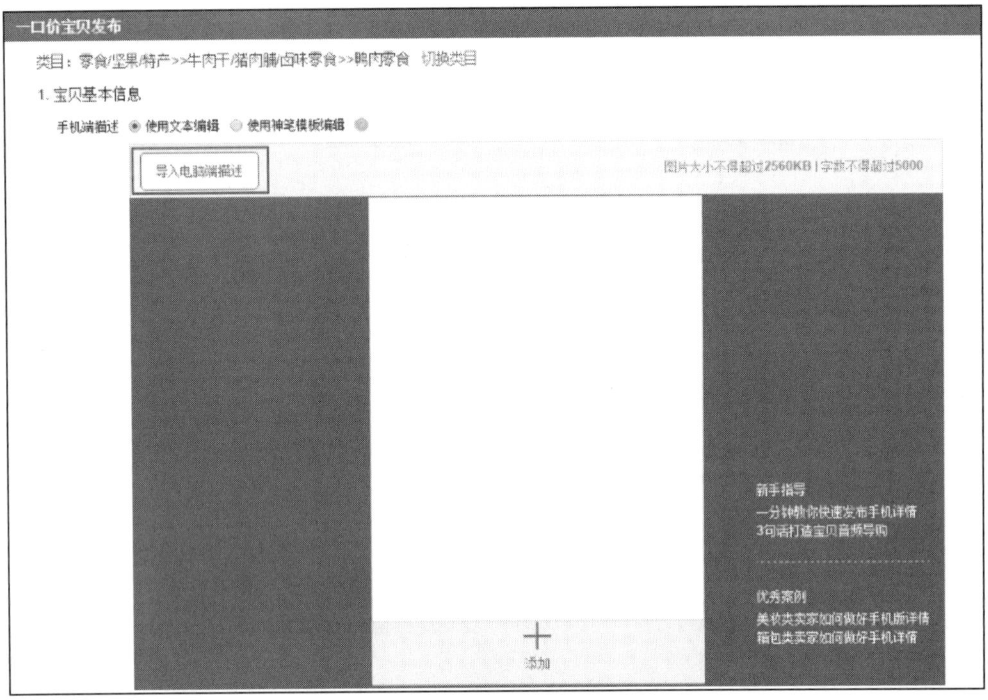

图 5-9

⑧填写宝贝物流服务信息。

除部分 O2O 类的交易使用电子交易凭证以及虚拟类商品以外，大部分商品采用“使用物流配送”的提取方式。淘宝要求这些商品通过运费模板设置物流信息，操作步骤如下：

➢单击“新建运费模板”，如图 5-10 所示。

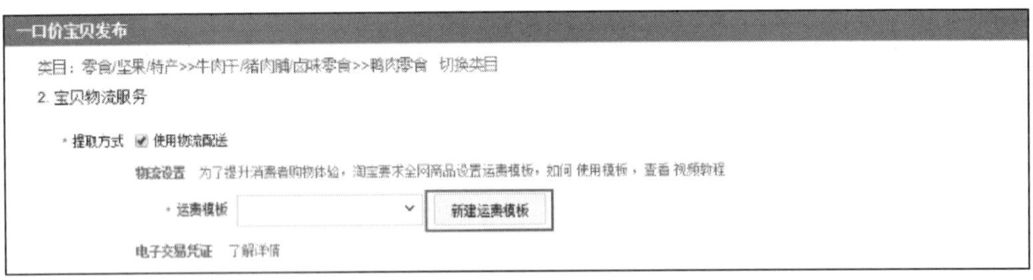

图 5-10

➢在“运费模板设置”选项中，设置模板名称：梁农运费 1；宝贝地址：中国—重庆—重庆市—梁平区；发货时间：1 天内；是否包邮：卖家承担运费；计价方式：按件数；运送方式：快递。设置完成后单击“保存并返回”按钮，如图 5-11 所示。

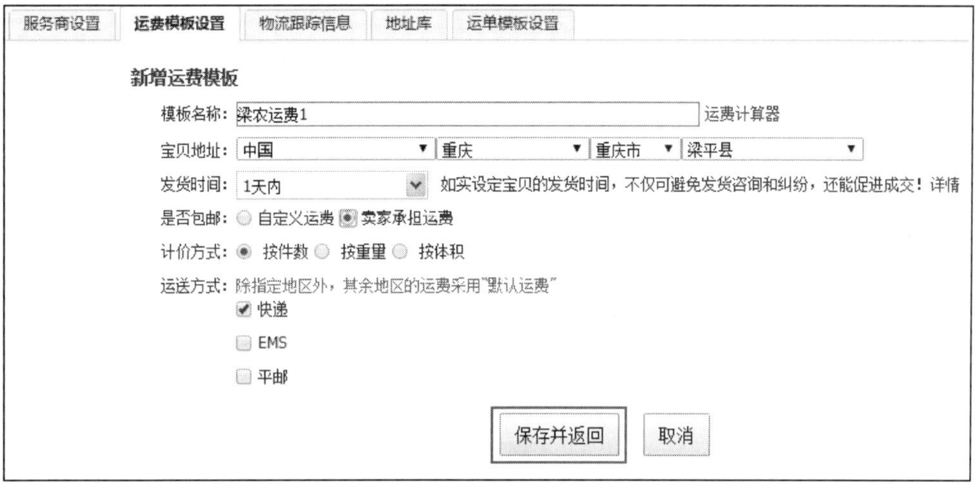

图 5-11

➢运费模板设置成功以后，回到商品发布页面，在下拉列表里选择“梁农运费 1”就可以了，如图 5-12 所示。

图 5-12

小提示

运费模板设置说明如下：

①模板名称：主要用于识别不同的运费模板，只是一个名称。

②宝贝地址：在宝贝详情页和搜索结果页里出现的地址都是在此设置的地址。

③商品发货时间：卖家承诺的买家付款后的发货时间，在该时间点内要有揽件记录。

④是否包邮:如要设置包邮,选择“卖家承担运费”即可;如不包邮,需要在设置运送方式时设置具体的运费,如图 5-12 所示。

⑤计价方式:有按件数、按重量和按体积 3 种计价方式,一般选择按件数计价。

⑥运送方式:选择其中一种运送方式,里面的选项即使是 0 也必须全部填写。也可以“为指定地区城市设置运费”,如果不指定,城市都使用默认运费。以快递为例,如图 5-13 所示。

图 5-13

⑦指定条件包邮:可以对符合地区、消费达到一定金额或商品在指定重量范围内等条件的商品设置包邮。

⑨填写售后保障信息,如图 5-14 所示。包括是否开具发票、是否保修、退换货承诺、服务保障等信息,一般来讲后两项售后保障都应该提供并勾选。

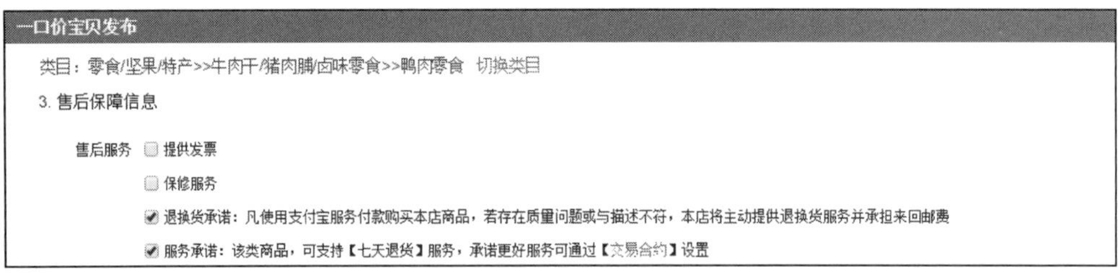

图 5-14

⑩填写宝贝其他信息,如图 5-15 所示。

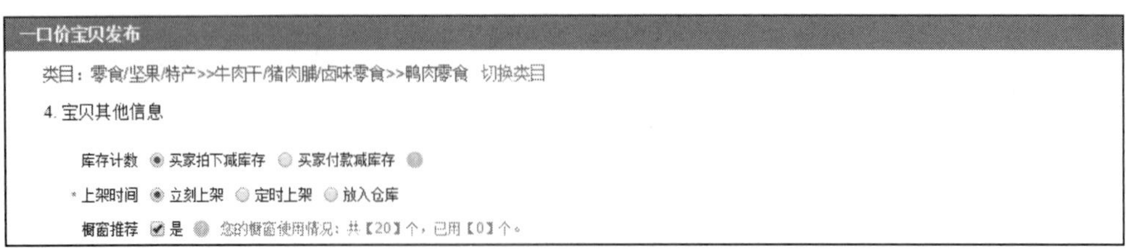

图 5-15

➢库存计数:有两种方式计数。“拍下减库存”是指买家拍下商品即减少库存;“付款减库存”是指买家拍下并完成付款方减少库存。一般选择“拍下减库存”。

➢上架时间:设定商品是立即上架还是在指定时间上架,或者放入仓库暂时不上架。

➢橱窗推荐:如果是网店的主打商品,应勾选“是”。

小提示

橱窗推荐是指卖家将自己的主打产品设置为橱窗产品,这些橱窗产品将在淘宝网搜索结果页中的宝贝列表中获得优先推荐,每个卖家可以根据信用级别与销售情况获得不同数量的橱窗推荐位。若不设置橱窗推荐,店铺宝贝就很难被买家搜索到,橱窗推荐位若长期不使用就会被收回,所以卖家一定要充分利用自己获得的橱窗位。橱窗推荐和卖家店铺中的宝贝推荐是不一样的,前者是通过淘宝搜索结果来展现,后者需要客户访问卖家店铺才可以看到。

⑪最后单击页面底部“发布”按钮,宝贝即发布成功。

商品发布上架以后,如果需要修改商品的价格、描述等信息,在宝贝没有卖出时,可以通过卖家中心“宝贝管理”项下“出售中的宝贝”进入“编辑宝贝”页面进行修改。

第二节　商品详情设计

商品详情即宝贝详情、商品描述。商品详情是宝贝详情页的核心部分,商品详情就好比专卖店里的推销员,一个是用语言打动消费者,一个是用视觉传达商品的特性,都是为了推销商品。相信没有一个客户在网购时不去了解商品详情就直接购买宝贝的,一个好的商品详情才能激起顾客的消费欲望,促使顾客下单购买。

淘宝卖家在发布商品之前首先要认真熟悉和了解商品资料,之后需要准备好所有售卖商品的商品详情。在准备商品详情时,应该为商品描述设定一个合理的表现形式,一方面要采用文字、图片、动画以及图文并茂的方式来展现商品信息,另一方面商品详情所要描述的内容之间要有逻辑顺序。同时,店铺内所有商品的详情设计应采用统一的风格,保证店铺的整体性。

商品详情就是一篇产品文案,至少应该包含并顺序排列以下几方面的内容:

1.营销创意

营销创意简单地说就是要为客户找到一个购买产品的理由,这个创意应切中客户需求的要害，有时候即使客户没有需求，在这个创意的影响下也会产生购买的冲动。营销创意最常见的表现形式就是创意广告图，如图 5-16 所示是梁平张鸭子的创意广告。

图 5-16

2.促销广告

营销创意解决的是客户购买动机，即为什么要买的问题，而促销广告则是解决客户购买时机的问题。只要是客户产生购买动机，促销广告里的优惠活动、价格打折等内容就能给客户带来进一步的冲击，目的是要告诉客户：现在买是最好的时机，机不可失，时不再来，从而强化客户的购买欲望。所以，尽管淘宝网会以多种形式和渠道告知客户各种促销活动，在商品详情设计中使用促销广告还是非常有必要的。促销广告的表现形式同样是促销广告图，如图 5-17 所示。

图 5-17

3.商品介绍

营销创意与促销广告能够激发客户的购买需求，接下来就应该从商品本身出发，向客户传达商品的特性、功能、优势、卖点，让客户详细地了解商品，让客户明白商品是值得买的，从而赢得消费者信任，进一步促成购买。商品介绍可以分解成以下几个模块进行描述：

(1)商品基本信息

商品基本信息模块主要是从客户的角度出发，将客户可能会比较关心的商品参数着重地展示出来。例如服装，客户一般比较关心尺码、材质等；食品，客户可能比较关心生产日期与保质期、原材料、食用方法等，如图 5-18 所示。

图 5-18

(2)商品展示

商品展示模块通过商品实物拍摄图将自己的商品真实拍摄展现给客户，而不是采用盗图或者与实物不符的图片，从而体现卖家的真诚，进一步获取客户的信任。商品实物拍摄图应从不同的角度拍摄以展现商品的全貌，至少需要 3 张，还应辅以文字对商品的特点或作用加以说明，如图 5-19 所示。

重庆
张鸭子
产品展示
一年卖出百万只，三代相传更好吃！
张鸭子
严格选料 品质优
公司至始至终坚持选择麻鸭作为指定源材料，麻鸭，即土鸭，是我国蛋用型鸭种之一。
秘方卤制
精选优质生态麻鸭和多种天然香辛料为原料，采用祖传配方，
经过多道工序，加工烹制而成，不添加任何色素和防腐剂。
张鸭子
干 香 瘦
卤烤鸭以干、香、瘦为主要特点，具有卤香纯正、色泽鲜亮、味道鲜香、回味绵长等特色。

图 5-19

(3)商品细节描述

商品细节描述是通过局部特征的拍摄与展现，进一步阐述商品的特性和卖点，突出优势或强调商品与众不同。细节描述一般也需要多张图片配以文字，从不同的细部加以说明；也有的细节描述将商品的多个细部特征拍摄后处理整合成一张细节说明图，如图 5-20 所示。

图 5-20

4.购物说明

购物说明的主要目的是消除客户的后顾之忧，进一步强化客户的信任，以期最终促成购买，如图 5-21 所示。购物说明一般可以从发货与物流、质量保障、退换货、售后服务、使用与保养、客户评价等方面加以说明。当然购物说明也不用面面俱到，可以根据商品销售的实际情况进行取舍。

重庆张鸭子
关于色泽？
张鸭子产品具有卤香纯正、色泽鲜亮、味道鲜香、回味绵长等特点，
我们在品尝张鸭子独特的风味美食的同时， 也会对其产品颜色较深产生疑惑。
人工添加剂？色素？还是产品特色？
今天我们一一为大家解开谜底。
为什么张鸭子产品颜色看起来比较深
祖传配方 多种天然香辛料
张鸭子创始人张兴海先生历经多年的刻苦钻研，精选出数十种天然香辛料制成卤料配方，有些天然香辛料本身带有自然颜色，配制卤料混合在一起后，会加深卤水颜色。
张鸭子始终坚持把向消费者提供具有独特风味的无公害食品作为生产经营的唯一宗旨，保证不添加任何人工色素和人工防腐剂。
先卤后烤 百年工艺造经典
张鸭子产品经过精心卤制、烘烤等多道工序烹制而成。首先沿用独特的祖传配方配置卤料；然后将产品精心卤制，使其卤香纯正、味道鲜香；最后将卤制好的产品挂进烤炉里进行烘干烹烤，使卤烤鸭"干、香、瘦"的特点更加突出。
张鸭子产品要在摄氏100度左右的卤水中卤制几小时，这个过程中，产品会充分吸收天然香辛料的各种香味和精华，自然颜色也会渗透进去；烘烤的时候，产品会脱去部分多余的油脂和水分，外观色泽鲜亮、颜色厚重。
重庆张鸭子
工艺及杀菌
祖传秘方 精艺加工
张鸭子传统制作技艺，精选优质生态麻鸭和名贵中药材为原料，采用独特的祖传配方，经过"先卤后烤"，高温杀菌等多道工序精细加工烹制而成，不添加任何色素和防腐剂，其产品以干、香、瘦为主要特色，具有卤香纯正、色泽鲜亮、味道鲜香、回味绵长等特点。
壹
贰
叁
传统卤制数小时（先卤）
精心烘烤数小时（后烤）
120度高温杀菌釜
杀菌1小时以上
重庆张鸭子
物流配送
物流包装
按配送电子产品打造的五层纸箱，
60kg的成人站在上面都没有问题。
签收时务必注意封箱胶带有无破损，
若破损，请拒签哦！
张鸭子
物流配送 圆通快递价格表
首重一公斤计费，续重不足一公斤，按一公斤计算
一区
首重8元，续重6元
上海 安徽 江苏 浙江 北京 广东 湖北 福建 云南 广西 陕西 贵州 山东 天津 河北 湖南
二区
首重12元，续重8元
甘肃 山西 海南 青海 宁夏 辽宁 吉林 黑龙江
三区
首重15元，续重8元
新疆 西藏 内蒙古
四区
首重6元，续重4元
重庆主城九区
五区
首重7元，续重4元
四川 重庆郊县

图 5-21

总而言之,站在客户的角度,把握客户的关切,把以上几个方面的商品描述工作做好,就能为客户营造一个良好的网络购物体验,让理性的顾客进来,最后感性下单。

另外从形式上看,目前淘宝网的商品详情已很少使用纯文本编辑了,绝大多数商品详情设计是将图片素材、文字说明等表现元素整合成一张信息图来完整表现。所以,商品详情设计就是营销策划和美工设计的结合。

第三节　编辑商品描述

商品详情设计完成后,就可以在发布宝贝时编辑商品描述了,操作步骤如下:

①在“一口价宝贝发布”页面“电脑端描述”部分,在“详情导航模块”中单击“新建模块”项,如图 5-22 所示。

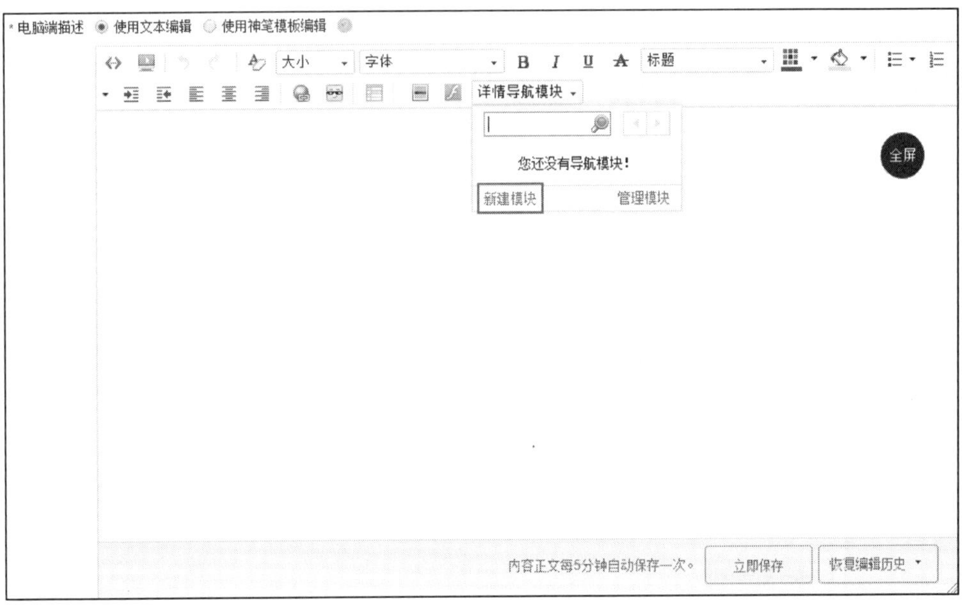

图 5-22

②在“填写模块信息”页面中,在标题栏输入模块名称,并把模块对应的详情图片插入模块编辑区,单击“新增并立即使用”按钮,如图 5-23 所示。

③详情模块新增成功后如图 5-24 所示。

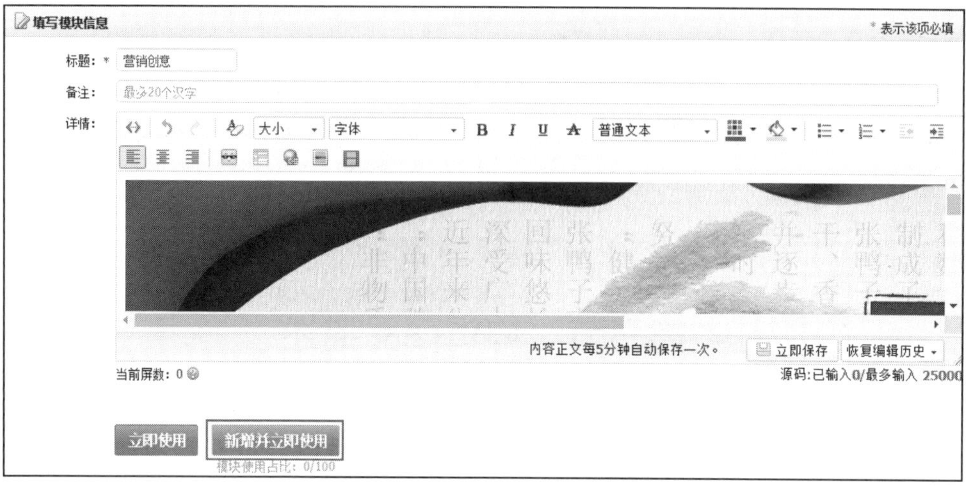

图 5-23

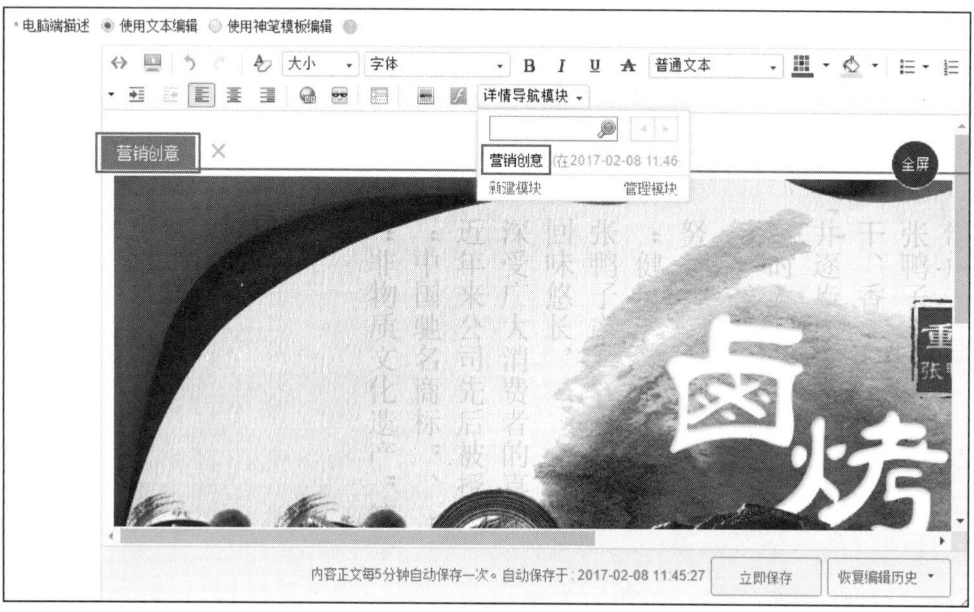

图 5-24

④按照相同的方法依次新增“促销广告”“商品基本信息”“商品展示”“商品细节”“购物说明”模块，商品描述就添加完成了，如图 5-25 所示。单击“全屏”按钮，可以查看添加完成的电脑端描述。另外，如需要对详情模块结构进行修改，可单击“管理模块”按钮进行编辑，如图 5-26 所示。

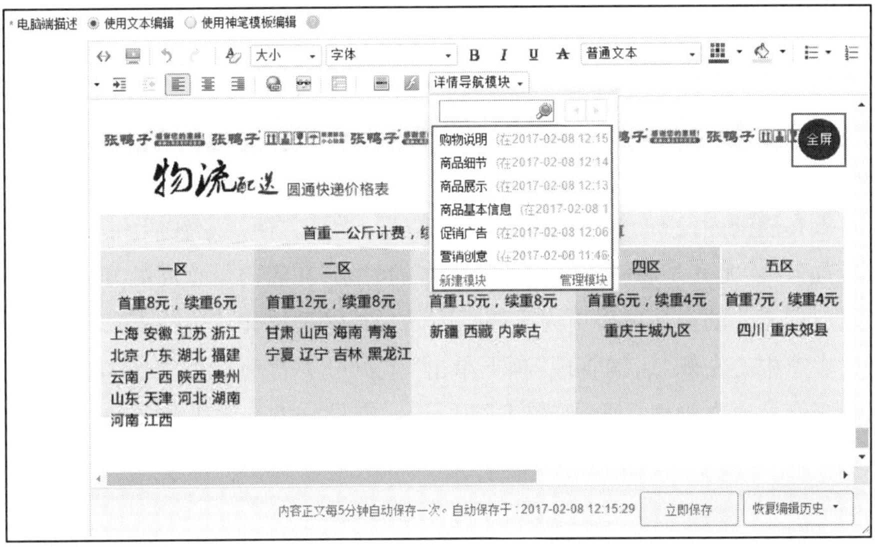

图 5-25

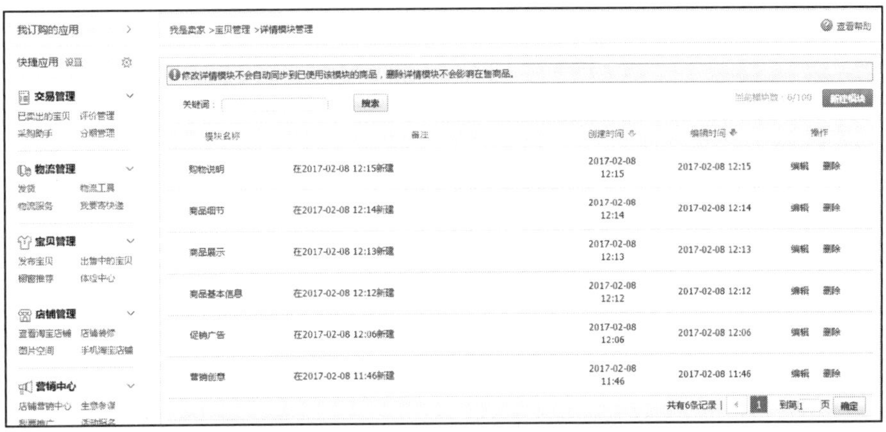

图 5-26

小提示

在发布宝贝之前，应当先设计好商品详情描述的结构，也就是把商品描述分解成几个详情导航模块，然后再分别设计每一个模块的商品描述图。在填写电脑端描述时，不需要再进行内容编辑，创建详情导航模块后直接插入准备好的模块化的商品详情图就可以了。

第四节　商品分类管理

当卖家在店铺内发布了一定数量的商品以后，为了方便买家在店内查找商品，应该为商品设置分类，尤其是店铺内商品数量很多的时候，在店内设置商品分类对引导买家尽快找到他们需要的商品显得更为重要。商品分类管理操作步骤如下：

①在卖家中心左侧“店铺管理”项下单击“宝贝分类管理”，如图 5-27 所示，进入淘宝旺铺系统商品分类管理页面，如图 5-28 所示。宝贝分类有手工分类和自动分类两种分类方式，这里介绍手工分类。

图 5-27

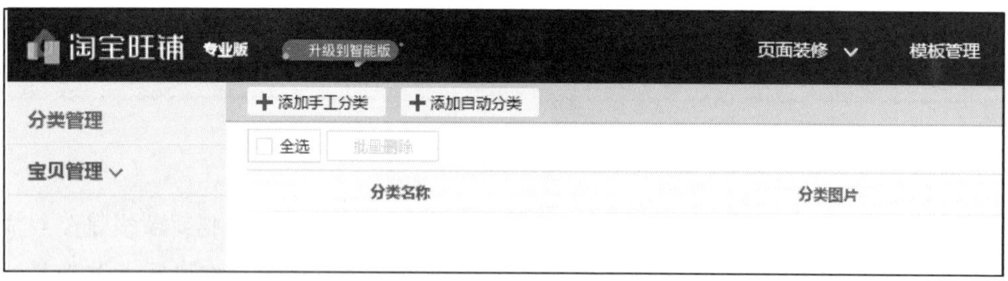

图 5-28

②以梁平柚为例，现需要将网店的商品分为“50 年柚树龄”“30 年柚树龄”和“新品柚种”3 类，操作步骤如下：

➢单击“添加手工分类”按钮，可以在分类名称栏中输入新的分类，如图 5-29 所示。

如果需要添加子分类，单击分类名称栏下方“添加子分类”按钮即可；单击分类名称栏左侧三角形按钮，可以展开或收起子分类；单击“添加图片”按钮，在弹出的地址栏中可以输入分类图片地址，可以用图片方式显示分类；可以通过“移动”项下方的上下小箭头调整分类或子分类的上下排列顺序；再次单击“添加手工分类”按钮，可继续添加分类项。

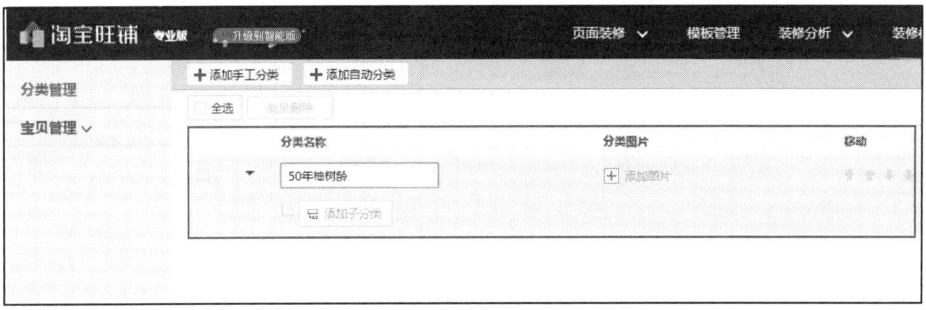

图 5-29

➢商品分类完成后，需要单击页面右上角“保存更改”按钮进行确认，如需修改分类结构，可以单击右侧“删除”，如图 5-30 所示。

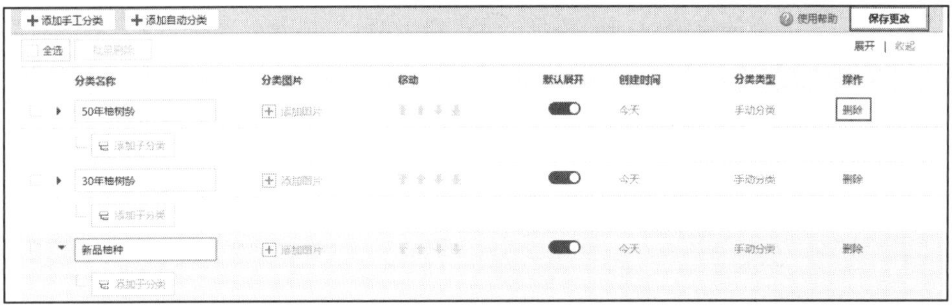

图 5-30

➢商品分类保存成功后如图 5-31 所示。

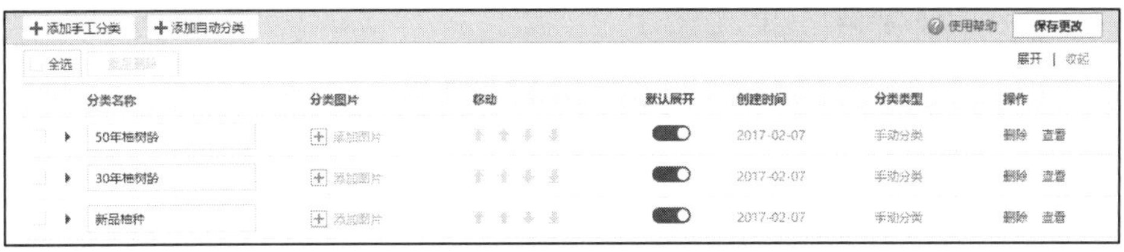

图 5-31

③商品分类设置完成以后，接下来需要将商品归类。

➢单击页面左侧“宝贝管理”，所有已发布的未分类的宝贝出现在“未分类宝贝”页面的宝贝列表中，如图 5-32 所示。

图 5-32

➢勾选需要分类的宝贝，打开“添加分类”列表框，勾选商品类别，即可将该商品归属于该类别中，如图 5-33 所示，通常 30 分钟后会在店铺中生效。在“添加分类”时勾选多个类别也可以将一个商品归属于不同的类别。

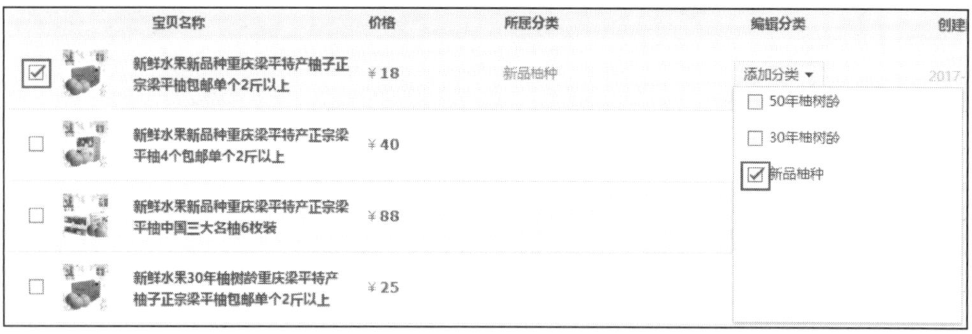

图 5-33

➢商品归类完成后，点击左侧“已分类宝贝”，在商品类别列表中单击相应的分类或子分类，就可以查询该类别下的相应商品了，如图 5-34 所示。

图 5-34

第五节　宝贝推荐设置

当完成商品发布和商品分类管理工作以后，店铺首页中的“宝贝分类”和“宝贝排行榜”模块就能显示相应的商品数据，同时在店铺装修时所设置的宝贝推荐模块也会自动推荐店铺的商品，如图 5-35 所示。

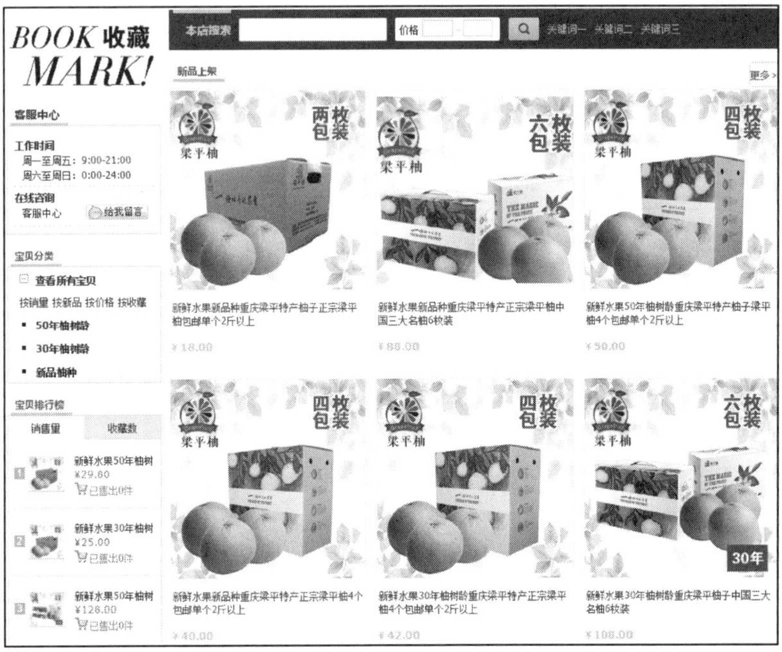

图 5-35

不过,卖家往往希望在宝贝推荐模块手工推荐自己的商品,这还需要进行必要的设置,操作步骤如下:

①在店铺首页装修页面中,鼠标移入"新品上架"宝贝推荐模块,单击"编辑",进入"宝贝推荐"设置窗口,在"宝贝设置"选项卡中设置"推荐方式"为"手工推荐",如图5-36所示。

图 5-36

②在"手工推荐"设置区,选择商品列表中需要推荐的宝贝,单击其右侧"推荐"项,如图 5-37 所示,也可以取消已推荐的宝贝,完成后单击"保存"按钮。

图 5-37

③采用相同的方法，在“超值促销”模块设置好推荐商品。此时店铺完成了商品上传和推荐，店铺首页、宝贝分类页、宝贝详情页的装修也基本完成，单击“发布站点”按钮，装修完成后的店铺首页如图 5-38 所示。

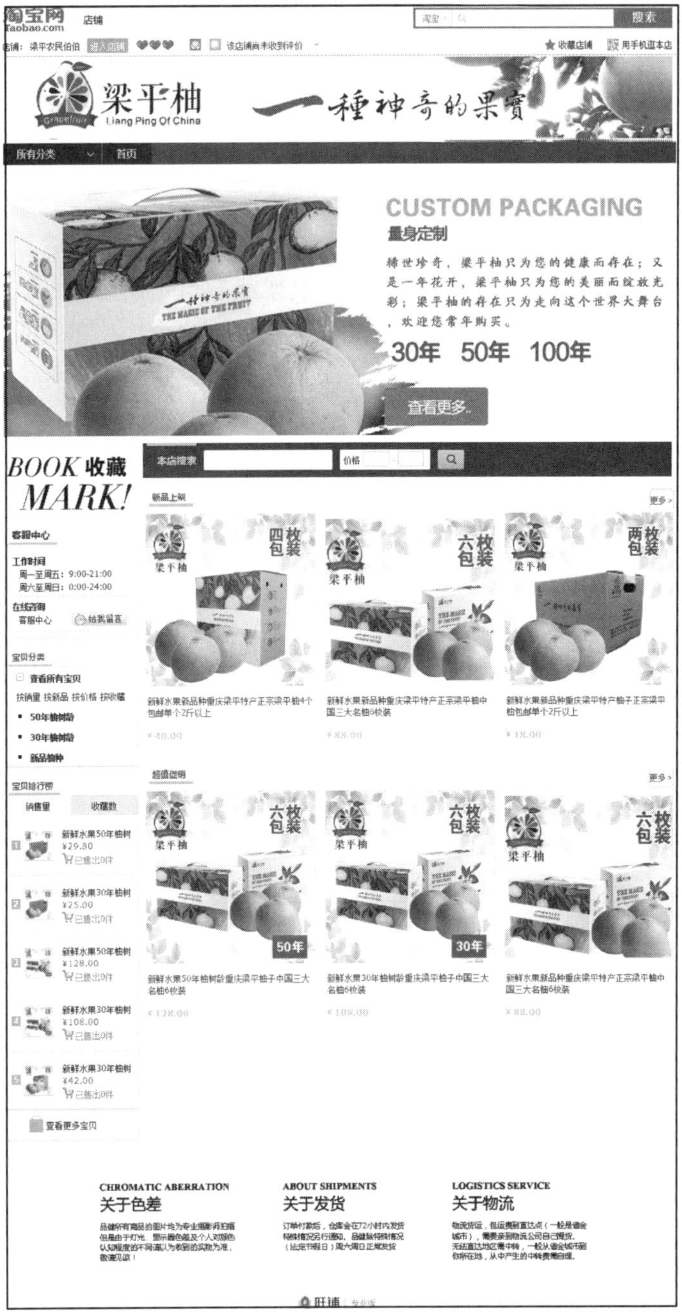

图 5-38

第六节　商品管理

在网店的日常管理中，商品管理是一个重要的内容，也是一个长期的工作任务。卖家对所发布的商品可以进行上下架管理、橱窗推荐，也可以根据需要随时对商品名称、图片、描述和价格等商品信息进行编辑修改。

1.商品上下架

发布成功后的商品有两种基本状态：一是上架状态，在“出售中的宝贝”中显示，好比是商店里将需要卖的商品摆上货架；二是下架状态，在“仓库中的宝贝”中显示，好比是将商品放入商店的仓库之中，不再出售。商品上下架是很常见的商品管理工作，操作步骤如下：

①在“卖家中心”中单击“宝贝管理”项下“出售中的宝贝”，如图 5-39 所示。

图 5-39

②在“出售中的宝贝”页面中，可以编辑商品名称、价格和库存数量，也可以单击商品右侧“编辑宝贝”项，进入“发布宝贝”页面，对商品进行重新编辑，如图 5-40 所示。

③如需将已上架商品放入仓库不再卖出，可勾选相应商品，单击“下架”按钮，如图 5-41 所示。

④下架后和未上架的商品可以在“仓库中的宝贝”查看。在“卖家中心”单击“宝贝管理”项下“仓库中的宝贝”，如图 5-42 所示。

⑤在“仓库中的宝贝”页面中，如需重新上架，勾选相应商品，单击“上架”按钮，即又成为出售中的宝贝，如图 5-43 所示，也可以修改库存数量后再重新上架。

图 5-40

图 5-41

图 5-42

图 5-43

2.橱窗推荐

橱窗在现实生活中通常是指商店临街的玻璃窗，用来展示商品。淘宝橱窗推荐位与之类似，是通过搜索的方法让卖家的商品能有更多的浏览量及点击率，当买家选择搜索或在淘宝主题市场根据类目来搜索时，橱窗推荐宝贝会优先排在前面。如图 5-44 所示搜索结果中的橱窗推荐位。

图 5-44

每个卖家可以根据信用级别与销售情况获得不同数量的橱窗推荐位，一般新手卖家加入消保后会有 25 个橱窗推荐位。

卖家在发布宝贝时可以选择是否设置橱窗推荐，也可以在卖家中心设置橱窗推荐，操作步骤如下：

①单击“宝贝管理”项下“橱窗推荐”或“出售中的宝贝”，如图 5-45 所示。

图 5-45

②在已上架商品列表中，勾选需要进行推荐的商品，单击“橱窗推荐”按钮，如图5-46所示。

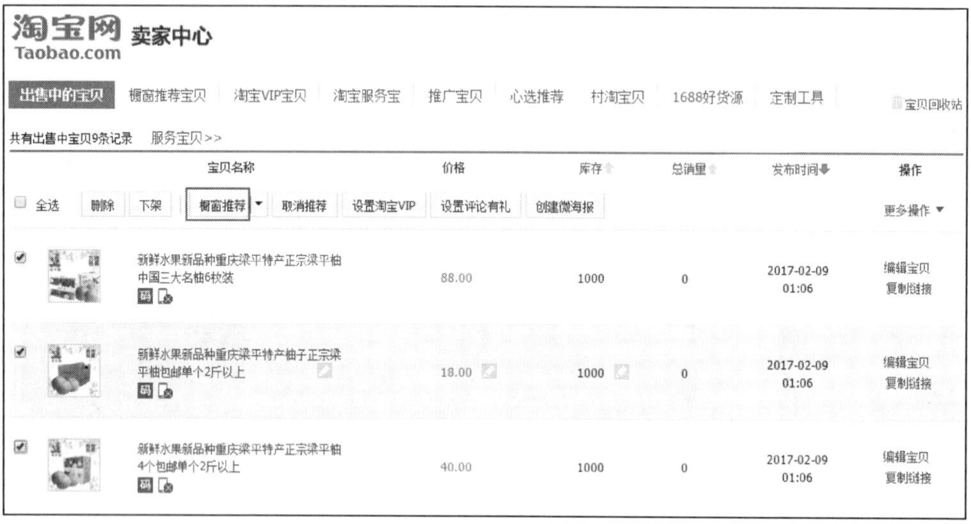

图 5-46

③商品成功设置橱窗推荐后，左侧将出现“已推荐”标记，如图5-47所示，也可以勾选已推荐的商品，单击“取消推荐”按钮取消该商品的橱窗推荐位。

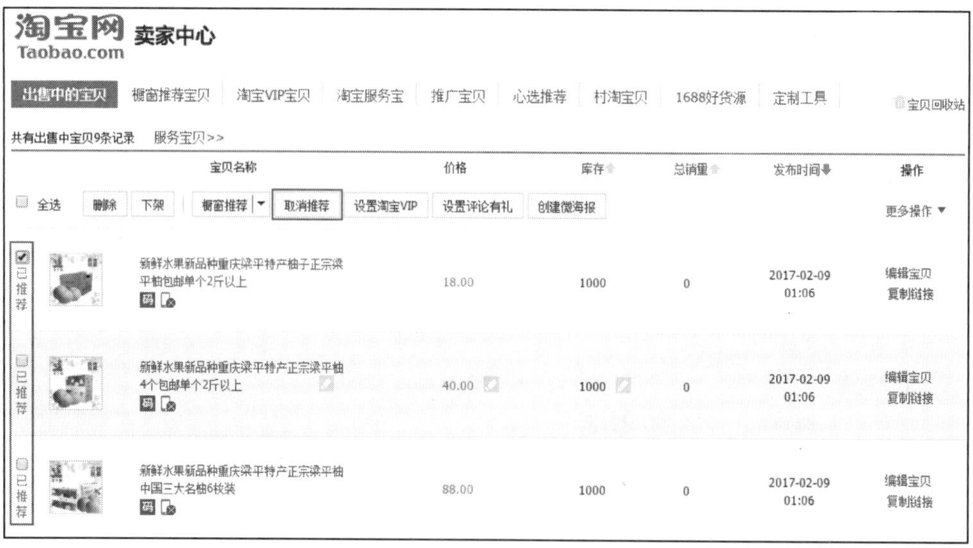

图 5-47

④所有已推荐商品也会出现在“橱窗推荐宝贝”页面中，如图 5-48 所示。

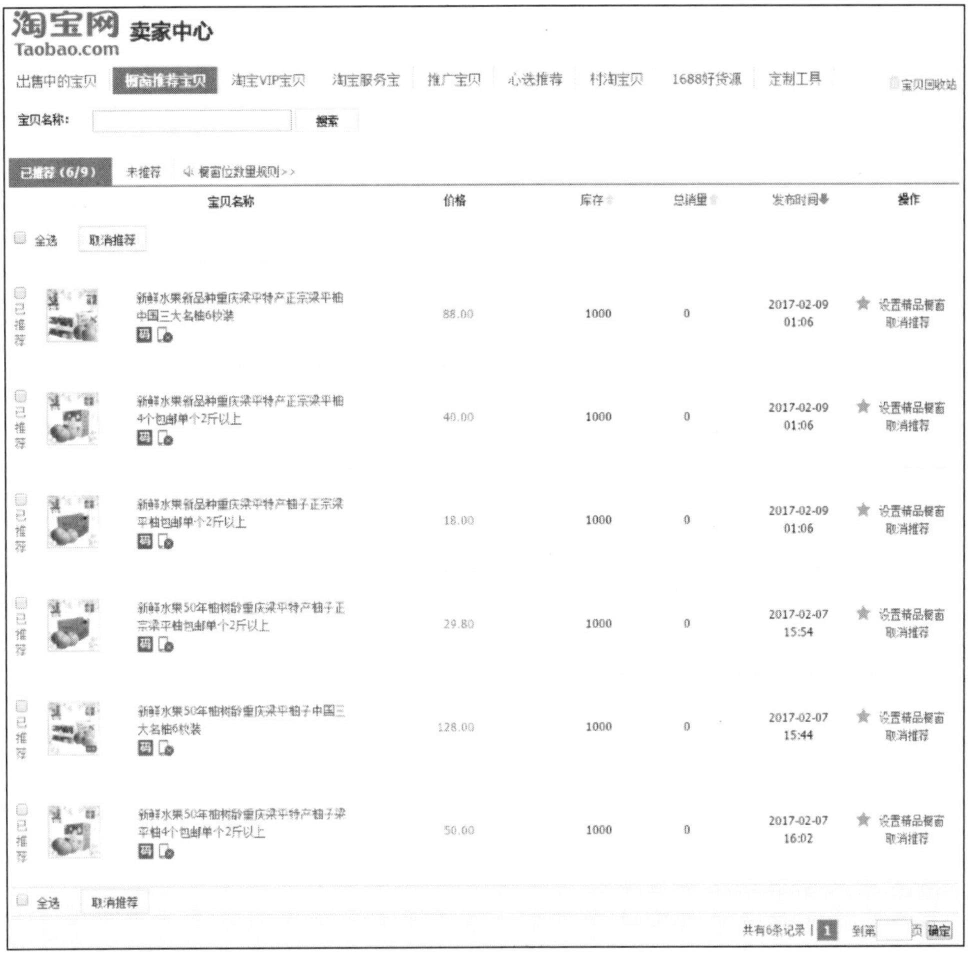

图 5-48

第七节　交易管理

交易管理是对交易流程和商品订单的管理，在“卖家中心”单击“交易管理”项下“已卖出的宝贝”，对店铺订单进行管理。根据交易双方的完成情况，订单会显示出不同状态。

1.等待买家付款

一旦买家出价成功，商品交易状态就会显示出“等待买家付款”，如图 5-49 所示。此时可能会遇到两种情况：

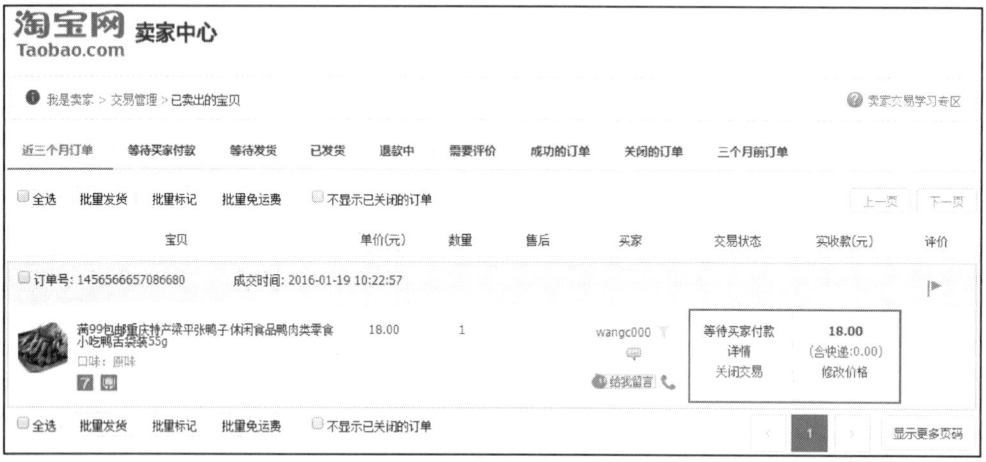

图 5-49

①关闭交易：因为商家缺货或者买家的个人原因等，使交易无法继续完成，可以通过单击“关闭交易”，选择交易关闭的理由，执行关闭交易的操作。

②修改价格：交易双方经过协商，对新的售价达成一致或是邮费重新计算，都需要在买家支付货款前先行修改成交价格。单击“修改价格”，进入修改价格窗口，如图5-50 所示。需要注意的是，修改价格需要通过折扣计算，不能直接修改。

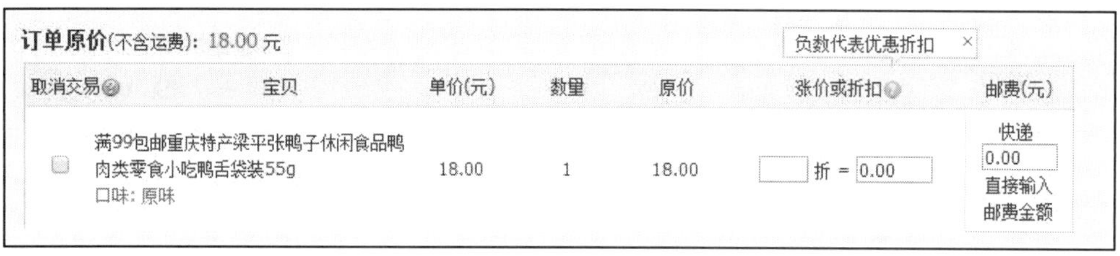

图 5-50

2.买家已付款

买家付款以后，卖家应及时发货，操作步骤如下：

①单击“发货按钮”，如图 5-51 所示，进入物流发货流程。

②确认收货信息及交易详情。此时可以与买家核实订单内容和收货地址，也可以把需要备注的信息及时添加到该笔交易的备忘录里，以免造成顾客的不满和售后纠纷，如图 5-52 所示。

图 5-51

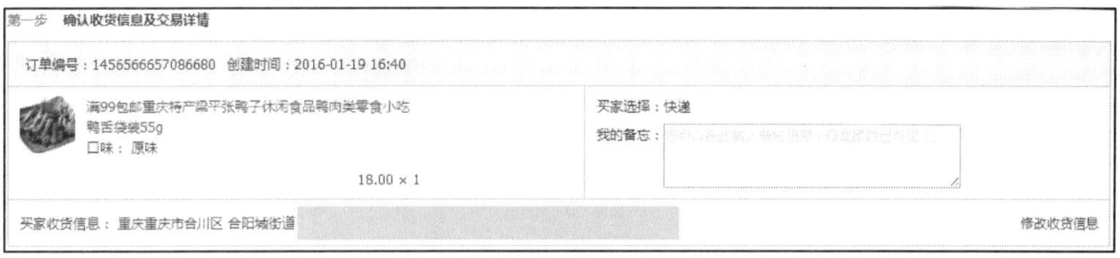

图 5-52

③确认发货/退货信息。卖家发货时应当填写准确的发货/退货地址，并在发货前进一步核实，如有差错可以在此进行修改，如图 5-53 所示。

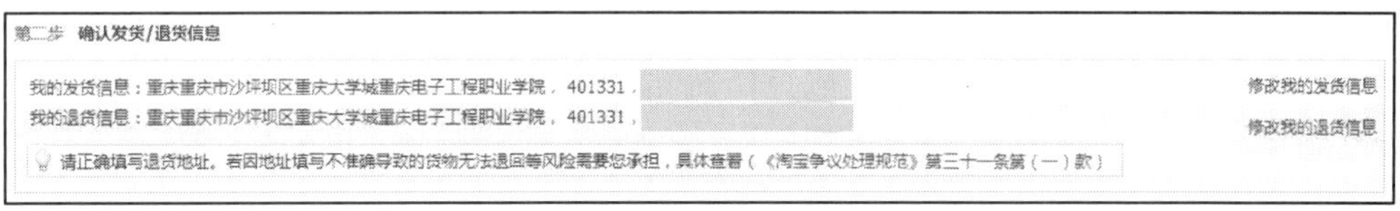

图 5-53

④选择物流服务。信息核实完成后，可以进行物流发货操作。淘宝提供给卖家可以选择的物流方式有 3 种：一是在线下单，即选择与淘宝合作的物流公司提供的在线物流服务，直接在线上发货，等待物流公司上门取货后，将运单号码填入即可，如图 5-54 所示；二是自己联系物流，即卖家在线下将商品发出以后，将运单号码填入，选择相应的物流公司，如图 5-55 所示；三是无需物流，即如果该商品属于自己送货、虚拟商品等不需要物流的情况，可以选择这种方式。

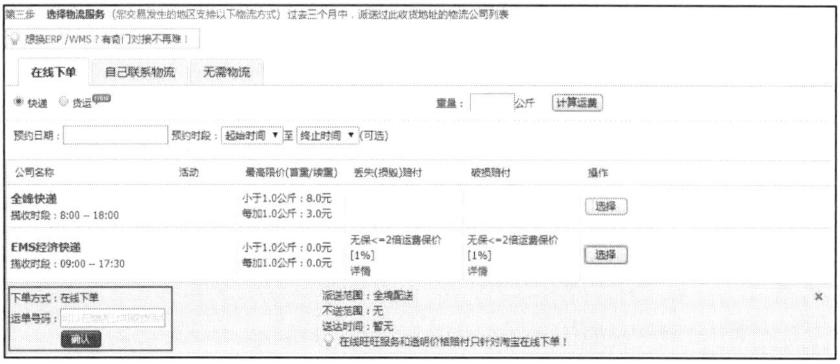

图 5-54

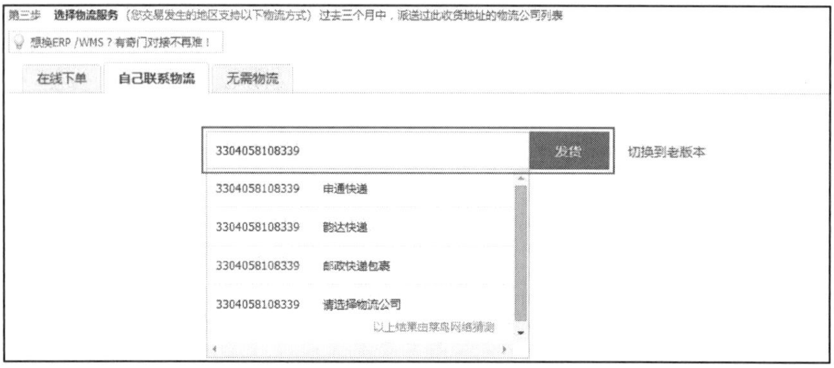

图 5-55

3.卖家已发货

通过物流公司发货以后，商品交易状态修改为“卖家已发货”，如图 5-56 所示。如果此时再将发货信息通过阿里旺旺或短信通知给顾客，会是商家优质服务的又一个细节体现，让消费者觉得安心、放心，也会对商家的服务留下深刻而良好的印象。

图 5-56

4.交易成功

顾客收到商品以后，经核查无误就会确认收货，同意支付宝放款给卖家，此时的交易状态为“交易成功”，如图 5-57 所示，并表示货款已经转到了卖家的支付宝账户里。

图 5-57

小提示

交易完成以后，买家可能提出退货申请，比如在支付了货款以后才发现缺货或者因为个人原因决定取消交易，也有一些买家是在收到商品以后，以商品质量问题或者型号购买错误等理由申请退货。退款交易一般有以下几种情况：

①买家已付款，但卖家没有发货的退款交易。只要双方经过协商，达成一致后，买家可以在交易生成的 24 小时后提出退款申请。卖家有 5 天的时间来处理退款协议，在看清退款说明和理由后，选择同意买家的退款申请协议并输入支付密码，退款即告完成，该交易关闭，相关款项也同时退还到买家的支付宝账户里。

②买家已收到货但不满意，需要进行退货的交易。买家收到了货物，但是由于商品质量问题、实物与网上描述不符，或者其他商品问题和个人原因表示需要退货，那么只要与卖家沟通协商，达成一致后，可以在交易超时前提出退货申请。

申请退货有一个时间期限，一般是平邮 30 天，快递 10 天，虚拟物品 3 天，自动发货商品 1 天。在此期限内，买家如需退货，可以提出全额退款或者部分退款的申请。卖家有 15 天的时间来处理退款协议，如超时未处理，退款协议将生效，交易进入退货流程。

第八节　评价管理

买卖双方交易结束后，还有一个重要的工作就是交易评价，买卖双方有权基于真实的交易在支付宝交易成功后 15 天内进行相互评价。交易评价包括信用评价和店铺评分。

1.信用评价

信用评价是指买卖双方对本次交易给予好评、差评或中评，形成卖家或买家的信用积分。评价人若给予好评，则被评价人信用积分增加 1 分；若给予差评，则信用积分减少 1 分；若给予中评或 15 天内双方均未评价，则信用积分不变。信用评价对卖家的销售行为或买家的消费行为都有积极的影响。因此，每一笔成功的交易都要及时给予对方评价。

信用评价包括评价等级和评论内容两部分，在卖家中心“已卖出的宝贝”中找到需要评价的交易，从评价操作提示里进去就可以给买家一个中肯的评价，待对方回评以后，双方的信用评分就会产生相应的变化，如图 5-58 所示。

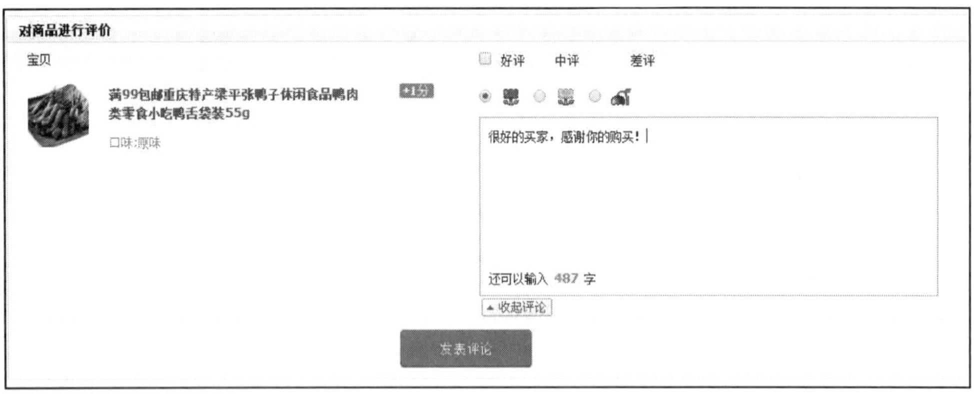

图 5-58

2.店铺评分

店铺评分（DSR 评分）由买家对卖家作出，包括描述相符、服务态度、物流服务等方面的评分指标。店铺评分通常会在店铺中显示，如图 5-59 所示。

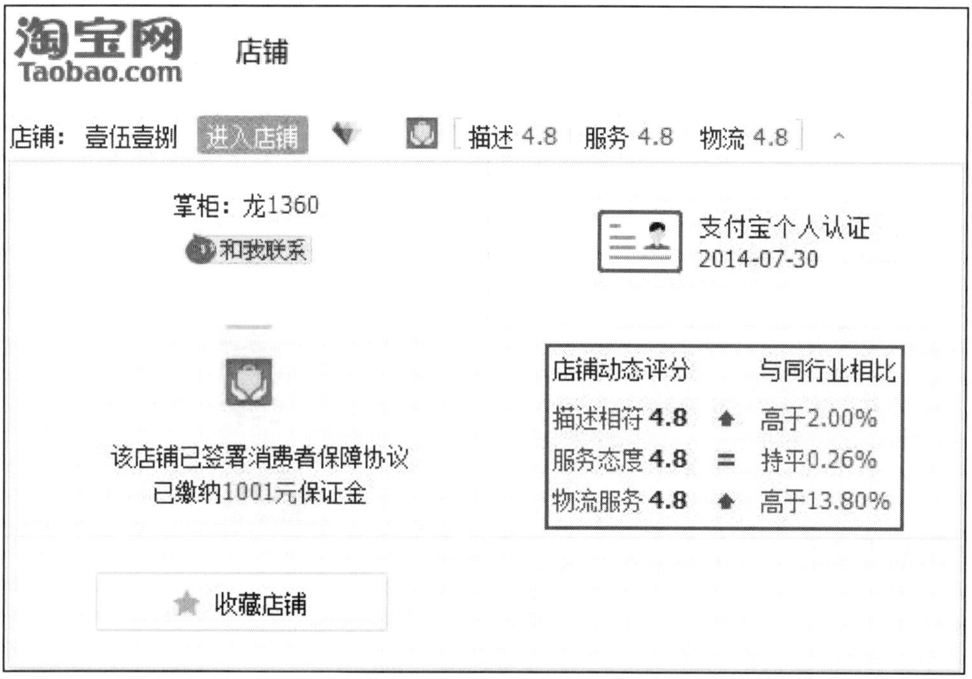

图 5-59

3.评价管理

信用评价和店铺评分是对卖家非常重要的数据指标，因此卖家在经营过程中应有意识地引导买家作出客观公正的评价和评分。因此，卖家应当重视评价管理工作，操作步骤如下：

①在“卖家中心”中“交易管理”项下单击“评价管理”，如图 5-60 所示。

图 5-60

②在“评价管理”页面中，可以查看店铺信息、店铺动态评分和信用评价等信息，如图 5-61 所示。

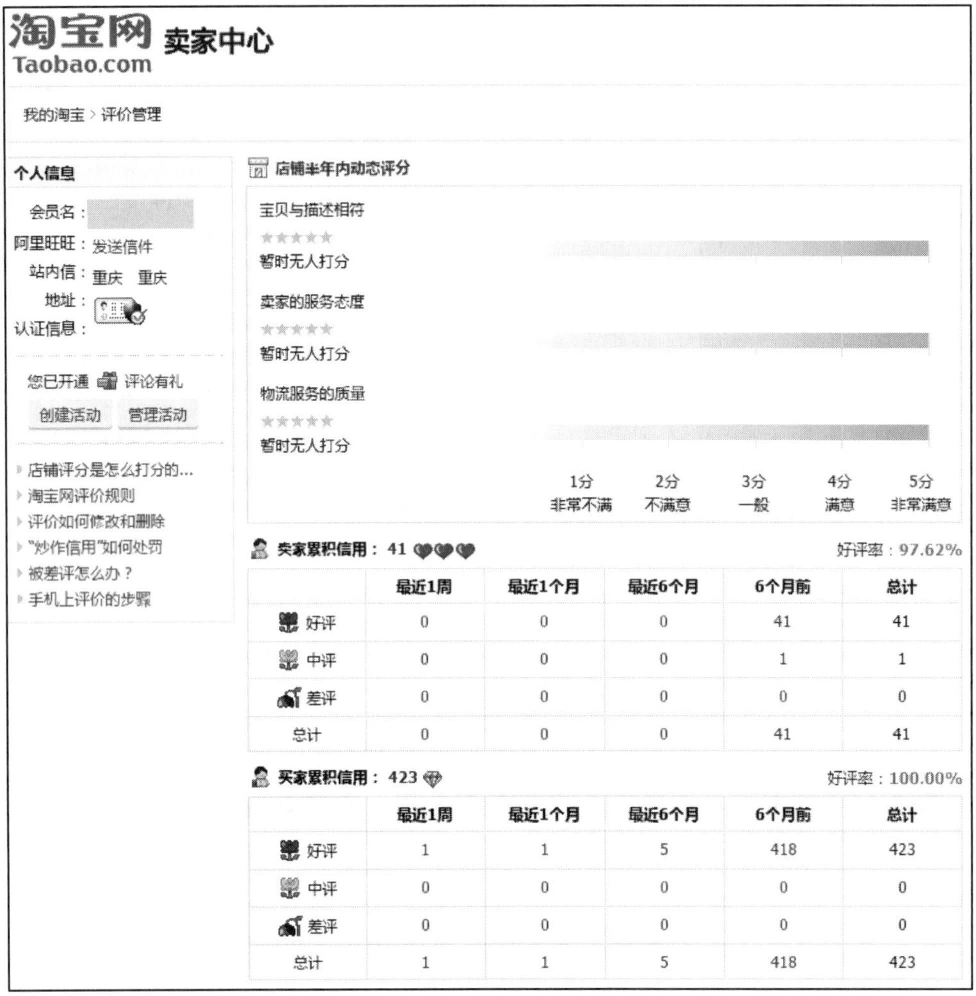

图 5-61

③在“评价管理页面”下部“来自买家的评价”列表中，可以查看到买家收货后的评价等级和评价内容，单击右侧的“回复”按钮，在弹出窗口中可以根据买家的评价或者自己对交易的感受来对该评价作出回复或解释，如图 5-62 所示。特别是发现中评或差评以后，卖家更要诚恳地作出回应和沟通，争取买家在有效期内能修改为好评。

④有时候交易双方会因为一些误会和争议给出负面的评价，如果经过沟通和协商达成一致，可以通过修改评价将中评或差评修改为好评（好评不能修改）。如果卖家需要修改给买家的评价，单击右侧的“回复”按钮可以将中差评改为好评。

淘宝网 卖家中心
Taobao.com
我的淘宝 评价管理
来自买家的评价
来自卖家的评价
给他人的评价
售后评价
已删除的评价
评价
评论
评价人
宝贝信息
操作
好评！
[2016-01-20 01:01:57]
买家：wangc000
满99包邮重庆特产梁平张鸭子休闲食品鸭肉类零食小吃...
18.0元
回复
500字
发表回复

图 5-62

第六章　在线接待与沟通

网上交易改变了“一手交钱，一手交货”的传统交易规则，淘宝网的买家和卖家在一笔交易达成之前，往往需要就商品的细节、价格、物流等信息进行沟通与交流，一般采用在线沟通的方式。淘宝网为此提供了专门的在线沟通工具：适合买家使用的阿里旺旺，适合卖家使用的千牛工作台。作为卖家，使用在线沟通工具与买家交流，为买家提供售前和售后客户服务，是网店经营管理的重要工作内容。

第一节　在线沟通工具

千牛工作台是阿里巴巴官方出品的为卖家量身定做的一站式工作台，除了其核心的网上商务沟通功能以外，同时还整合了宝贝管理、店铺管理、货源中心、营销中心等功能，让卖家可以更加便捷和高效地管理店铺，提升卖家的经营效率。

千牛工作台有电脑版和手机版两个版本，可在其官方首页下载。在下载页面中选择相应版本下载后，按照提示安装即可，如图 6-1 所示。

图 6-1

在淘宝开店的卖家，每天的一项重要工作就是登录千牛工作台，与买家交流，进行交易管理。千牛工作台的在线沟通功能与QQ，MSN等即时聊天的工具非常类似，其登录账号无需重新申请，直接使用淘宝账号与密码即可，如图6-2所示。

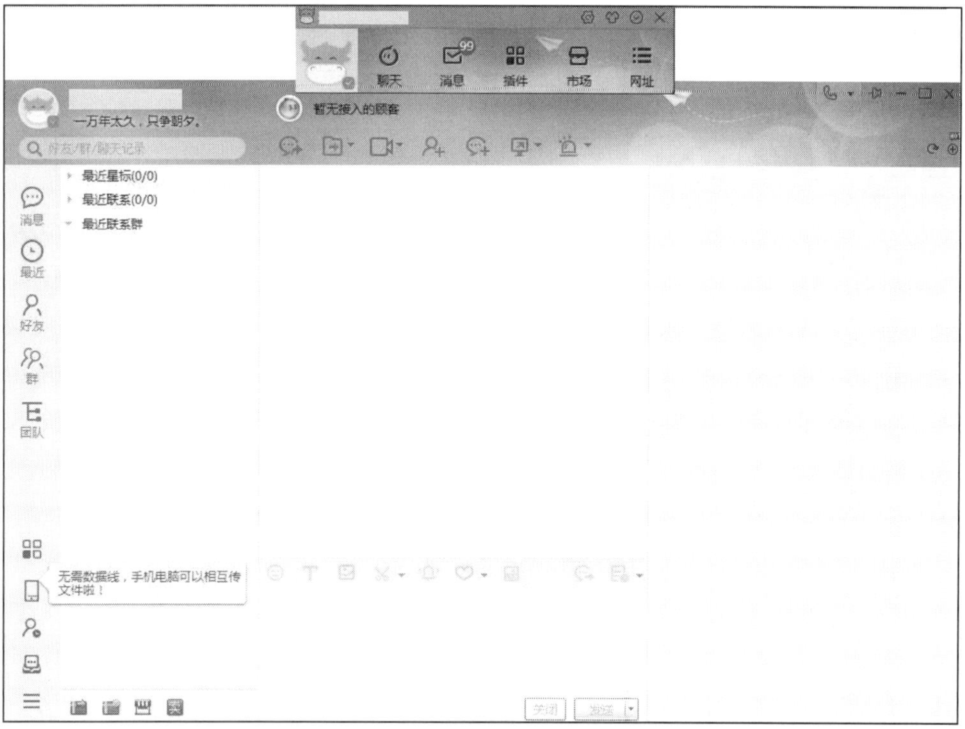

图6-2

第二节　在线接待与沟通

对买家的在线接待与沟通被看作是网上交易达成的“临门一脚”，无论商品的标题、关键词做得多么好，图片视觉营销效果做得多么美轮美奂，但最后多数买家还是会通过阿里旺旺与卖家联系以后，才最终下单购买。

淘宝网店的接待与沟通主要包括以下工作内容：进门问好、接待咨询、推荐产品、处理异议、促成交易、确认订单、礼貌告别。

1.进门问好

进门问好是指迎接买家时给对方留下一个良好的第一印象，为成功的沟通奠定基

础。当卖家收到来自买家的消息时,应在第一时间欢迎买家的到来,如图 6-3 所示。例如:

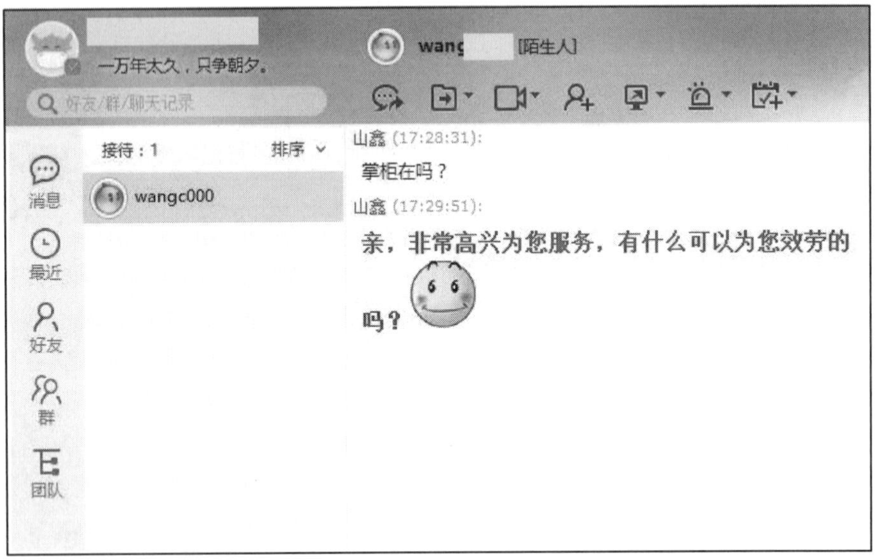

图 6-3

- 亲,有什么可以帮您吗?
- 亲,非常高兴为您服务,有什么可以为您效劳的吗?
- 亲,您看中的这款宝贝正在全场做活动,满×××送×××,您看一下。
- 您好,欢迎光临××旗舰店,客服 8 号竭诚为您服务!

卖家也可以利用千牛工作台的自动回复功能,将进门问好的日常用语设置为自动回复,并可以根据卖家的不同工作状态分别设置不同的回复内容。操作步骤如下:

①点击千牛工作台工具条上的“系统设置”按钮,如图 6-4 所示。

图 6-4

②在系统设置窗口中,选择“客服设置”中“设置自动回复”项,如图 6-5 所示。

③在“设置自动回复”选项卡中,可以勾选需要设置的自动回复情境,包括当天第一次收到买家消息时、当我的状态为“忙碌”时、当我的状态为“离开”时、当正在联系人数超过一定数量时。同时,可以点击自动回复内容右侧“修改”按钮,根据自己的需要修改自动回复的内容,如图 6-6 所示。

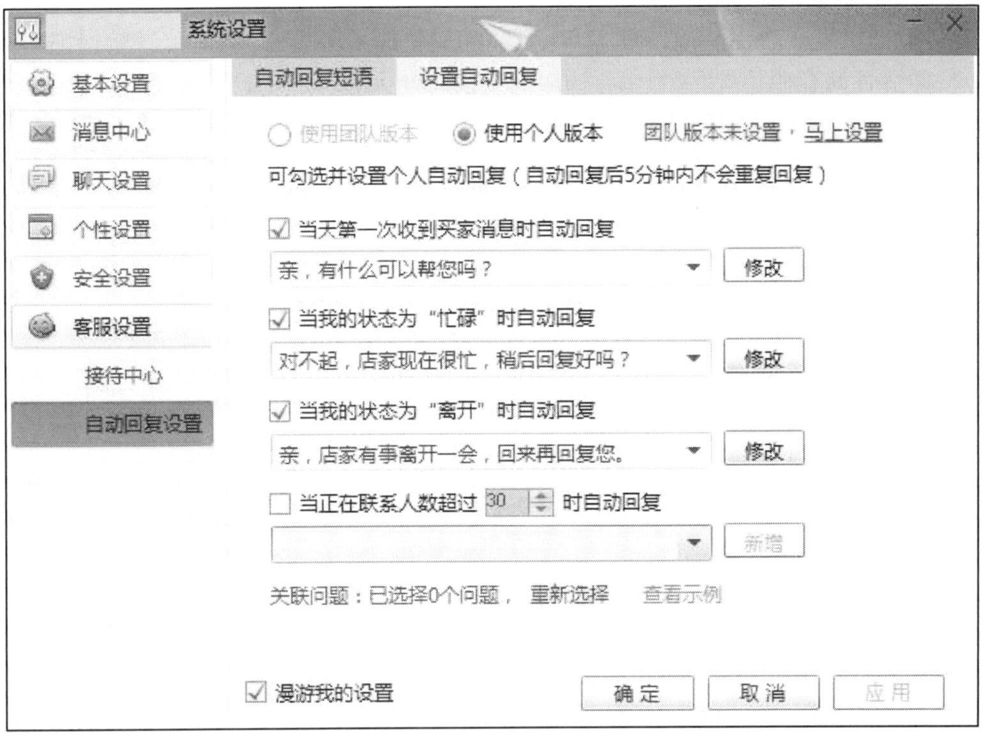
系统设置
基本设置
消息中心
聊天设置
个性设置
安全设置
客服设置
接待中心
自动回复设置
自动回复短语
设置自动回复
使用团队版本
使用个人版本
团队版本未设置，马上设置
可勾选并设置个人自动回复（自动回复后5分钟内不会重复回复）
当天第一次收到买家消息时自动回复
亲，有什么可以帮您吗？
修改
当我的状态为"忙碌"时自动回复
对不起，店家现在很忙，稍后回复好吗？
修改
当我的状态为"离开"时自动回复
亲，店家有事离开一会，回来再回复您。
修改
当正在联系人数超过 30 时自动回复
新增
关联问题：已选择0个问题，重新选择　查看示例
漫游我的设置
确 定
取 消
应 用

图 6-5

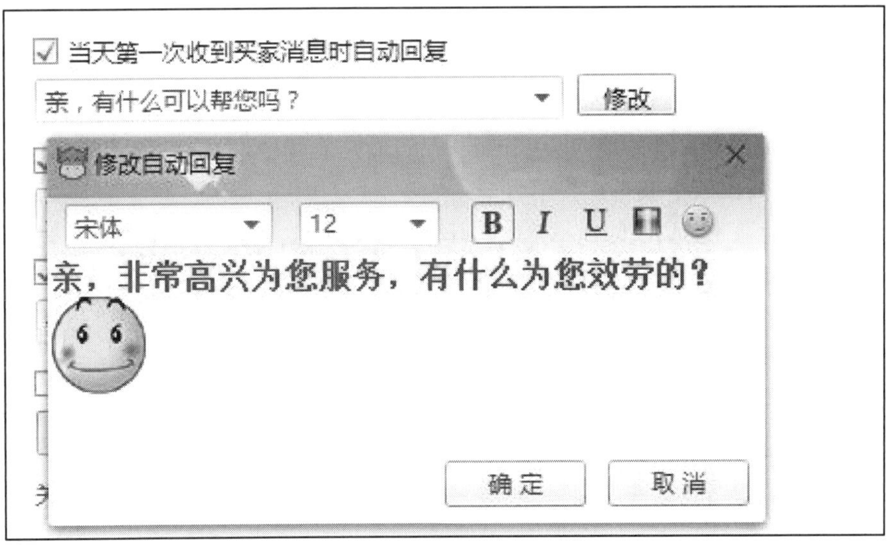
当天第一次收到买家消息时自动回复
亲，有什么可以帮您吗？
修改
修改自动回复
宋体
12
B I U
亲，非常高兴为您服务，有什么为您效劳的？
确 定
取 消

图 6-6

卖家还可以有效利用旺旺签名设置，帮助店铺传达给买家店铺的问候和品牌定位、正在进行的优惠活动、新品到货的通知、真品和质量保证等信息，例如："特价回馈新老客户，详情咨询客服。""新款上架，一次购买满 120 元包邮！""酬宾款已到货，疯抢开始……"等等，如图 6-7 所示。

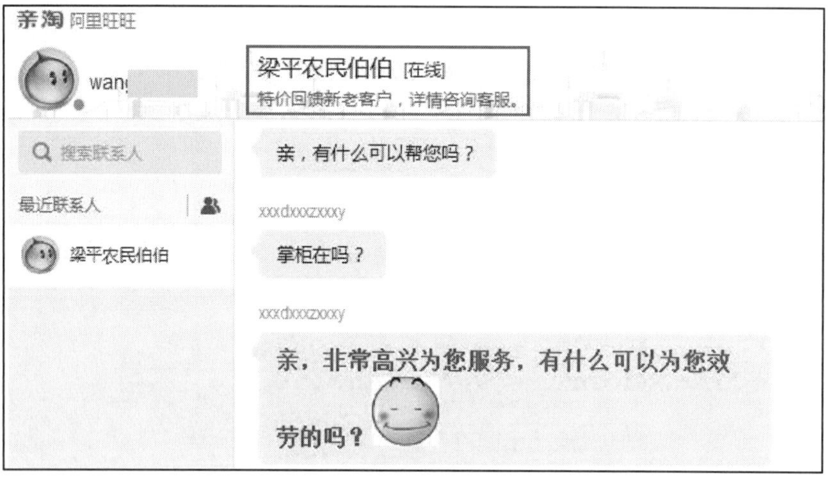

图 6-7

2.接待咨询

迎接客户之后，卖家要准备接待买家的咨询，在接待咨询时应注意以下要点：

①只有迅速地回复客户的咨询，才能及时地留住客户，获得下一步向客户推荐产品的机会，尤其是买家接入的前 6 秒被称为"黄金 6 秒"。

②网络对话没有语气、语调，很容易使客户感觉简单生硬，应在一些回复中使用"哦、嗯、呢"等语气词，有助于提升客户体验。

③接待咨询时不要拼命地向买家推荐商品，而是先和他们交朋友，试着去接近他们的内心，才能让买家放下戒备产生信任。

④在文字沟通中，适当地加入有趣的旺旺表情，代替卖家的表情展现在买家面前，可以为亲和力加分。

⑤注意网络交易安全，不要随便接收客户发来的文件和图片，更不要打开没有安全标志的网络链接。

为了更好地为买家提供咨询，卖家应当事先搜集和设计一些涉及频率较高的、经验证明是有效可行的问题回复，使用千牛工作台的自动回复短语功能设置为快捷回复短语。快捷回复短语内容不能太泛，应具有针对性，例如：

- 关于是否有货

——亲，您看中的这款宝贝是有现货的呢，您可以放心拍哦！

——亲，非常抱歉这款宝贝已经没有现货了呢，您可以看一下这款哦，两款宝贝的质量都是非常不错的，款式和价格也相差不多哟……

- 关于发货时间

——亲，您拍下的 24 小时内就可以为您安排发货。

- 关于发什么快递

——亲，默认是发韵达快递哦，您这边可以收到韵达的货吗？韵达不到的地方我们可以为您安排发 EMS，EMS 是全国通达的。

卖家总结出来的快捷回复短语可以在千牛工作台中预先设置好，在接待买家咨询时可以直接使用，缩短买家等待的时间，从而提高成交的概率。操作步骤如下：

①在千牛工作台中单击消息输入框上方的“快捷短语”按钮，打开快捷短语设置窗口，如图 6-8 所示。

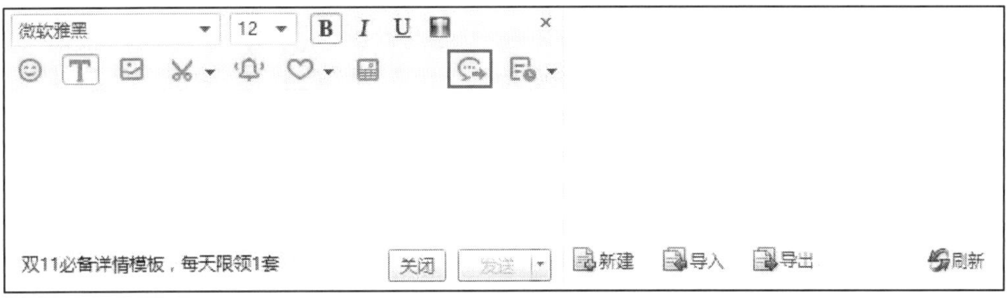

图 6-8

②在快捷短语设置窗口中，单击“新建”按钮，在弹出窗口中可以添加预设好的快捷回复短语，并且还可以对其编码和分组，如图 6-9 所示。

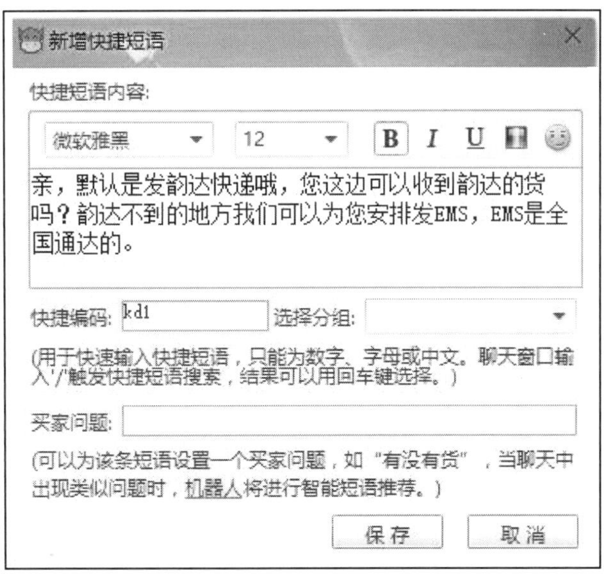

图 6-9

③设置成功后，在沟通时单击这些快捷短语应用即可，如图 6-10 所示。

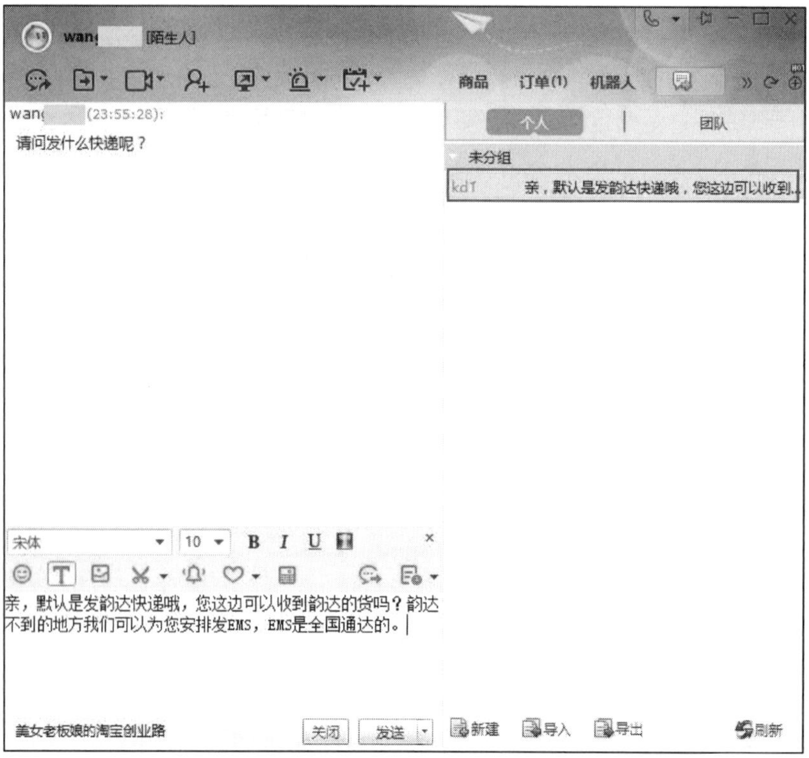

图 6-10

3.推荐产品

向买家推荐产品，主要是根据买家的需求“说”产品和通过“问”挖掘买家的真实需求。

在推荐产品的过程中，要做到有针对性和说服力地“说”，应注意以下要点：

①明确产品的优势，包括货源的优势、质量的优势以及价格的优势。

②既要向买家推荐库存充足的产品，又要从心理上让买家觉得这是最适合他的。

③对店内产品进行统计和划分，对不同类型的买家选择不同产品进行推荐。

④在推荐的原则中，最重要的就是关注买家的利益，站在买家的立场为他解决问题。

买家有时候不一定清楚自己想要什么，这时候就需要卖家通过“问”来挖掘他的真实需求，并作出有针对性的推荐。卖家在“问”的过程中，应注意以下要点：

①提问是为了挖掘客户的真正需求，也是一种服务，切忌语气过于生硬。

②在“问”的同时要做到“三分问、七分听”，在“问”之后给出空间和余地让买家去思考和回答。

③为了能根据“问”的结果精准地向客户推荐其所需，这就要求卖家应更加熟悉店铺的产品特性，同时还要及时接受已购买客户的反馈，加深对其产品的了解。

4.处理异议

在通过沟通和推荐产品之后，买家可能会产生一些异议，为很好地处理这些异议，就需要在沟通过程中对买家提出的各种问题进行回应和解释。一般关于商品和价格的异议是最常见的，解决的方法也有很多。

例如，当买家要求优惠的时候，可以把店内标准告诉客户，如果买家再次提出异议的时候，则可以再适当地承诺一些小赠品，如图 6-11 所示。

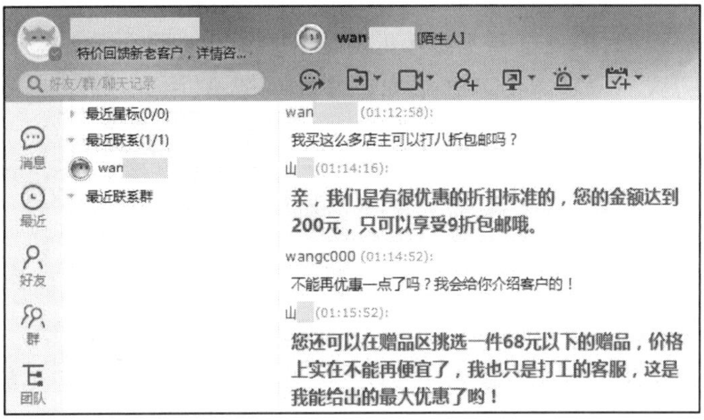

图 6-11

有时候也可以利用产品的一些特性，通过价格拆分来规避客户关于价格的异议，如图 6-12 所示。

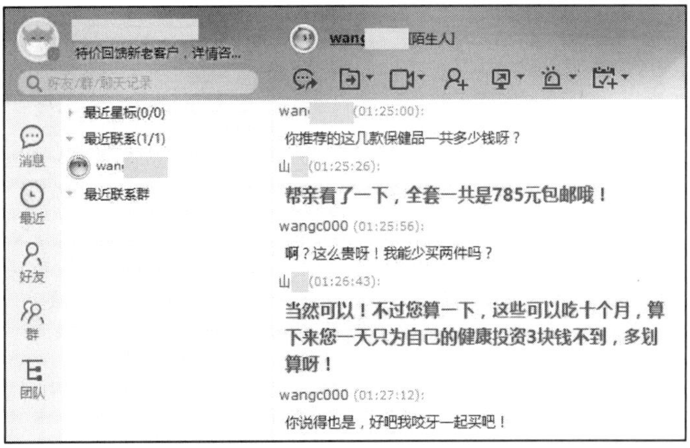

图 6-12

在处理异议时，应注意以下要点：

①要及时回应买家，尤其是当买家有异议的时候，永远使用自动回复是买家很反感的。

②回复客户时显得极不耐烦或是喜欢用反问句，很容易使买家产生反感，因此能用陈述句就别用疑问句，如果一定要用疑问句也千万不要用反问句。

③首先态度要亲切，其次解释要得体，用语要规范，同时还要使用一定的沟通技巧。

5.促成交易

在线接待与沟通的最终目的，就是最后的临门一脚——促成交易。在促成交易时，应注意以下要点：

①认真观察和分析买家的心理，以最终成交作为导向。

②只有将心比心，换位思考才能够正确地了解买家的潜台词。

③用多种方式了解和体察客户，比如历史购买记录、用语习惯等。

④分析买家的最终目的还是要达成交易，注意最后关头要推他（她）一把。

小提示

在线接待与沟通是卖家与买家打交道的环节，也是卖家推销自己商品的重要环节。卖家一方面要非常熟练地使用千牛工作台，另一方面要掌握与买家进行文字交流的技巧，尽力将买家的询盘转化为成交，当然也不能忽视解决买家售后服务问题。为避免询盘流失，卖家还应保持时时在线，使用手机版的千牛工作台后这就不算什么问题了。

第七章　网店商品推广

当卖家完成网店装修、商品上架销售等网店建设基础工作以后，网店经营最重要的工作就是网店和商品推广了。随着淘宝网络零售市场竞争日益激烈，如果卖家的网店和商品不做推广，在成千上万的网店和浩若烟海的商品之中，就是卖家的店铺再美，商品再好，也难以让买家知道。“酒好也怕巷子深”，因此，卖家必须要主动出击进行推广，才能让店铺快速起步，良性经营。

所谓推广，就是让网店的商品广而告之，让更多的买家知道店铺的商品和服务，简单地说就是要让买家知道我们的网店，访问我们的商品页面，让网店和商品获得更多的流量。对新手卖家而言，商品推广首先要做好搜索排名和淘宝站内推广。

第一节　搜索排名

淘宝买家购买商品时，最常用的方式就是在淘宝首页的搜索框中输入关键字（词）进行搜索，如图 7-1 所示，然后在搜索结果中进行选购，如图 7-2 所示。

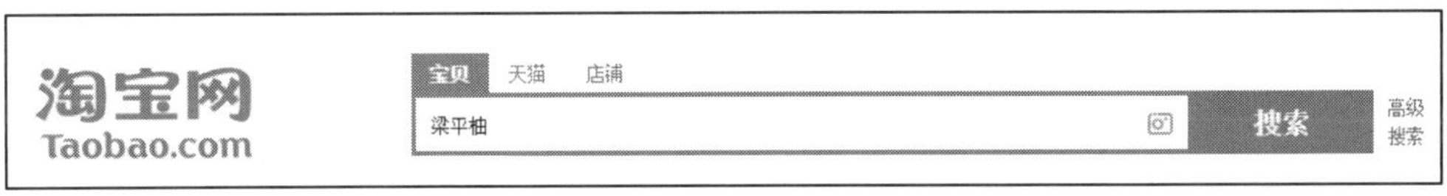

图 7-1

因此，提高商品在搜索结果中的排名是商品推广最重要的方式之一。要提高商品在搜索结果页的搜索排名，应注意以下几个方面的问题：

1. 了解设置商品标题的技巧

按照淘宝搜索引擎基本原理，买家在搜索框中输入关键词，搜索引擎将在淘宝网所有商品标题中去查找是否与此关键词匹配，并将匹配的商品按照一定的排序规则在搜索结果页中展示出来。所以，商品标题对于是否能被搜索及搜索结果排名都非常重要。

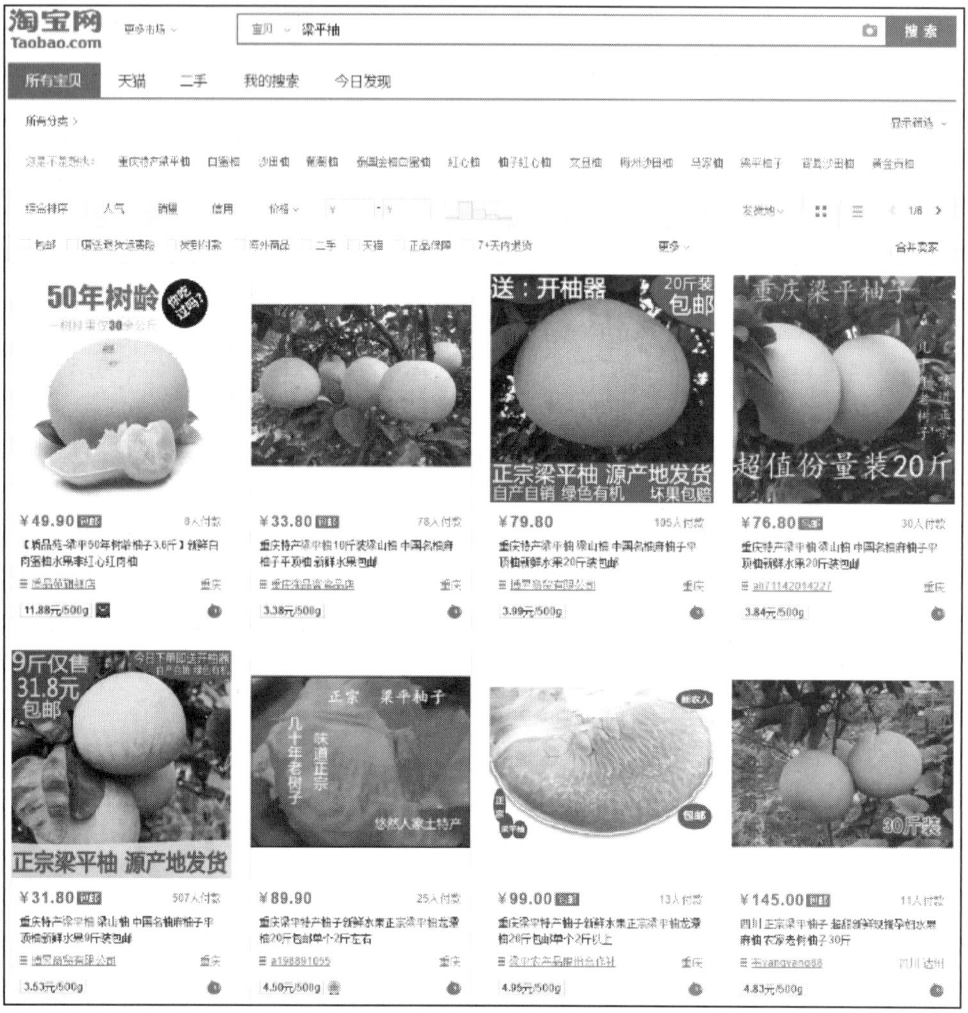

图 7-2

如何设置商品标题在“发布商品”部分已作介绍，但还应了解商品标题关键词选择的技巧：

(1)参考淘宝搜索提示框热搜词

在淘宝搜索框输入商品名称，在搜索框的下方会出现一些行业和类目关键词的默认推荐和提示，在这里可以观察哪些关键词是与该商品相关的热搜关键词，如图 7-3 所示。

(2)搜索结果属性分类提示词

在淘宝搜索框输入商品名称搜索，在结果页中会出现的属性分类提示词可以作为

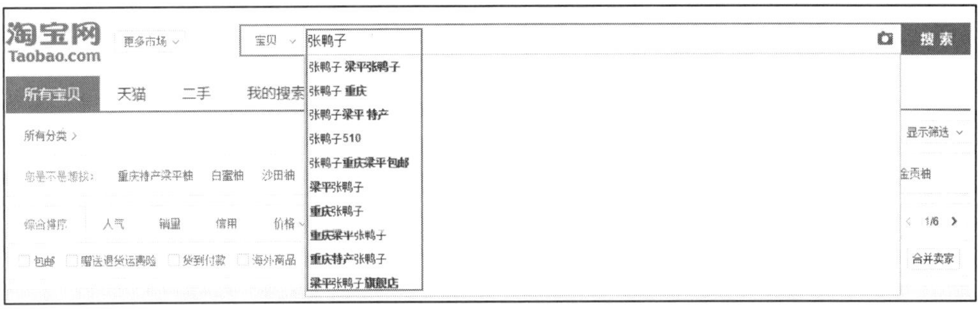

图 7-3

商品标题中关键词的重要参考，尤其是“你是不是想找”所对应的提示词，适当借鉴加工后可以作为商品标题的关键词，如图 7-4 所示。

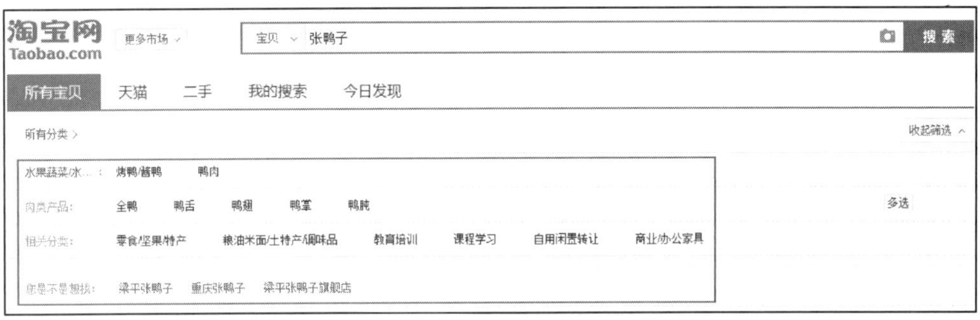

图 7-4

2. 了解淘宝搜索结果排序方式

淘宝搜索引擎的搜索结果默认的排序方式是综合排序和人气排序方式。人气排序占 20%~30%的流量，淘宝搜索引擎会按照某个比例，随机分配综合排序或人气排序，所以买家有时候会发现搜索结果默认的是综合排序，有时候会是人气排序。另外，买家也可以自己选择按照价格、销量、信用来重新排列搜索结果。如图 7-5 所示。

由于综合排序是默认的搜索结果排序方式，价格、销量、信用排序方式衡量指标单一，因此卖家应重点关注商品在综合排序下的搜索排名。

3. 了解影响综合排序的主要因素

淘宝卖家优化和提升商品在淘宝综合排序下搜索排名，对于商品的曝光度、店铺和商品的流量等具有很大的影响。商品在综合排序下的搜索排名取决于商品的综合权重，主要有 4 个方面的因素：

①文本：产品最优类目、属性最全、属性最优、标题、宝贝描述、商品评价、店铺名称、店铺导航、店铺简介等。

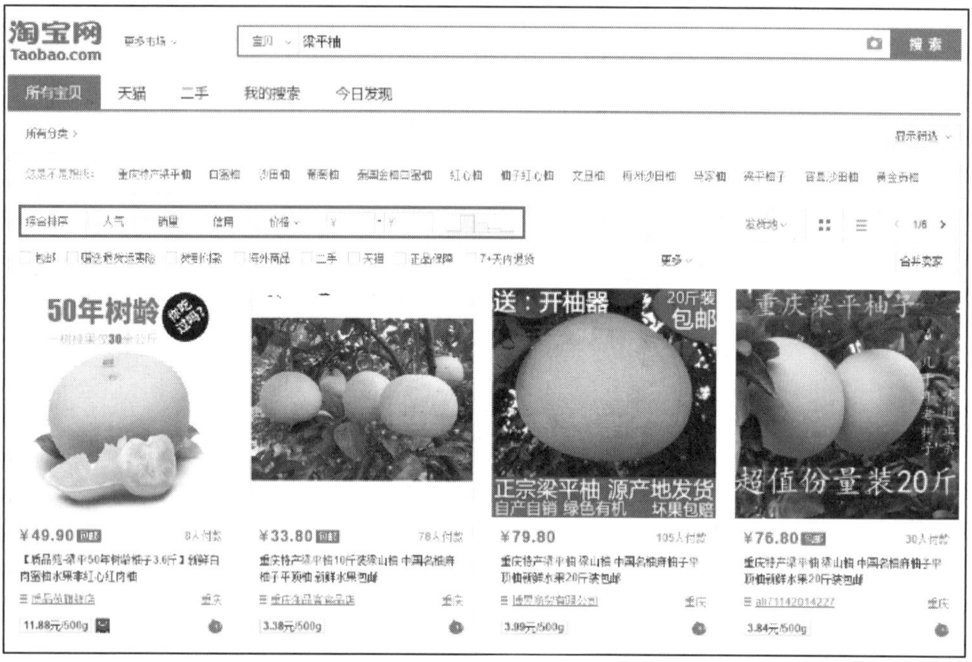

图 7-5

②店铺:全店违规情况、滞销产品、支付宝使用率、店铺信誉等级、店铺收藏量、店铺收藏转化率、全店销量、淘宝转化率等。

③服务:特色服务标签(消费者保障协会、信用卡、闪电发货、细节特写、金牌卖家、公益宝贝,等等)、旺旺服务、DSR 动态评分、店铺服务情况(退款速度、投诉等)、物流服务(发货总时间、发货时间、物流派送时间)等。

④单品:橱窗推荐、单品价格、单品浏览量、单品收藏量、单品收藏率、单品销量、单品转化率、单品返客率、下架时间等。

卖家在经营过程中应对这些因素有针对性地进行优化和处理,提高商品的综合权重,从而在综合排序下的搜索结果页中能尽量排在前列。影响综合权重的因素很多,下面举几个例子加以说明:

(1)相关性

相关性是指商品标题与搜索的关键词以及商品是否相关。例如,搜索“篮球”,最相关的应该就是篮球,其次才会是篮球鞋、篮球服等商品。有些卖家为了让宝贝被找到,商品标题堆砌一堆关键词而与商品相关性低,其实这是会被降权的,过犹不及。

所以,在发布宝贝时要重视商品标题与商品的相关性,一方面要选择准确的商品类目,另一方面商品标题中的关键词一定要与商品相关,具有规范性和可读性。

(2)下架时间

淘宝网为上架商品设定了7天有效期,到期后自动下架然后自动上架,相对来说快要下架的宝贝综合权重会提高,搜索排名会靠前,用来保证每个商品都有机会展现。商品什么时候下架实际取决于商品上架时间,也就是商品上架时间7天后即为商品下架时间。

因此,卖家应利用设置商品上架时间来提高商品的搜索排名。例如,设置商品上架的时间与淘宝交易的高峰时间吻合。淘宝的交易高峰时间,也就是购买人群最多的时段在一天之内有3个:早上10:00~12:00,下午3:00~5:00,晚上8:00~10:00,正常情况下周一到周五的人群比周末要多。设置商品上架时间在淘宝交易高峰时间,可以保证商品在下架前综合权重有所提高的时候,淘宝在线用户的数量是非常多的,这样商品的曝光机会就会大一些。

(3)DSR动态评分

目前淘宝网非常注重店铺的DSR动态评分,动态评分所占的权重也非常重要,所以买家一定要力求在这3项上提高分值,即宝贝与描述相符、卖家的服务态度、物流服务的质量。

4.避免搜索降权

搜索降权是指淘宝网对卖家的一些作弊行为或涉嫌作弊行为采用降低商品综合权重的一种处罚。具体来说,搜索降权的常见原因主要有:

①虚假交易:朋友、同学、家人等相互进行线上购买;同个公司内部多个人反复多次购买同件商品;卖家自己注册多个马甲小号,购买自己发布的商品等。

②重复铺货:包括同款商品以不同颜色、大小规格分别发布;同款商品通过更改其价格、时间、数量、组合方式及其他发布形式进行多次发布。

③广告商品:指商品描述不详、无实际商品、仅提供发布者联系方式以及非本店铺商品信息的商品(住宅类除外)。

④滥用关键词:指的是标题中有和你的商品不搭界的、毫无关系的关键词。比如,卖的是苹果手机,关键词里却有华为。

⑤邮费价格不符:商品以过低的价格出售、邮费太高等,明显不符合市场规律或所属行业标准,会被判定为价格、邮费不符商品。

⑥换宝贝:是指卖家为了累积销量或人气,修改原有的宝贝的标题、价格、图片、详情、材质、销售属性等变成另外一种宝贝继续出售。

⑦SKU作弊:将不同材质的商品放在一个宝贝里出售,例如抱枕、汽车保护罩等;将不同的商品放在一个宝贝里出售,例如套餐;将常规商品和瑕疵品、单机、样机、模型、二手等非常规商品放在一个宝贝里出售;将常规商品和商品配件放在一个宝贝里出售,例如手机和充电器。

搜索降权会降低综合权重，影响搜索排名，甚至大幅靠后，所以卖家应当诚信经营，遵守淘宝规则，避免搜索降权。

第二节　淘宝站内推广

除通过搜索排名可获取流量以外，卖家还可以使用淘宝官方提供的站内推广方式让网店和商品能获得更多的展示机会，从而获取更多的站内流量。在“卖家中心”中“营销中心”项下单击“我要推广”，可以找到这些推广方式的入口，如图 7-6 所示。

图 7-6

淘宝站内推广方式很多，例如直通车、钻石展位、聚划算、淘宝客等，这些推广方式中部分是收费的，或者对网店有一定要求。

1.淘宝直通车简介

淘宝直通车是一种付费效果营销工具，包括搜索推广、定向推广和店铺推广 3 种方式。其中定向推广要求卖家信用级别需要在一钻以上（包含一钻），店铺推广则要求四钻以上，搜索推广对卖家信用没有要求。以搜索推广为例，假如卖家销售张鸭子，通过直通车购买搜索关键词“张鸭子”以后，任何买家搜索“张鸭子”这个关键词时，卖家的商品都有机会出现在搜索结果页中带有“掌柜热卖”的直通车展示广告位上，如图 7-7 所示，从而增加了商品展示的机会，而且展示的对象都是对“张鸭子”有需求的买家，非常精准。

图 7-7

2.钻石展位简介

简单地说，钻石展位就是淘宝网网页上的图片广告位，展示位置包括淘宝网首页、我的淘宝、各频道焦点图和通栏等广告展示位，如图 7-8 所示淘宝网首页上的钻石展位。

钻石展位实际上就是在淘宝网网页上投放广告，例如淘宝首页的钻石展位，凡是打开淘宝网的买家都有机会看到卖家的商品广告，不论买家是否有购买需求。所以，钻石展位的展示机会是相对大的，为店铺和商品带来的流量有时是相当惊人的，不过费用也是不菲的。

钻石展位是按照流量竞价售卖广告位，出价高的卖家优先获得展示机会，有按展现收费和按点击率收费两种模式。以按展现收费为例，如果卖家出价 6 元竞价成功，钻石展位广告被买家看 1 000 次就要缴费 6 元。

图 7-8

3.淘宝活动

淘宝活动是淘宝网官方为商家组织的营销活动，是非常重要的站内推广方式。卖家一旦参加，都将收获巨大的流量。

(1)淘宝活动类型

淘宝活动可以分为3个类型：

①平台型：淘宝促销平台的活动很多，例如聚划算、天天特价、淘金币等。

②类目型：淘宝不同类目定期组织相应类目的活动，例如超级卖霸、主题活动等。

③全站型：淘宝举办的全站式大型促销，例如双十一、双十二、年终大促、年货等。

(2)淘宝活动报名

大部分的淘宝运营活动都可以在淘宝官方营销活动中心页面去查找和报名，整合了平台活动、类目活动和全站活动，不同的活动对网店的级别和要求不一样，卖家需要根据自己的实际情况和实力寻找适合自己的活动。在“卖家中心”中“营销中心”项下单击“店铺营销中心”，可以找到淘宝活动的入口，如图7-9所示。

图 7-9

小提示

不管是搜索排行还是淘宝站内推广，实质上就是在淘宝网网页中让买家有机会看到卖家的商品，也就是常说的“流量入口”，入口越多，流量越高，成交机会越大。所以，要把网店商品推广做好，卖家应根据实际情况尽可能多地获得流量入口。当然，除了在淘宝站内做好推广以外，卖家还可以通过 QQ、微信、微博、论坛、电子邮件等各种网络营销方式推广自己的网店和商品，获得更多的流量来源。

第八章　网店商品促销

促销是淘宝网店运营不可缺少的一个营销活动，主要是让访问到商品的买家感受到价格优惠，从而下定决心购买。推广是要让买家能找到卖家的商品，而促销是要让流量尽可能多地转化为成交，这样网店的商品才能“既有人看，又有人买”。

除了卖家在店铺中或宝贝详情页中通过促销广告向买家传递优惠信息以外，淘宝官方也提供了满就送、限时打折、搭配套餐、店铺优惠券、店铺红包等促销管理工具，帮助卖家更好地组织店铺内的促销活动，让买家真切地感受到卖家的优惠力度。在“卖家中心”中“营销中心”项下单击“店铺营销中心”，可以找到这些促销工具的入口，如图8-1所示。

图 8-1

下面以“满就送”为例加以说明。“满就送”是一个店铺促销工具,包括满就减、满就送礼、满就包邮、满就送优惠券、满就送彩票、满就换购、满就送电子书等,创建了“满就送(减)”活动以后,店铺中的每一个宝贝详情页都会显示出来。

设置“满就送”活动的操作步骤如下:

①在“店铺营销中心”中单击“满就送”图标,如图 8-2 所示。

图 8-2

②如果卖家没有订购“满就送”服务,就会进入到“商家营销中心”页面“满就送”选项中,单击“马上订购”按钮,如图 8-3 所示。

图 8-3

③在淘宝服务市场“满就送”订购页面中完成订购,如图 8-4 所示。目前“满就送”工具的价格为一季度 24 元,半年 48 元,一年 96 元。

图 8-4

④服务订购完成后，回到“商家营销中心”页面“满就送”选项中，就可以创建并设置活动了。首先设置活动的名称和时间，如图 8-5 所示。

图 8-5

需要注意的是，活动设置开始时间不能晚于结束时间，否则不能设置；当显示活动一到期时，可以根据需要延长活动时间。

⑤然后设置优惠方式、优惠条件和优惠内容。优惠方式有普通优惠和多级优惠两

种,多级优惠最多可同时设置 5 个不同主题的活动;优惠条件需设置买家消费达标金额;优惠内容则是需要根据卖家实际情况选择优惠活动的具体内容。

例如,设置活动内容为“单笔订单满 99 元,包邮”,满就送设置为普通优惠,如图8-6所示。

图 8-6

又如,卖家活动内容为“单笔订单满 99 元,包邮;单笔订单满 199 元,立减 15 元现金”,满就送设置为多级优惠,如图 8-7 所示。

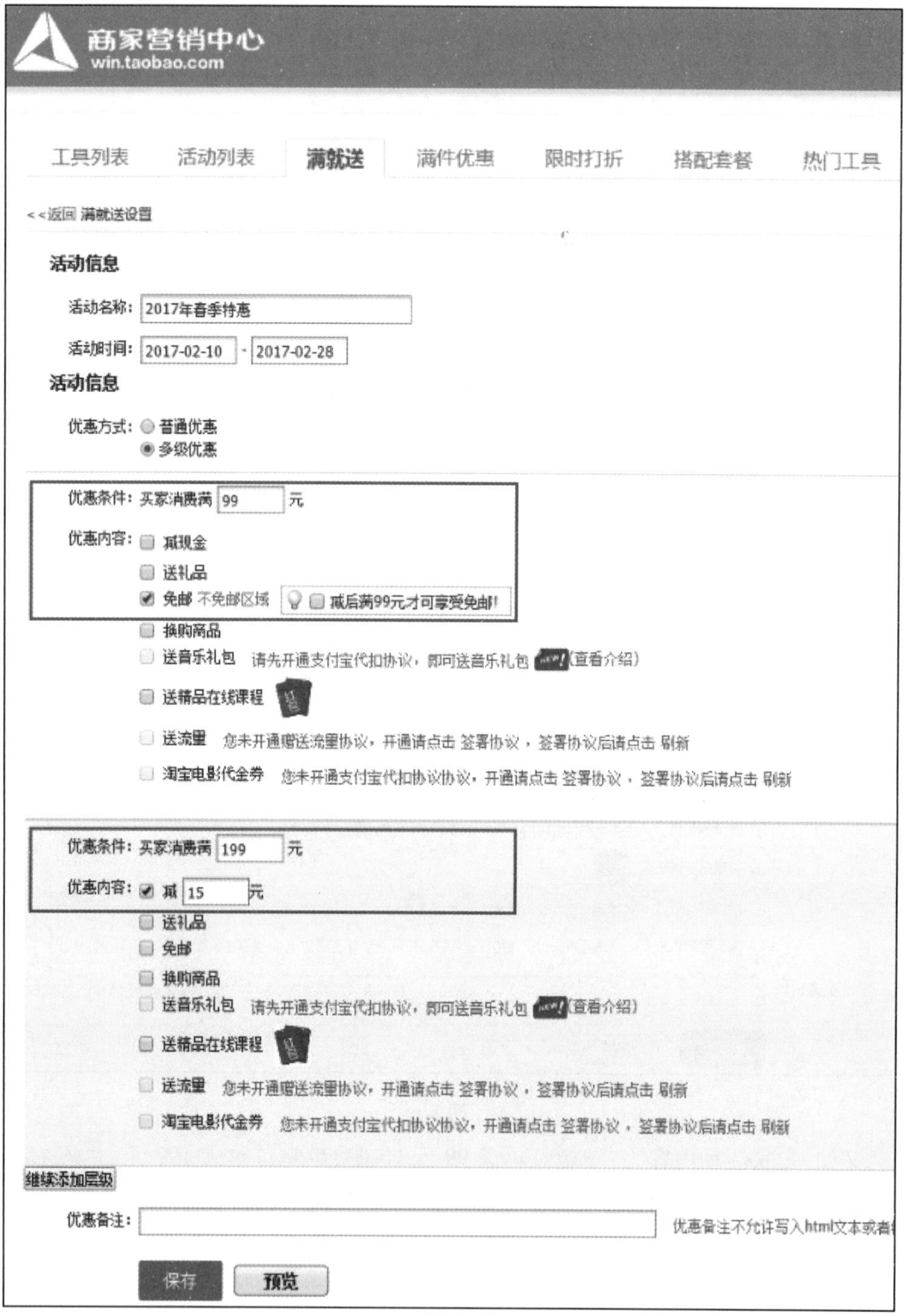
商家营销中心
win.taobao.com
工具列表
活动列表
满就送
满件优惠
限时打折
搭配套餐
热门工具
<<返回 满就送设置
活动信息
活动名称：2017年春季特惠
活动时间：2017-02-10 - 2017-02-28
活动信息
优惠方式：普通优惠
多级优惠
优惠条件：买家消费满 99 元
优惠内容：减现金
送礼品
免邮 不免邮区域
减后满99元才可享受免邮!
换购商品
送音乐礼包 请先开通支付宝代扣协议，即可送音乐礼包 (查看介绍)
送精品在线课程
送流量 您未开通赠送流量协议，开通请点击 签署协议，签署协议后请点击 刷新
淘宝电影代金券 您未开通支付宝代扣协议协议，开通请点击 签署协议，签署协议后请点击 刷新
优惠条件：买家消费满 199 元
优惠内容：减 15 元
送礼品
免邮
换购商品
送音乐礼包 请先开通支付宝代扣协议，即可送音乐礼包 (查看介绍)
送精品在线课程
送流量 您未开通赠送流量协议，开通请点击 签署协议，签署协议后请点击 刷新
淘宝电影代金券 您未开通支付宝代扣协议协议，开通请点击 签署协议，签署协议后请点击 刷新
继续添加层级
优惠备注：
保存
预览

图 8-7

⑥单击“保存”按钮,“满就送”活动就设置成功了,进入店铺内任何一个宝贝详情页就可以看到具体的活动内容,如图 8-8 所示。

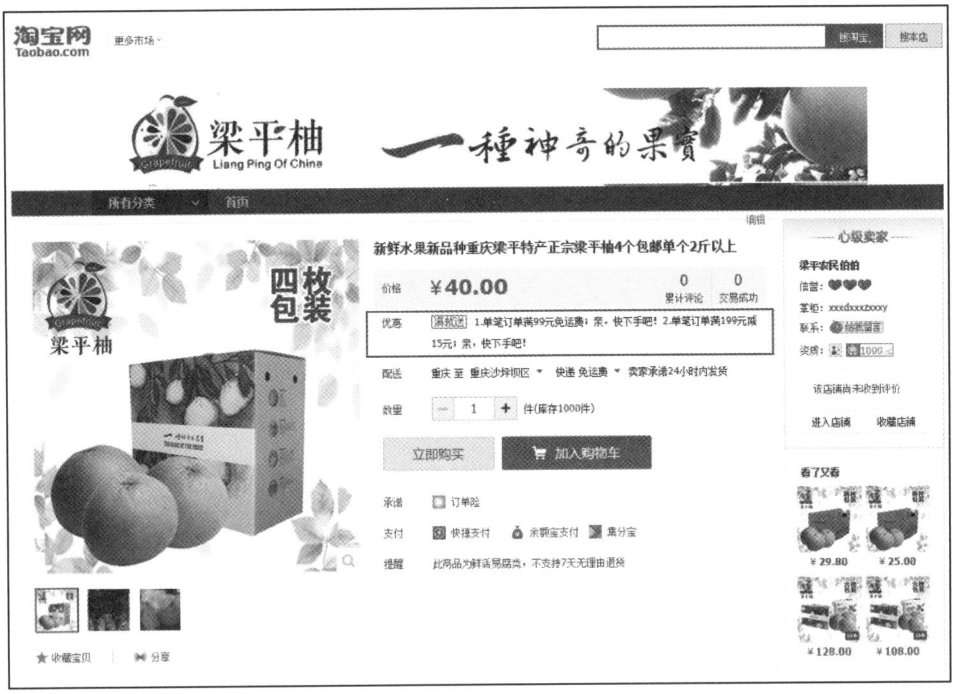

图 8-8

小提示

其他如限时打折、搭配套餐、店铺优惠券、店铺红包等促销管理工具与满就送的使用方法比较类似。在设置店铺促销活动时,可以单独使用这些工具,也可以针对不同的活动选择不同的工具组合使用。除淘宝官方以外,淘宝服务市场中还有许多第三方的促销管理工具,卖家可以根据情况选择使用。

另外,卖家开展促销活动,应当真实让利回馈客户,而不能是在价格上做文章吸引甚至是欺骗卖家,诚信经营才是网店真正的生存之道。

附 录

附录 1:梁平电子商务发展现状

在经济发展新常态下,电子商务已成为转变流通方式、促进产业升级的必然选择。近年来,梁平区委区政府对此高度重视,抢抓机遇,创新发展,加速电子商务的推广应用,取得了一定的发展成效。

(一)政策配套逐渐完善

结合实际编制《梁平县电子商务产业发展实施规划》(2015—2025)。召集相关企业和部门召开座谈会、协调会,出台了《梁平县农村电子商务发展意见》《梁平县农村电子商务发展工作方案》《梁平县电子商务进农村综合示范工作实施方案》。

(二)电商人才逐步充实

2015 年完成电子商务知识普及培训 2 000 人次,电子商务主体人才、专业人才培训 500 人次,电子商务龙头企业经理人 10 名。通过区电商办深入镇村、街道进行农村电子商务培训 10 余次。2016 年重点进行农村电子商务带头人培训,引导相关单位进行电子商务培训 1 680 人次。

(三)电商主体快速增加

全区电商企业已发展 163 家,开展农产品网络销售业务的企业有 316 家,货运物流企业 80 余家,网络交易店铺 2 000 余个,电子商务从业人员近 4 000 人。涌现出天农八部、超级美味等本地电商龙头企业。

(四)服务体系逐步建成

建成渝东北电商创业园,引进 30 余家电商企业入驻。邮政梁平分公司建成农村电子商务物流中心 1 个,镇村电商服务站点 105 个。阿里巴巴公司建成区级农村电商服务中心 1 个，农村电子商务区域分拨中心 1 个，镇村电商服务站点 50 个。农村淘宝合伙人及淘帮手扩充至 115 人，累计完成订单约 12 万笔，交易额约 1 250 万元。在乾街建成渝东北特产 O2O 展示展销中心，线上线下进行我区农特产品销售。

（五）特色产业开始发力

2015 年，通过电子商务销售梁平柚 4 500 吨、销售额突破 5 000 万元。我区“超级美味”生态农业产业链项目建设“超级美味-全球特色优质食材购物商城”，该购物平台 2015 年 9 月正式上线，超级美味互联网+融媒体项目共产生订单 4 万余单，销售额1 200 余万元。

（六）传统企业升级转型

通过电子商务宣传、培训和推广，在推动传统生产企业与农村淘宝、邮乐购、淘实惠、工商融 e 购等电商平台进行对接触网销售的同时，逐步引导传统企业升级转型，实现传统生产加工企业线上线下融合发展。

（七）农村淘宝发展迅速

我区农村淘宝项目于 2015 年 11 月开始运营，建成农村淘宝运营服务中心及物流中心，农村电商服务点达到 51 个，合伙人及淘帮手扩充至 115 人，累计完成订单约 12 万笔，交易额约 1 250 万元。2016 年通过引导农村淘宝组织“年货节”“春耕节”，召开梁平区本地农产品上行暨阿里春耕节动员大会，进行本地农资产品招商，并成功引导我区本地的农机经销企业及蜀达、大北农等饲料和肥料农资生产企业通过农村淘宝平台开展网上销售，促进了我区农特产品线上交易。组织村淘先进经验交流大会，引导农村淘宝招募淘帮手，扩展了农村电商覆盖范围。通过乡镇农村淘宝服务站点实现物流进村，引导合伙人成立翼天下电子商务有限公司，通过服务网点推动我区农特产品网上销售。

附录 2:梁平特色产品描述

1.禅指姜

相传双桂堂破山老祖惊叹于和林生姜:这哪是姜,这是禅。禅指姜由此得名。

禅指姜选用优质和林生姜、辣椒,用传统工艺与现代科技相结合秘制而成,脆、嫩、鲜、香,是调味佐餐,馈赠佳品。长期食用,有发汗温胃,驱风寒,消毒杀菌等功效。“拥抱禅指姜,享受真健康。”

2.一根豆筋

“石磨飞转涌起滔滔玉液;铁锅沸腾凝成灿灿金条”。豆筋俗称豆棒,据史料记载,明嘉靖壬辰年即公元 1532 年,豆棒被列为贡品,专为皇室贵族享用。重庆梁平加工豆棒历史悠久,有豆棒之乡的美誉。重庆一根豆筋公司生产的“一根”豆筋采用非转基因优质大豆、风景优美的滑石寨天然泉水为原料,沿用传统工艺结合现代高科技精制而成,具有预防骨质疏松,提高机体免疫力,预防心脑血管疾病,减肥,延缓更年期等特殊功效。

183

根豆筋
采用非转基因大豆制作!

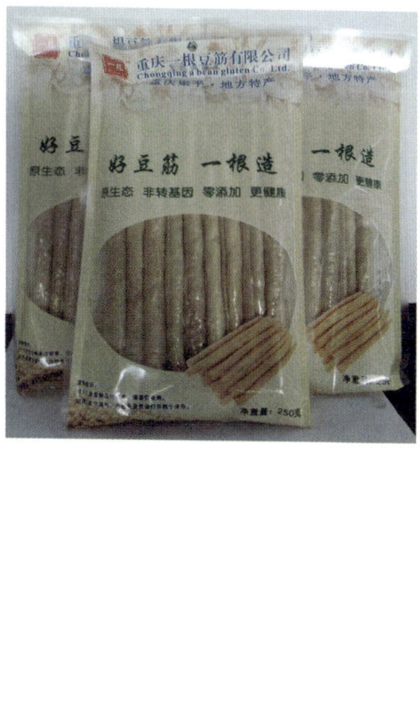
重庆一根豆筋有限公司
Chongqing a bean gluten Co. Ltd.
地方特产
好豆筋　一根造
原生态　非转基因　零添加　更健康
净含量：250克

3.蜂蜜

重庆蜂博园蜂业有限公司

重庆蜂博园蜂业有限公司成立于2010年4月，是一家集蜜蜂养殖、种蜂王和种蜂群繁育及销售、蜂产品研发加工及销售、蜂机具生产加工及销售为主的民营企业，是梁平区唯一的蜂业龙头企业和蜜蜂产业标准化科技示范基地，所建种蜂场是重庆市农委首批唯一颁发有《种畜禽生产经营许可证》的蜜蜂良种繁育企业，是重庆市畜牧总站和梁平区农委共同打造的蜜蜂良种繁育基地，也是中国养蜂学会理事单位、中国蜂产品协会理事单位和重庆市蜂业学会副理事长单位。公司坐落于重庆市梁平区石安镇牌楼村7组。公司目前出售有种蜂王、种蜂群和蜂蜜、蜂王浆、蜂花粉等蜂产品。

4.**山桂牌广味香肠**

山桂牌广味香肠系中华人民共和国优质产品。1985 年荣获国家优质食品金奖，1988 年喜获首届中国食品博览会、中国农业博览会金奖及全国保健食品金鹤杯奖，1994 年夺得首届巴蜀食品节金奖，1995 年摘取中华国产精品展销会特别金奖，1999 年被中国食协、国家经贸委授予“中国名牌产品”称号，2004 年被评为重庆市名牌产品。

该产品以色、香、味、形俱佳著称。其工艺先进、选料精致、配方独特，状如琥珀嵌玉、肉身干燥结实。具有色泽鲜艳、红白分明、味之纯正、嚼之香甜、肥而不腻、切片性好等特征，既有广式香肠的固有风味，又有独特的品质。1995 年已通过 ISO 9002 国际质量体系认证，同年 6 月对俄国际动检注册一举成功。产品远销全国 20 多个省市、自治区及俄罗斯等国家和地区。2004 年 6 月起公司在西南大学、四川农业大学专家和中国食品科研所的指导下，通过技术攻关，现已隆重推出精致的礼品盒包装系列产品，是佐酒佳肴、馈赠亲友之佳品，深受消费者青睐。2005 年 10 月公司荣获“重庆市农业产业化市级重点龙头企业”称号。

重庆市山桂食品有限公司

重庆山桂食品有限公司是一家集产品研发、生产加工、销售一体化的中型食品加工企业。公司位于重庆梁平工业园区，占地 1.8 万平方米。现有固定资产 3 900 万元，员工 398 人，拥有较先进的设施设备及完善的检测手段，公司生产的山桂牌“广味香肠”独具特色，获国、部、省三优殊荣。其主要生产设备智能控温干燥室目前在行业内处于领先地位，山桂牌“纯天然豆筋”质量稳定可靠，产销两旺，是公司着力打造的极具市场潜力的核心产品。

公司始终奉行“质量第一、诚信第一”经营理念，坚持严格的质量管理和高效优质的服务，把提高产品质量、服务质量、降低能耗、提高企业素质作为企业管理的追求目标。2005 年获“重庆市农业产业化市级龙头企业”称号。“山桂纯天然豆筋”2008 年 1 月被重庆市第一届名特优新产品迎春展销会组委会评为“消费者喜爱产品”，荣获“全国消费者放心产品”及“中国驰名品牌”称号。

公司在注重食品研发、生产的同时，积极创新发展思路，实施多元化发展战略，于2008年1月由重庆山桂食品有限公司出资组建重庆展创房地产开发有限公司，从事房地产的开发经营和物业管理服务。目前正在开发的楼盘“雅豪苑”，生态、环保、靓丽、舒适，备受业界的好评。

5.黑米酥

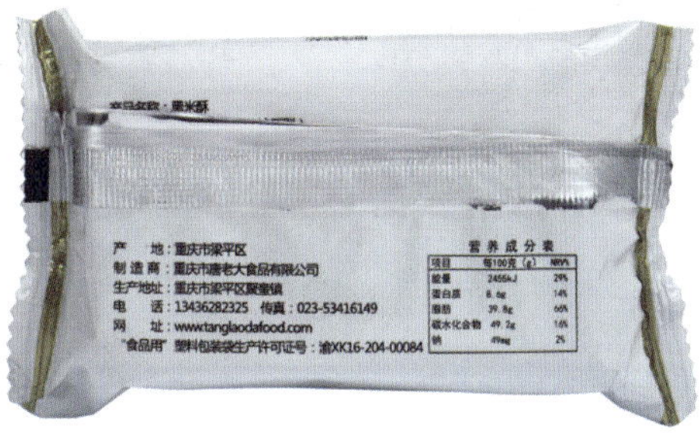

重庆市唐老大食品有限公司

重庆市唐老大食品有限公司位于梁平区聚奎镇大来村2组，成立于2012年8月，占地面积1 600多平方米，公司的产品主要有黑米酥(甜味 & 椒盐味)、小米酥、米花糖、小麻花等休闲食品，投放市场后赢得了消费者的喜爱和赞誉。其产品和当地难卖的农产品(南瓜、红薯、土豆、芝麻，花生等粗粮)有机地结合，不仅为农民找到了销售渠道，更将杂粮开发成更可口、更营养的低热量型食品，更利于消费者健康。

公司拥有米花糖自动生产流水线一条，麻花自动生产流水线一条。年设计生产能力1 500吨，实际生产能力1 200吨 。现有干部职工20余人，产品自动化程度较高。

公司自成立以来，始终坚定统一信念：做良心食品、放心食品，以提升专业价值、创造能力财富为目标！公司拥有价格更低、质量更好的进货渠道，严格的管理体系和很强的服务理念。在经营范围以内，坚决提供质优价廉的产品，精心打造顾客满意品牌。公司始终坚持消费者利益高于一切。公司先后被评为:“梁平区农业产业化区级龙头企业”“重庆市 2013 年守合同、重信用微型企业”等荣誉。

公司始终相信“质量是企业发展的根本,诚信是企业发展的动力”。

6.梁平柚

梁平柚栽培历史 250 余年,以规模大、产量高、品质优而闻名国内外,享有非常高的知名度和市场信誉度,是全区农业支柱产业。柚果扁圆形,果形美观,色泽金黄,皮薄、光滑,油胞细,果皮芳香浓郁。单果重 1 000~1 500 克,果肉淡黄色,纯甜嫩脆,有微麻味,营养丰富。据西南农大检测,可食部分占 72.2%,果汁 40.7%。每百毫升果汁中含糖 9.8 克,酸 0.21 克,VC111.7 毫克,可溶性固形物 14.1%。果皮富含香精油、果胶等物质,具有止咳、化痰、治疗便秘等保健功能,有“天然罐头”之美称,是馈赠宾朋好友的佳品。

柚果

柚园风光

柚花

柚果与包装

柚果包装

重庆市龙滩梁平柚开发有限公司
梁平区龙滩柚子股份合作社

重庆市龙滩梁平柚开发有限公司成立于2004年9月7日，主要经营范围有梁平柚生产、销售，果树、果树苗木种植、培育、销售，果树栽培技术咨询及配套服务等。梁平区龙滩柚子股份合作社，成立于1998年8月2日，注册名称为梁平区合兴镇龙滩柚子专业合作社，于2009年2月16日登记注册为梁平区龙滩柚子专业合作社，于2012年5月7日变更为梁平区龙滩柚子股份合作社。现已登记注册入股社员124户，社员出资总额194.175万元，带动梁平区合兴镇1 000余户农民。合作社主要经营：组织成员从事梁平柚种植、管理、抚育，收购、销售成员种植的梁平柚；销售成员所需的生产资料；开展梁平柚种植技术、信息咨询服务。社员种植面积3 500亩（1亩约为667平方米），带动农户种植面积近万亩。

经过十余年的努力，公司、合作社得到了相关部门及广大消费者的认可。2006年11月，合作社示范基地荣获“中国优质梁平柚基地”。2007年2月，合作社纳入“千社千品”富农工程。2007年7月，合作社获农业部农产品质量安全中心“无公害农产品”证书。2008年12月，合作社获重庆市名优柑橘评选“优质奖”。2010年10月28日公司产品进行了无公害认证，注册了“双桂”牌商标，公司选送柚子被重庆评为“市名牌农产品”。2010年12月“双桂”商标被评为重庆市著名商标。2010年被梁平县委评为“先进基层党组织”，被评为重庆市科普惠农助推万元增收计划“先进集体”。2011年荣获全国供销合作总社“农民专业合作社示范社”，梁平区农业产业化“区级龙头企业”。2012年公司产品获得中国西部农交会“消费者喜爱产品”称号。2013年公司产品继续获得中国西部农交会“消费者喜爱产品”称号。2014年公司继续获得了“重庆市名牌农产品”“重庆市著名商标”称号。产品销售到北京、上海、成都、武汉、贵阳等地。

7.梁平竹帘

梁平竹帘以当地盛产的慈竹为原料，抽成细如毫发的竹丝，经过八十余道手工制作，织成薄如蝉翼、形似锦帛的独特竹帘工艺品，并结合书画、刺绣等多种表现手法，精工制作出各种形式的挂帘、屏风、卷轴及实用工艺品。它色泽典雅，质地绵薄，工艺精细，具有浓郁的地方特色及民族风味。黄胄、苏葆桢、沈鹏等著名画家都曾在竹帘上挥毫泼墨。

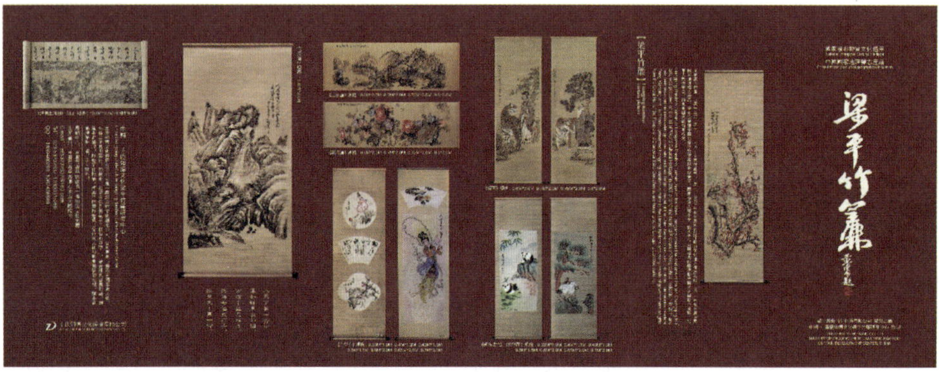

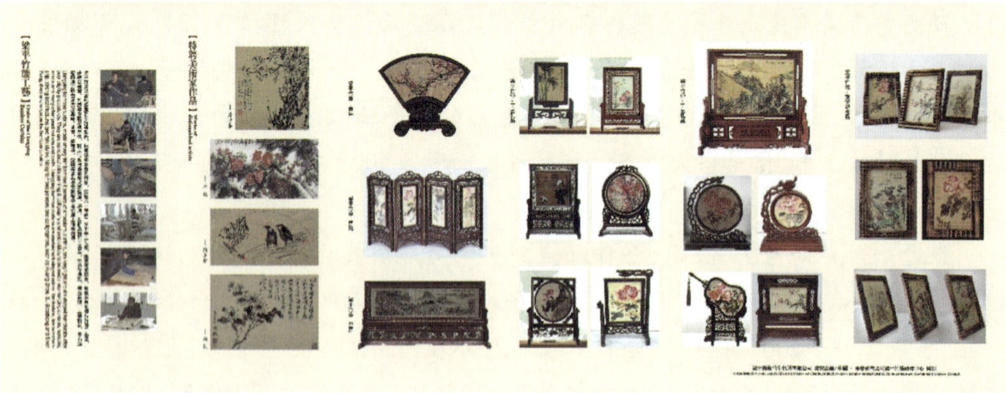

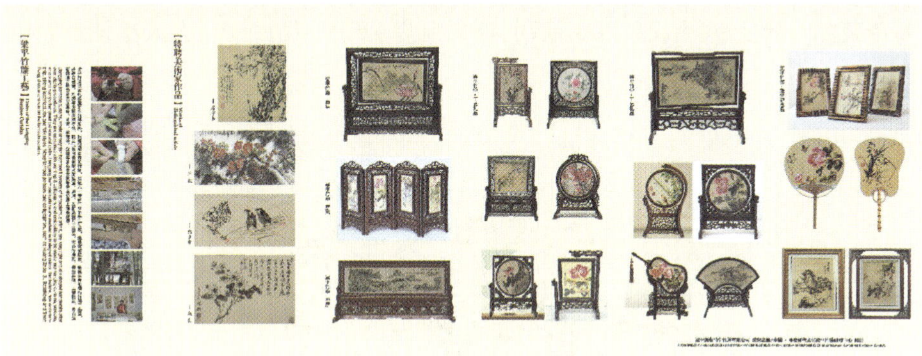

重庆知德文化传播有限公司

重庆知德文化传播有限公司是一家综合性文化创意公司，公司肩负“传承中国非遗文化、弘扬巴渝民间艺术”的使命，在完全保留传统手工技艺的基础上，结合现代审美观点，创建非遗品牌，打造文化精品，将梁平竹帘打造成巴渝地域文化和形象传播的载体。让非遗品牌深耕中国，走向世界！

8.梁山菊花茶

梁山菊花茶由重庆宏跃农业开发有限公司生产，产地为重庆市梁平区大观镇。

菊花茶制作工艺流程：鲜花采收分类，先进的设备蒸馏杀青，冷却，分盘上烘架，进烘房烘至八成干，退出烘房室外堆放回潮 3 ~ 4 天，第二次彻底烘干，分级打包。

梁山菊花茶功效与作用：清热消暑、清肝

明目和解毒消炎等。用于治疗风热感冒、头痛眩晕、目赤肿痛、眼目昏花病症;对眼睛劳损、头痛、高血压等均有一定效用;每天喝三到四杯菊花茶,对经常加班或熬夜的上班族恢复视力、缓解疲劳绝对是有益处的;对口干、火旺、目涩,或由风、寒、湿引起的肢体疼痛、麻木等疗效显著;杀菌消炎:多喝菊花茶能够帮助人体对抗多重病毒、细菌,能够达到很好的抑制的作用;抗衰老,经常喝菊花茶还有抗衰老的作用;防电脑辐射,菊花茶是具有很高药效的保健茶。

有过敏体质的人如果想喝菊花茶,先试后再喝,此外,由于菊花性凉,体虚、脾虚、胃寒病者,容易腹泻者不要喝,孕妇不宜。菊花与鸡肉、猪肉一起煮会中毒,而且也不可以和芹菜一起食用。

菊花茶的口感:清香浓郁,口感清甜,肉质肥厚,味道清醇甘美,大人小孩都爱喝,一句话:喝起爽!

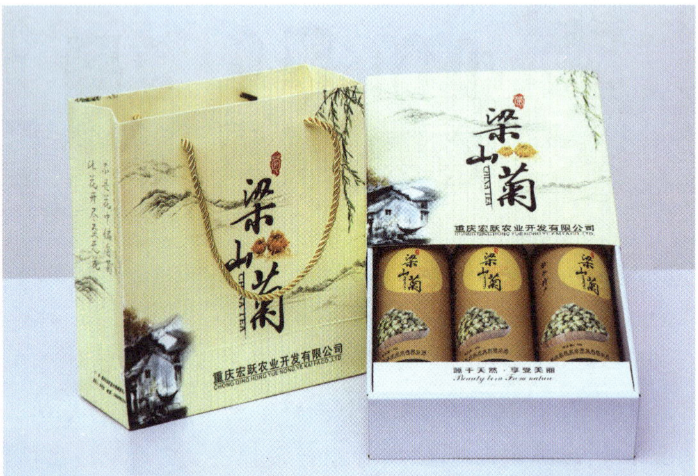

9.木缘坊木梳

木缘坊工厂坐落在“中国特色竹乡”重庆梁平，环境优美，新工厂于2016年4月建成投产，总面积约为2 000平方米，拥有员工35名，是一家具有传统文化特色的旅游产品生产企业。公司拥有专利22项。

木缘坊坚持“以木为本，立足品质”的经营理念，致力于天然手工、富有民族文化特色的高品质木制品的研发、制造及销售。主要工序有下料—锯板—压刨—成型—开齿—磨面—砂面—砂弯—砂背—抛齿—粗磨—细磨—抛光，再经蒸烘高温加压等特殊工序处理。主要工艺有“开齿、合木、彩绘、漆艺、雕刻、镶嵌”。

黑檀木

木缘坊产品不但进入了人们的生活领域更是进入了文化艺术领域，不但有实用价值，更是极具观赏性。目前产品体系总共有300多款，产品主要分为八大类：开齿梳、合木梳、彩绘梳、漆艺梳、雕刻梳、镶嵌梳、气囊梳、发刷。代表作品有“龙凤呈祥”雕刻梳、“喜结连理”漆艺梳以及“兰花”彩绘梳。

木缘坊木梳均采用手工制作，匠心独具，每一把木梳都是经过匠人的精心打磨，历经37道工序完成。每颗梳齿都打磨圆润，不伤头皮不挂发，不起静电。坚韧致密，不易折断。采用传统工艺加上现代抛光打磨技术，使梳子手感舒适，整体晶莹剔透，光泽如镜面。更是在“开齿、合木、彩绘、漆艺、雕刻、镶嵌”等技艺的基础上，每件作品都是精工细琢、千锤百炼打造而成。

红酸枝

黄杨红豆沙

黄杨木

黄杨木

玉檀

古夷苏木

10.蟠龙冷沙米

冷沙米是重庆市梁平区蟠龙镇的特色大米。

蟠龙镇海拔 350~1 221 米，年平均气温 15 ℃，年降雨量 1 200 毫米。得天独厚的地理和气候条件，造就冷沙米，它就是在这种极阴极阳、冷热交替的环境中顽强生长出的不同寻常的米。

冷沙米是在冷沙田种出的高山大米。冷沙田是由火山运动造就的一种罕见的珍稀土壤，它是与东北黑土齐名的肥沃土壤，富含硅、铝、铁、钾、钠、钙、镁、锰、磷等常量元素及其他多种微量元素。冷沙土壤地质学上称为雷口坡组土壤，质轻、疏松、多孔、透气性良好。

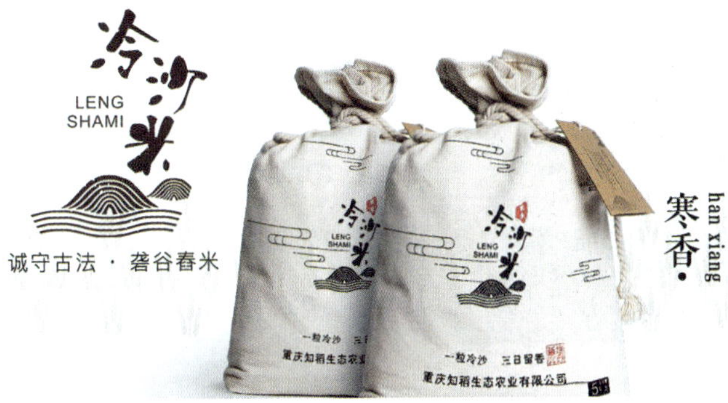

11.平川绿茶

【产地直销】

【原料】

来自重庆市梁平县梁山镇八角村茶园

【年份】

早春芽茶配制，四季品尝春天的味道

【获得荣誉】

平川翠芽荣获“华茗杯”全国名优茶评比金奖！

梁平平川茶厂

重庆市梁平区平川茶厂，位于距梁平城区1千米的梁山街道八角村。茶厂占地面积365亩，栽种有早熟良种茶苗182.5万株，社员200余户，现已完成由第一、二产业向第三产业延伸，形成新的农业产业模式，年产值1 000万元。2004年，基地被梁平县农业产业化工作领导小组授予“县级龙头企业”称号；2005年6月，被重庆市农业局、财政局，共青团重庆团委联合授予“重庆市青年现代农业科技示范基地”；2009年获“重庆市科普惠农先进集体”；2010年被评为“重庆市两翼地区科普助推农户增收先进集体”。基地生产的“平川翠竹”荣获1998年、1999年重庆市三峡杯优质名茶奖，“平川翠芽”获2005年“华茗杯”全国名优茶评比金奖。2007年6月，基地获重庆市农业局无公害农产品产地认证，生产的平川翠芽、平川翠竹、平川毛峰、平川绿茶、平川花茶获农业部无公害农产品产品认证。

企业运作模式是“龙头企业+专业合作社+农民”。平川茶厂利用其技术、市场、加工设备优势，周边农户利用其土地、劳动力等资源优势，自愿联合组建专业合作社。已步入茶叶种植、深加工、销售、观光旅游的现代农业产业化经营轨道。

企业发展目标是：发展基地10 000亩，社员10 000户；年加工茶叶1 500吨；经3至5年的努力把平川茶厂发展为五星级乡村旅游景点，不断做大做强。

12.奇爽食品

梁平区奇爽食品有限公司位于梁平区工业园区内，占地168亩，总投资1.45亿元，建设生产线6条，拥有员工500余人。公司主要从事豆制品等休闲食品的生产销售，在进行传统休闲食品加工的同时不断挖掘梁平特色农副产品，结合互联网特点形成了以黄豆、柚子、竹笋为原料的小包装豆干、柚子茶、柚子糖、柚子果脯、五香卤笋等特色网销系列产品。

13.甜茶

甜茶，别名伞花八仙叶。梁平顺丰甜茶位于重庆市梁平区龙胜乡公平村，生于海拔 500～1 850 米的山坡疏林内、溪边或林缘。

野生甜茶具有相当高的营养价值，其所含的多种成分，具有清热解毒、防癌抗癌、抗过敏、润肺化痰止咳、减肥、降脂降压、降低血胆固醇、抑制和延缓血管硬化、防治冠心病和糖尿病等众多的保健功能。甜茶含丰富的营养物质和人体所必需的微量元素。据广西技术监督局分析测试研究中心等单位测试结果证实：野生甜茶中富含 18 种氨基酸，每 100 克干品含氨基酸总量 331.54 毫克，特别是甜茶中富含人体必需的（人体不能生成只能从食物中吸收的）8 种氨基酸。主要有钙 0.84%、锌 105.5 mg/kg、锗 5.5 μg/kg、硒 17.94 μg/kg，以及钾、镁、磷、铁、钠、铜、铬、锶、锂等多种元素，不含砷、铝等有毒物质，不含会产生头晕、心跳加速、心悸、焦虑易怒、心理不适、干扰睡眠等副作用的咖啡因；其中所含的锗、硒等，均优于一般绿茶和苦丁茶。

14.谢鸭子

15.驿斌白茶

梁平“驿斌白茶”基地选址在海拔500多米的袁驿镇叶岩村，面积300亩，无污染，大气、水质良好，环境质量高。生长期施用茶叶专用有机肥，无化学残留，在清明节前采摘；加工工艺采用最新的萎凋、杀青、烘焙等流程技术，做出来的“驿斌白茶”入口清淡、回味甘甜，含有丰富的维生素A原，可预防夜盲症与干眼病；另外，还具有防辐射物质，对三高有显著的缓解作用。

16.阴沉木工艺品

展厅(室内)

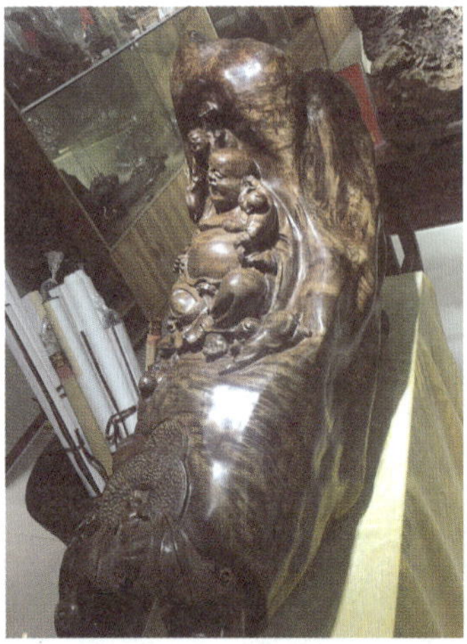

乌木金丝楠（五子登科）

乌木金丝楠原材料（共圆中国梦）

乌木金丝楠（茶盘）

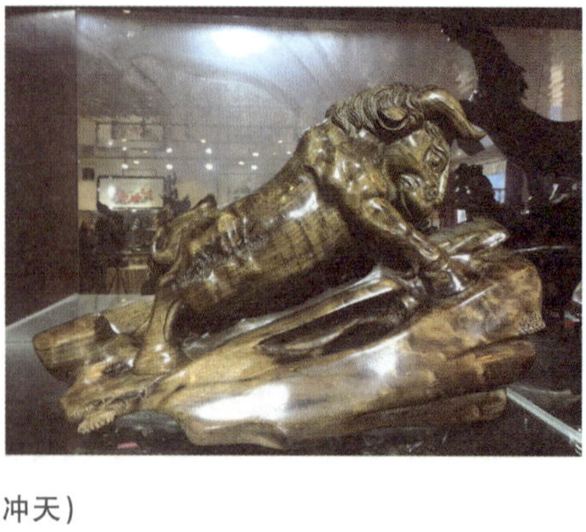

乌木金丝楠（牛气冲天）

乌木金丝楠(弥勒茶几)

乌木金丝楠(龙凤呈祥)

乌木金丝楠(马到成功)

17.袁驿豆干

袁驿豆干采用优质大豆,经十多种工艺精心加工而成,风味独特,令人回味无穷,是巴渝有名小吃,已销往全国各地。

18.张鸭子

产品说明：张鸭子卤烤鸭，三代祖传配方，先卤后烤，干又香

产品说明：张鸭子卤香鸭掌，祖传配方，卤味入骨，越吃越香

产品说明:张鸭子卤香鸭翅,祖传配方,
肉质细腻,卤香入味

产品说明:张鸭子卤香鹅翅,肉质
紧密,皮糯肉多,卤味香

产品说明:张鸭子卤香鸭胗,祖传配方卤制,卤味醇正,回味香

产品说明:张鸭子卤香鸭头,祖传配方卤制,卤味醇正,越啃越香

产品说明：张鸭子卤香鸭脖，祖传配方卤制，越啃越香

产品说明：张鸭子卤香鸭舌，祖传配方卤制，鸭之精华，口感细腻

产品说明：张鸭子卤香鸭心，祖传配方卤制，开胃安神，越吃越香

产品说明:张鸭子卤香鸡翅尖,祖传配方卤制,肉质细嫩,越吃越香

产品说明:张鸭子卤香胗把,祖传配方卤制,又香又脆,香辣开胃

产品说明:张鸭子卤豆干,祖传配方卤制,口感细腻,越吃越香

产品说明:张鸭子卤香鹌鹑蛋,祖传配方卤制,营养丰富,卤香入味

产品说明:张鸭子卤香鸡蛋,祖传配方卤制,卤香入黄,回味绵长

19.竹木手工艺品

木梳　材质:乌木金丝楠

背胳　材质:寿竹

背包　材质:寿竹

金丝筐　材质:白竹
获国家级竹编银奖

礼品盒　材质:白竹
获国家级竹编银奖

镇尺　材质:乌木金丝楠

祥龙笔筒　材质:乌木金丝楠
获全国邮票发行市级银奖

莲花花篮　材质:白竹
获国家级竹编金杯奖

蝶恋花　材质:金丝楠
获工艺大师雕刻作品评比国家级铜奖

20.竹荪菌

竹荪菌是寄生在枯竹根部的一种隐花菌类,形状略似网状干白蛇皮,深绿色的菌帽,雪白色的圆柱状的菌柄,粉红色的蛋形菌托,在菌柄顶端有一围细致洁白的网状裙从菌盖向下铺开,被人们称为"雪裙仙子""山珍之花""真菌之花""菌中皇后"。梁平区百里竹海因其独特的地理环境适宜各类竹子的生长,故也成为了竹荪菌生长的天然温床。四月份是这一珍贵食用菌的生长出菌月,满林子里可寻见宛如公主般的竹荪姑娘。营养成分及含量:粗蛋白20.2%,粗脂肪2.6%,粗纤维8.8%,碳水化合物6.2%,粗灰分8.21%;多种维生素及钙、磷、钾、镁、铁等矿物质,蛋白质中氨基酸包含了人体8种必需氨基酸,其中谷氨酸含量达1.76%。竹荪入馔见载于唐代段成式《酉阳杂俎》,南宋陈仁玉的《菌谱》、明代潘之恒的《广菌杂记》、清代《素食说略》等。

21.竹笋

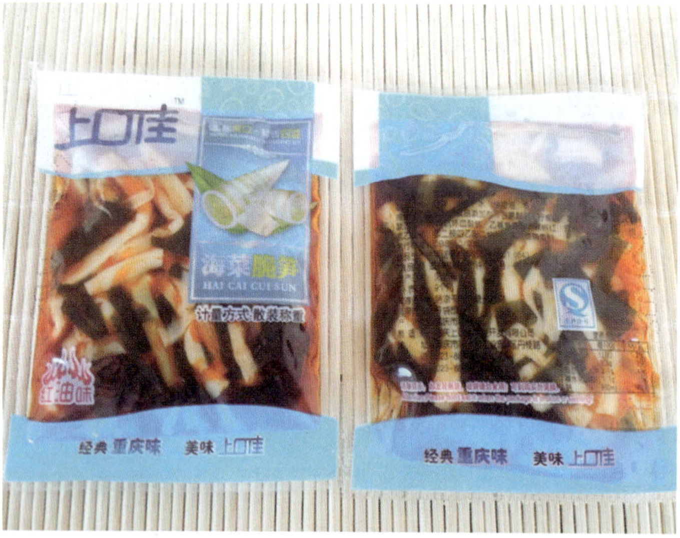
上口佳
海菜脆笋
HAI CAI CUI SUN
计量方式 散装称重
红油味
经典 重庆味 美味 上口佳
经典 重庆味 美味 上口佳

上口佳
金针菇
香辣味

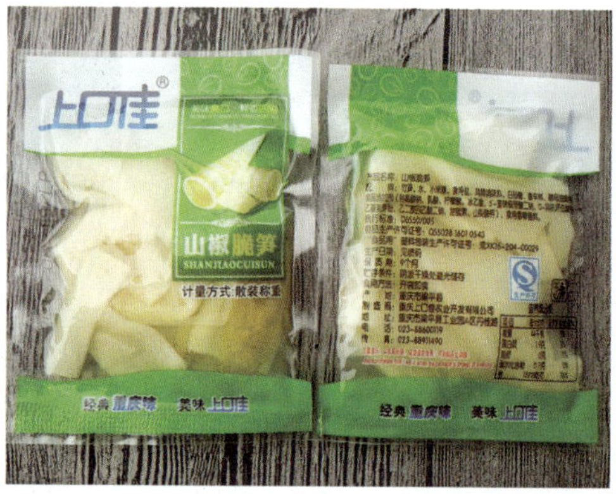
上口佳
山椒脆笋
SHANJIAOCUISUN
计量方式 散装称重
经典 重庆味 美味 上口佳
经典 重庆味 美味 上口佳

附录3:电子商务有关政策文件

重庆市人民政府关于大力发展电子商务的实施意见

渝府发〔2015〕71号

各区县(自治县)人民政府,市政府有关部门,有关单位:

为贯彻落实《国务院关于大力发展电子商务加快培育经济新动力的意见》(国发〔2015〕24号)、《国务院办公厅关于推进线上线下互动加快商贸流通创新发展转型升级的意见》(国办发〔2015〕72号)、《国务院办公厅关于促进农村电子商务加快发展的指导意见》(国办发〔2015〕78号)精神,推动全市电子商务加快发展,现结合我市实际,提出如下实施意见。

一、总体要求

坚持市场主导与政府引导相结合、推动发展与逐步规范相结合、分类指导与优化布局相结合的原则,着力推动农村电商、境内电商、跨境电商发展,处理好线上与线下、国内与国外、城市与农村三个关系,集聚信息流、物流、结算资金流三类流量,大力推进政策创新、管理创新和服务创新,加快建设开放、规范、诚信、安全的电子商务发展环境,进一步激发电子商务创新动力、创造潜力和创业活力,加速培育经济新动力,带动一二三产业协同发展,促进全市经济结构转型升级,实现经济提质增效。

到2020年,全市电子商务交易额突破1.8万亿元,网络零售额突破2 000亿元;电子商务与其他产业深度融合,成为促进创业、稳定就业、改善民生服务的重要平台,对工业化、信息化、城镇化、农业现代化同步发展发挥重要作用;基本形成环境良好、应用广泛、体系完整、主体集聚、发展规范的国家重要电子商务产业基地和西部电子商务高地。

二、主要发展方向

(一)突出推动农村电子商务发展

培育壮大农村电子商务市场主体,扩大电子商务在农业农村的应用,改善农村电子商务发展环境,促进农村地区产业深度融合。(有关部门按照职责分工负责)推动国家电子商务进农村综合示范,打造一批农产品电子商务平台,建设一批农村电商服务站点，培育一批农村电商带头人，支持一批涉农、加工企业开展网上经营，组织一批农网对接活动，构建农村电子商务服务和物流配送体系，搭建“工业品下乡入村、农产品进城入市”的双向流通网络。（市商委负责）推动电子商务与农业农村深度融合，引导农产品按需种植、定制化生产，推动农业生产向规模化、产业化、标准化、集约化、品牌化、安全化方向发展。（市农委负责）积极推进电商扶贫工程，加大资金扶持力度，不断完善基础设施，鼓励引导贫困地区群众发展电子商务，增强贫困地区利用电商创业、就业能力，推动贫困地区特色农副产品、旅游产品销售，使电子商务成为带动贫困群众增收致富的重要路径。（市扶贫办、市商委、市经济信息委、市农委、市人力社保局、重庆检验检疫局负责）推动鲜活农产品标准体系、动植物检疫体系、安全追溯体系、质量保障与安全监管体系建设。（市质监局、重庆检验检疫局、市食品药品监管局、市发展改革委、市商委、市农委负责）完善地理标志产品技术标准体系和产品质量保证体系，支持特色农产品申报地理标志产品，利用电子商务营销地理标志产品，鼓励电子商务平台服务“一村一品”。鼓励农业生产资料企业发展电子商务。（市农委、市商委、市工商局、市质监局、重庆检验检疫局、市供销合作社负责）

（二）着力推动跨境电子商务发展

培育壮大跨境电子商务企业。支持跨境电商公共服务平台和保税智能仓储建设，推动龙头企业获取第三方跨境支付牌照、自建保税仓。打造一批标准化、自动化、智能化物流仓储和配送设施，吸引跨境电商企业在渝设立备货仓储基地。充分利用“渝新欧”国际物流大通道，引导跨境电商企业开展跨境电商业务，加快发展汽车、高端饰品等平行进口业务。在中新（重庆）战略性互联互通示范项目框架下，推动跨境电商产业合作。（市外经贸委、市经济信息委、市政府口岸办、人行重庆营管部、重庆海关、重庆检验检疫局负责）提升跨境电子商务通关效率。完善跨境电商通关系统“单一窗口”综合服务体系建设，全面推进“一站式作业”模式，推行跨境电子商务海关、检验检疫部门“一次查验、一次放行”通关新模式。完善跨境电子商务货物通关和检验检疫流程管理与监管模式，对网购保税进口模式推广跨境电子商务专用账册管理，建立产品质量追溯机制，实现跨境电子商务商品进得来、管得住、放得快、可追溯。（重庆海关、重庆检验检疫局、市政府口岸办、市外经贸委负责）依托跨境贸易电子商务公共服务平台，推动电子商务走出去，支持电子商务企业建立海外营销渠道，在出口重点国家建设海外仓，创立自主品牌。探索以属地备案、口岸签证、分类管理为核心的跨境电子商务产地证签证新模式，切实提升产品原产地签证便利性。促进本土生产型企业与跨境电子商务企业良性互动，鼓励传统外贸企业利用第三方平台和跨境电子商务拓展国际市场。大力推进支付机构跨境外汇支付业务试点，支持国际电子商务认证中心开展跨境电子商务外汇收支业务，支持和鼓励电子商务领域的人民币跨境直接投资。（市外经贸委、市金融办、市政府口岸办、人行重庆营管部负责）

(三)促进传统商贸线上线下融合发展

促进线上线下互动,激发实体商业发展活力。推进零售业改革创新发展,鼓励零售企业转变经营方式,提高自营商品比例,加大自主品牌、定制化商品比重,引导零售企业利用互联网技术推进实体店铺数字化改造,增强店面场景化、立体化、智能化展示功能。支持有条件的大型传统商贸企业建设网上商城,利用移动互联网、地理位置服务、大数据等信息技术提高流通效率和服务质量,促进"线上商城"与"线下商城"融合互动,向智能化、多样化商业服务综合体转型,鼓励中小商贸流通企业依托第三方电子商务平台开展网上销售。支持互联网企业加强与实体店合作,推动线上交流互动、引流聚客、精准营销等优势和线下真实体验、品牌信誉、物流配送等优势相融合。加快批发业转型升级,支持传统商品交易市场利用互联网做强交易撮合、商品集散、价格发现和信息交互等传统功能,增强物流配送、金融服务、展览展示等新型功能。鼓励传统批发企业应用互联网技术建设供应链协同平台,向生产、零售环节延伸,实现由商品批发向供应链管理服务转变。深化电子商务应用,引导商品交易市场向电子商务园区、物流园区转型,支持现有综合性、行业性信息服务平台向集交易、支付、信息服务于一体的综合交易服务平台转型。(市商委、重庆检验检疫局负责)

(四)培育壮大特色电子商务平台

积极稳妥推进要素交易平台建设。推动要素交易市场健康快速发展,更好地发挥要素市场价格发现、资源配置、降低交易成本、维护市场秩序和实现金融结算五大核心功能,促进企业产权、金融资产、文化产权、林权、股权、地票、再生资源等要素资源高效集聚和流转。(市金融办负责)加快推动传统媒体转型并与新兴媒体深度融合,打造面向多终端视听推广平台,支持文化产品电子商务平台发展,加快推进数字出版云平台建设,培育发展创意设计、软件服务和大数据、网站建设、网络营销、文案策划、数字期刊、动漫游戏等非实物交易平台。(有关部门按照职责分工负责)大力发展旅游电子商务,打造智慧旅游公共平台,扶持旅游电子商务平台发展,规范发展在线旅游预订市场,支持旅游景点提供个性化旅游产品(服务)在线预定。(市旅游局负责)在食品和保健食品、药品及医疗器械、化妆品、生鲜和农产品、宠物用品、手工艺品等细分市场领域,培育打造一批针对特定商品和消费人群的辐射全国的垂直电子商务平台。(市商委、市卫生计生委、市食品药品监管局、重庆检验检疫局等有关部门按照职责分工负责)

三、深化应用

(五)促进就业创业

鼓励电子商务领域就业创业。促进电子商务就业,加强电子商务企业用工服务,完善电子商务人才供求信息对接机制。加大电子商务创业人员扶持力度。经工商登记注册的网络商户从业人员，享受各项就业创业同等扶持政策。未进行工商登记注册的网络商户从业人员，可认定为灵活就业人员，享受灵活就业人员扶持政策，其中在网络平台实名注册、稳定经营且信誉良好的网络商户创业者，可按规定享受创业担保贷款及贴息政策。鼓励有条件的区县（自治县）建设电子商务创业园区，指导各类创业孵化基地提供场地支持和创业孵化服务。（市人力社保局、市经济信息委、市商委，各区县人民政府负责）加强人才培养培训。支持电子商务企业开展岗前培训、技能提升培训和高技能人才培训。参加职业培训和职业技能鉴定的人员，以及组织职工培训的电子商务企业，可按规定享受职业培训补贴和职业技能鉴定补贴政策。引导电子商务基础人才转化，加快培养电子商务领域高素质人才和技术技能人才。（市人力社保局、市商委、市教委、市财政局负责）保障从业人员劳动权益。规范电子商务企业特别是网络商户劳动用工，经工商登记注册取得营业执照的，应与招用的劳动者依法签订劳动合同；未进行工商登记注册的，可参照劳动合同法相关规定与劳动者签订民事协议，明确双方的权利、责任和义务。按规定将网络从业人员纳入各项社会保险，对未进行工商登记注册的网络商户，其从业人员可按灵活就业人员参保缴费办法参加社会保险。（市人力社保局负责）

（六）推进生活服务便利化

深化交通客运、文化演艺、体育赛事、水电煤缴费等公共事业电子商务应用，支持开展在线订票、在线订座、门票配送等服务。（市交委、市文化委、市体育局、市经济信息委负责）创新移动电子商务应用，拓展O2O应用领域，促进生活服务业便利化。鼓励餐饮企业发展在线订餐、团购、外卖配送等服务，引导住宿企业开展在线订房服务，支持养老、家政、洗染、维修、美容美发等行业开展网上预约、上门服务等业务，推动健康服务、信息服务、休闲娱乐等应用电子商务开拓市场，推动教育、会展、咨询、广告等深化电子商务应用，通过线上线下互动结合，满足、拉动多样化、个性化的生活服务消费需求。支持在社区、乡村建设便民服务站点，通过电子商务与现代物流结合，集合缴费充值等生活消费服务，实现咨询、查找、预订及支付功能，提升城乡居民生活服务品质。（市商委、市民政局、市教委、市卫生计生委、市经济信息委、市食品药品监管局负责）

（七）加快商务服务业创新发展

推进城市商业智能化。深入推进智慧城市建设，着力推动商圈和商业街智能化升级改造，支持商圈无线网络基础设施建设，完善智能交通引导、客流疏导、信息推送、移动支付、消费互动、物流配送等功能，健全消费体验评价、信息安全保护、商家诚信积累和消费者权益保障体系，打造一批具有产业特色、经营特色、文化特色的多功能、多业态的体验式智慧商圈和网上商业街。推动智慧会展发展，鼓励展览企业建设网上展示交易平台，鼓励线上企业服务实体展会，提高会展服务智能化、精细化水平。（市商委、市工商局、市食品药品监管局负责）探索互联网新型服务贸易发展方式，培育服务新业态，提升服务水平。（市外经贸委负责）

（八）创新工业生产组织方式

推动工业生产和电子商务融合发展。实施“电商+重庆制造”行动，支持生产制造企业深化物联网、云计算、大数据、三维（3D）设计及打印等信息技术在生产制造各环节的应用，建立与客户电子商务系统对接的网络制造管理系统，提高加工订单响应速度及柔性制造能力；面向网络消费者个性化需求，建立网络化经营管理模式，发展“以销定产”及“个性化定制”生产方式。（市经济信息委、市发展改革委、市科委负责）引导工业企业诚信经营形成品牌效应，鼓励企业“触网”自营 B2B、B2C 业务，通过电商平台“重庆制造”产品招商采购大会、重庆网商采购会等搭建工业生产与电子商务融合发展平台。（市经济信息委、市商委负责）鼓励电子商务企业开展品牌经营，优化配置研发、设计、生产、物流等优势资源，强化供应链整合，满足网络消费者需求。（市商委、市经济信息委、市工商局、市质监局、市食品药品监管局、重庆检验检疫局负责）鼓励创意服务，探索建立生产性创新服务平台，面向初创企业及创意群体提供设计、测试、生产、融资、运营等创新创业服务。（市经济信息委、市科委、市文化委负责）

（九）规范网络化金融服务新产品

鼓励证券、保险、公募基金等企业和机构依法进行网络化创新，探索建立适应互联网证券、保险、公募基金产品销售等互联网金融活动的新型监管方式。（市金融办、人行重庆营管部、重庆证监局、重庆保监局负责）规范保险业电子商务平台建设，鼓励发展小微企业贷款保证保险、个人消费履约保证保险等新业务，鼓励探索开展为线上交易提供信用风险保障的保险产品，扩大信用保险保单融资范围，研究制定电子商务涉及的信用保证保险的相关扶持政策。推动在线旅游服务企业投保服务。（市金融办、重庆保监局、重庆银监局、市旅游局负责）

四、营造宽松发展环境

（十）降低准入门槛

全面清理电子商务领域前置审批及中介服务事项。（市编办、市发展改革委负责）按照国家有关部委要求，依法落实注册资本认缴登记制，推进“先照后证”“三证合一”“一照一码”等登记制度改革，推动网上登记服务，放宽电子商务经营场所登记要求。

(市工商局负责)适时推动快递企业设立非法人快递末端网点的备案管理工作。(市邮政管理局、市工商局负责)对电子商务企业申请电信业务经营许可、网站备案等工作提供政策解释和业务指导。(市通信管理局负责)

(十一)减轻企业负担

严格落实各项税收优惠政策,加强政策宣传,开展企业辅导,优化税收服务,大力推行网上报税、增值税发票系统升级版。及时提示纳税人可享受的各项税收优惠,使电子商务企业享受各项税收优惠。(市地税局、市国税局、市科委、市财政局负责)按照国务院统一部署,积极推进"营改增",逐步将旅游电子商务、生活服务类电子商务等相关行业纳入"营改增"范围。(市财政局、市地税局、市国税局负责)

(十二)加大金融服务支持

建立多元化、多渠道的投融资体制,支持各类社会资本投资电子商务产业。(有关部门按职责分工负责)引导金融企业和机构加大对电子商务企业服务力度,鼓励、支持按照风险可控、商业可持续原则,在电子商务领域探索开展无形资产质押和收益权抵(质)押贷款业务,提高电子商务企业融资能力。建立金融担保机制,探索知识产权等无形资产和动产抵押、质押融资方式,扩大电子商务企业贷款抵押、质押品范围。(重庆银监局、市金融办、人行重庆营管部、市商委、市科委、市知识产权局负责)充分发挥科技创业风险投资引导基金、产业引导股权投资基金等市级引导基金作用,加大初创电子商务企业支持力度。(市科委、市金融办、市财政局、市发展改革委负责)

(十三)规范市场秩序

促使电子商务企业合法、规范竞争和运营,建立开放、公平、健康的电子商务市场竞争秩序。(市工商局、市商委、市发展改革委负责)探索建立电子商务产品质量安全风险监测机制,针对互联网重点产品开展质量安全风险监测、溯源抽检工作,通过开展行政约谈、发布消费预警等方式充分运用风险监测结果,进一步营造安全放心的消费环境。完善网上交易在线投诉及售后维权机制,规范食品、保健食品、药品、化妆品、医疗器械网络经营行为,探索开展互联网食品药品市场监测监管体系建设,引导生产制造企业、网商诚信经营。(市工商局、市质监局、市食品药品监管局、市卫生计生委、重庆检验检疫局、市公安局负责)加强电子商务领域知识产权保护,对电子商务企业在研发新技术、创新发展模式中产生的发明专利加大保护力度。(市知识产权局、市文化委、市商委、市外经贸委、市经济信息委、市工商局负责)

(十四)构筑安全防线

保障电子商务网络安全。电子商务网络安全应与平台建设同步规划、同步建设、同步验收、定期评估,支持电子商务企业按照国家信息安全等级保护管理规范和技术标准相关要求做好等级保护工作，充分发挥密码在身份识别、安全隔离、信息加密、完整性保护和抵抗赖性等方面的重要作用。推进电子商务网络安全监测和预警体系建设，指导电子商务企业建立和完善网络安全事件应急预案，防范网络攻击破坏、数据窃取等违法犯罪活动。（市公安局、市经济信息委、市密码局、市通信管理局负责）贯彻落实电子商务交易安全相关管理制度，建立健全电子商务安全认证体系，指导电子商务企业建立完善电子合同等电子交易凭证的规范管理机制，督促指导电子商务交易各方严格履行安全责任和义务，确保网络交易各方合法权益。（市经济信息委、市密码局、市工商局、市公安局、市通信管理局负责）预防和打击电子商务领域违法犯罪，加大对制售假冒伪劣商品、网络盗窃、网络诈骗、网上非法交易、网络洗钱等违法犯罪活动打击力度。（市公安局、市工商局、市食品药品监管局、市金融办、人行重庆营管部、市经济信息委、市商委、市外经贸委、重庆检验检疫局负责）

五、完善支撑服务体系

（十五）强化信息基础设施

持续推进宽带中国战略，实施重庆全光网络城市建设，促进网络提速降费，为发展电子商务提供网络支撑。切实加强农村地区信息基础设施建设，大力推进“宽带乡村”“行政村通光纤”工程，加快实现行政村通光纤全覆盖，推动4G网络有效覆盖由乡镇（场镇）区域向乡村拓展，提升农村地区网络通信发展水平。加强重庆国家级互联网骨干直联点配套设施建设，提高省际互联网出口带宽，增加互联网核心网络服务能力。充分发挥大数据、云计算、物联网等信息技术的支撑作用，促进在物流配送、网络营销、电子支付等方面的应用。（市经济信息委、市通信管理局负责）

（十六）完善物流基础设施

支持建设服务全市、辐射周边地区的公共物流服务平台，推进电商物流标准化运作、信息化管理、智慧化配送，提升物流现代化水平。支持建设现代化快件分拨集散中心、电商物流公共配送中心和公共仓储，加快建设城市末端公共取送点、公共智能自提柜和农村电商综合服务站（点），着力构建电商物流三级配送体系，推广城市共同配送模式。（市发展改革委、市商委、市交委、市邮政管理局负责）支持快递配送与电子商务协同发展，鼓励快递、电子商务等企业整合物流资源，推广仓配一体化、“网订店（柜）取（送）”等模式。（市商委、市邮政管理局负责）合理布局物流仓储及配送接卸设施。充分利用现有闲置厂房、写字楼改建打造一批物流仓储及配送接卸设施，加强偏远地区仓储设施建设，吸引知名电商在渝建设区域仓储配送中心。（市商委、市发展改革委、市邮政管理局负责）规范物流配送车辆管理，制定城市共同配送车辆和快递配送车辆标准，探索标准化非机动三轮车和摩托车从事快件收投业务的相关管理办法，鼓励采用清洁能源物流配送车辆。制定城市配送车辆通行停靠难解决方案，全面提高道路通行和整体配送效率。（市公安局、市交委、市商委、市发展改革委、市市政委、市邮政管理局负责）

（十七）推广金融服务新工具

加快建设移动金融安全可信公共服务平台，督促和引导金融机构建设可信服务管理平台，并接入移动金融安全可信公共服务平台，完善移动金融安全可信基础环境，增强移动金融安全管理和风险防控能力。推进金融IC卡安全芯片在移动金融中的应用，完善非接触式金融IC卡受理环境，满足电子商务不同应用场景需求，逐步扩大移动金融应用规模。推动金融机构、电信运营商、银行卡清算机构、支付机构、电子商务企业开展多元化金融服务合作，充分发挥各自资源和技术优势，积极创新移动金融技术和业务模式，为社会公众提供随时、随地、安全便捷的移动支付手段，满足多样化、个性化电子商务支付需求。（人行重庆营管部、市金融办、重庆银监局、市密码局负责）

（十八）开展示范试点创建

加快推进国家电子商务示范城市建设，发挥跨境贸易服务、电子商务质量信息服务、网络（电子）发票、电子商务诚信服务等政策性试点对外服务功能，营造良好的电子商务发展氛围。（市发展改革委、市商委、市外经贸委、市经济信息委、市工商局负责）着力推动国家电子商务进农村综合示范创建，探索农村电子商务发展模式，促进农村电子商务应用，利用电子商务提高农产品商品化率、促进农村经济发展、推进城镇化进程、方便农民生产生活。（市商委负责）培育电子商务示范基地，按照合理布局、规模适当的原则，吸引初创、本土和外来电子商务企业入驻，促进物流快递、金融服务、数据处理、教育培训等产业链资源与电子商务企业相互带动、融合发展。引进培育一批特色鲜明、定位清晰、具有行业影响力的国家和市级电子商务示范企业，增强技术、模式、产品和服务创新能力，扩大应用领域和市场规模。（市商委、市外经贸委、市通信管理局负责）

（十九）加强信用体系建设

加快推进社会信用体系建设，建立完善电子商务企业信用信息记录，结合企业信用信息公示制度建设，落实网络经营企业信用信息公示、经营异常名录、严重违法企业名单等制度，逐步建立网络经营者信用档案，对经营者的失信行为及时公示。深化信息应用，有效发挥失信联合惩戒机制在网络市场监管中的作用，实现“一处失信，处处受限”。继续深入推进电子商务可信交易服务试点工作，发展电子商务可信交易保障公共服务，完善电子商务信用服务保障制度，将质量信用等级和信用报告作为电子商务交易参考条件。支持第三方信用服务机构将电子商务信用信息纳入征集范围，支持信用调查、信用评估、信用担保等第三方信用服务和产品在网络市场中的推广应用。（市工

商局、市公安局、市质监局、市食品药品监管局、重庆检验检疫局、市商委、市外经贸委、人行重庆营管部负责）

（二十）强化创新和教育支撑

支持电子商务创新发展。包容和鼓励商业模式创新，支持商贸企业通过互联网展示、销售商品和服务，加强线上线下互动，促进线上线下融合，提升购物体验，释放商贸流通活力。鼓励信息技术创新，利用物联网、云计算、生物识别、移动互联网、地理位置服务、3D图像图形技术等技术改善和丰富电子商务业态。促进产品服务创新，鼓励企业利用互联网逆向整合各类生产要素资源，按照消费需求打造个性化产品，深度开发线上线下互动的可穿戴、智能化商品市场。推动电子商务专业教育加快发展。支持高等院校优化调整学科专业设置，发展电子商务专业，突出培养创新型、实用型电子商务人才。推动高等院校与行业协会、电子商务产业园及大型电子商务企业合作，建立以企业为主体、市场为导向、多种形式的产学研用战略联盟和院校教育、实践锻炼相结合的开放式人才培养体系。（市科委、市教委、市发展改革委、市商委、市外经贸委、重庆检验检疫局负责）建立网购消费警示机制，加强消费引导和消费教育，积极运用各种宣传工具特别是互联网等新媒体，普及网购安全知识，努力提高消费者防范风险、维护自身合法权益的能力，提高全社会网络防骗、识骗和打骗意识，营造全民参与和支持打击涉网犯罪的浓厚氛围。（市公安局、市工商局、市质监局、市食品药品监管局、重庆检验检疫局负责）

各区县（自治县）人民政府、市政府有关部门和有关单位要按照市委、市政府要求，高度重视电子商务发展，加强组织领导，完善跨部门协调机制，强化协同配合，研究政策措施，狠抓工作落实，共同推动全市电子商务健康快速发展。

重庆市人民政府

2015年12月30日

梁平县电子商务进农村综合示范工作实施方案

梁平府办发〔2016〕151 号

根据《商务部办公厅关于印发<农村电子商务服务规范>(试行)和<农村电子商务工作指引>(试行)的通知》(商建字〔2016〕17 号)、《重庆市人民政府办公厅关于印发全市电子商务进农村综合示范工作实施方案的通知》(渝府办发〔2016〕号)精神,结合我县实际,制定本实施方案。

一、总体目标

到 2017 年,建成梁平县农村电子商务公共服务中心,村社农村电子商务服务站点覆盖率达 80%以上,建成农村电子商务公共服务体系。整合县内快递、物流、批发企业,实现统一配送,建设农村物流末端,初步建成覆盖全县村社的双向农村电子商务物流体系。开展农村电子商务人才培训 1 万人次以上。建设农产品电子商务供应链体系,推动农产品线上销售,打造农产品网货包装服务中心、网货生产基地、溯源服务中心、品控监测中心。实现涉农电子商务交易额 18 亿元,农产品线上销售额 3 亿元,建成全国农村电子商务示范县。

二、重点工作

(一)农村电子商务公共服务体系建设

1.建设农村电子商务公共服务中心。建设 3000 平方米左右的梁平县农村电子商务公共服务中心,按要求选取具备运营经验和条件的企业进行运营管理,打造具备电商公共服务平台运营经验的运营团队,集中提供品牌打造、网络推广、线上销售、数据收集、培训孵化、活动策划、产品对接、金融信用等服务。

2.建设乡镇村社服务站点。通过镇村推荐或自主报名,择优确定一名符合要求的电子商务服务点负责人。服务点负责人在县电商办的指导下分级建设服务站点,包括门头、背景墙、服务台(桌),电脑、触摸显示屏,商品展示架、物流柜,无线 wifi 等基础设施。

3.建设农村电子商务线上服务平台。整合县域资源,以网站平台、移动端 APP、微信公众号等平台为载体,建设集“政务、商务、服务”于一体的全县线上电子商务管理服务系统,统一县域流量入口,统一电商形象出口,为政府、企业、网点、消费者提供展示、信息、互动、交易、管理、分析等功能服务。

(二)农村电子商务物流体系建设

1.建设仓储物流集散中心、片区仓储物流集散站及村社物流末端。在新县城和工业园区结合部利用现有场地，建设梁平县仓储物流集散中心，集聚县内物流、快递、批发企业进行共同配送。根据运营实际情况，确定是否在边远中心乡镇建设乡镇片区仓储物流集散站及村社物流末端。同时，根据实际需要建设冷链物流。

2.建设物流信息共享平台。与县管理服务平台整合，协调统筹农村物流资源，实现县域物流资源供求线上对接，跟踪快递信息，接受服务对象的评价监督。

（三）农村电子商务人才培训体系建设

1.电子商务实操培训。针对村社农村电商带头人、服务网点负责人、电商创业人员与传统企业相关从业人员等，开展农产品网货包装打造，微商系类、淘宝系类及第三方营销平台和其他新平台的操作，仓储物流管理等方面的培训。

2.电子商务理念培训。针对县、乡镇、村社干部，传统企业负责人等，开展电子商务的现状，发展趋势，对我们生产、生活、工作、学习的影响等方面的培训。

（四）农产品供应链体系建设

1.建设网货生产加工及品牌包装基地。根据网上市场需求，结合柚子、竹子、鸭子、豆筋、甜茶等优势产业，组织 5~10 家企业按标准化、规模化、品牌化、可溯源等原则进行网销产品开发及网销品牌打造；引导我县竹帘、年画、乌木、木梳等特色手工文化产品生产企业开展网络定制服务。

2.进行县域公共网货品牌打造。开展县域公共品牌名称征集活动，打造县域公共品牌。对达到质量标准的县域特色产品允许使用公共品牌或在公共品牌下建立子品牌进行销售，建设县域公共品牌网货打造基地。

3.建设农产品质量安全检测追溯中心。农产品品控监测中心配备专业仪器和设备、农产品质量安全追溯体系的必要软硬件系统，对网销产品进行质量检测分级，形成质量检测报告和产品分级标准；建立健全农产品追溯体制，实现质量可追溯、责任可追查，打造安全放心品牌。

三、资金使用

（一）资金来源

资金来源主要有三个方面：一是中央、市级项目资金；二是县级配套资金，包括整合的商贸、农业、工业、科技、就业、微企等方面资金；三是社会资本投入。

（二）专项资金分配

按照商务部、市商务委等上级部门的要求，投入项目资金 950 万元建设农村电子商务公共服务体系，投入项目资金 800 万元建设农村电子商务物流体系，投入项目资金 120 万元建设农村电子商务人才培训体系，投入项目资金 130 万元建设农产品供应链及营销体系。

（三）使用程序

1.项目申报实施。相关单位申报，通过县商务局、县财政局、县扶贫办、县审计局等单位联合评审，且公示无异议的，纳入“梁平电子商务进农村综合示范项目库”并报市级主管部门备案后实施。

2.项目检查验收。项目实施企业须在规定时间内建设完成并提出验收申请，报送验收材料，由县商务局、县财政局等部门联合审核验收。

3.项目资金拨付。项目经验收合格后，报上级主管部门备案，由县财政局按相关规定和标准拨付补助资金。

四、时间安排

（一）启动阶段（2016 年 8 月至 2016 年 10 月）

组织开展农村电子商务发展基础情况摸底调研，结合实际，进一步完善实施细则、项目资金管理办法，并报市商务委、市财政局、市扶贫办备案。建立统筹协调机制，明确职责分工，落实工作责任。利用新闻、网络、广播等各类媒体渠道，大力宣传电子商务进农村综合示范工作，营造良好氛围。

（二）实施阶段（2016 年 10 月至 2017 年 10 月）

根据实施方案，确定项目承办主体，加强政策指导和支持，按计划督促检查项目承办主体推进项目实施，做好对示范项目建设的全程动态跟踪和监管，确保示范项目保质、保量、按期完成。

（三）绩效评估阶段（2017 年 10 月）

项目全部实施完成后，县商务局牵头，会同县财政局、县扶贫办等相关部门对项目按建设进度组织开展全面检查和验收，做好迎接市商务委、市财政局、市扶贫办的评估工作。

（四）全面总结阶段（2017 年年底）

根据绩效评估成绩，针对问题制定整改方案，采取有力措施，按时完成整改提升，并继续全面推进电子商务进农村工作。

梁平县人民政府办公室

2016 年 9 月 21 日

梁平县农村电子商务发展工作方案

梁平府发〔2015〕15 号

各乡镇人民政府(街道办事处),县级各部门,有关单位:

为促进城乡商品“双向流通”,加快推进电子商务应用和农村产业发展有效融合,进一步优化农村产业布局,推动“一村一品”发展,促进农民创业就业,带动农民增收致富,加快农业由大到强转变,根据《重庆市人民政府加强农产品流通工作的意见》(渝府发〔2013〕26 号)、《重庆市商业委员会关于印发重庆市电商进乡村工作方案的通知》(渝商委发〔2015〕5 号)等文件精神,结合我县实际,现就我县农村电子商务发展提出如下意见:

一、重要意义

在经济发展新常态下,加速电子商务在农村的推广应用,已成为转变流通方式、促进产业升级的必然选择。农村电子商务发展前景广阔,潜在市场需求大,是未来的战略性市场。发展农村电子商务是促进农民增收的金钥匙,有利于解决农村经济中的“小农户与大市场”的矛盾,助农增收和实现农村经济可持续发展;是转变农业增长方式的新引擎,用信息化指导农业生产经营,有利于推动农业生产向产业化、标准化、规模化、集约化方向发展;是扩大农村居民消费的新途径,有利于转变农村消费观念,扩大消费需求,增强农村消费活力;是提高农村信息化的助推器,有利于拓展农村信息化的发展空间,加快农村信息化进程,从根本上解决了农村与城市信息隔绝的现象。推动农村电子商务工作,对转变我县流通方式,促进产业升级,实现农业现代化、促进农村经济社会健康发展具有重要意义。

二、思路目标

以县委、县政府“137”总体部署为指导,以开拓农村电商消费市场、促进农特产品触网营销为主攻方向,以建平台、拓窗口、增网络、促创业为重点,打造一批农产品电子商务平台,建设一批农村电商服务站点,培育一批农村电商带头人(企业、代理商、经纪人),支持一批涉农、加工企业开展网上经营,组织一批农网对接活动,拓宽农产品、工业品销售渠道,使农产品卖得出、卖得远、卖得久、卖个好价钱,让城乡居民消费更便利、实惠、放心、安全,促进农村流通现代化水平全面提升。

到 2017 年,全县农村电子商务年交易额达到 10 亿元。成功打造 1 个以上有影响力的知名农产品电子商务交易平台,建成我县电子商务服务中心,实现商贸重点镇乡电子商务服务站全覆盖,村社电子商务服务点覆盖率达 80%以上。支持 100 户涉农、加工企业网上销售，培养100名农村电商带头人(企业、代理商、经纪人)。农产品电子商务交易额大幅上升，网络购物成为农村居民消费的重要渠道。

三、重点任务

(一)打造我县农产品电子商务平台。发展和完善我县涉农交易平台，重点是培育壮大现有涉农电子商务(信息)平台，打造特色商网，建成1个以上有影响力的农产品电子商务平台。一是支持涉农企业与阿里巴巴、京东、苏宁云商、邮乐网等全国知名电子商务平台的合作，以开设地方特色产品馆或专区的形式，通过政府引导，带动区县农副土特产品上网销售。二是培育本土现有涉农电子商务平台，支持智慧餐桌、天农八部溯源销售系统等一批本地电子商务平台，整合上下游产业资源，完善服务功能，拓展网上农贸市场、数字农家乐、特色旅游等新领域。支持重点农产品电子商务平台构建网上购物、在线支付、物流仓储、快递配送等协同发展的农村电子商务服务体系。三是积极推进电子商务平台间尤其是与国内知名电商巨头合作，更好地发挥现有农产品电商(信息)平台作用，鼓励农产品市场、农业合作社成立电子商务销售公司发展电子商务。

(二)建设农村电子商务服务网点。搭建“工业品下乡、农产品进城”双向商贸流通网络，激活农村网购市场消费。一是从中心镇及经济较发达、特色产业(品)突出、交通便利、人口集聚的村社开始，依托已建直营店(农家店)、村级服务中心等建设电商服务点，提供电商末端服务，力争到2017年，实现村社电子商务服务点覆盖率达80%以上。二是积极引进阿里巴巴、京东、苏宁云商等知名电商在我县建立服务中心，在乡镇、村建立电商服务点，鼓励我县电子商务平台开展农村服务网点建设。三是支持电商企业与“万村千乡”龙头企业等我县商贸企业利用现有网络体系优势，增加电商服务功能，把生活日用品直接配送到千家万户，把农副土特产品集配到城市社区。支持乡镇超市、村农家店和涉农经纪人建设村级电商服务点，实现代购、农产品信息采集、缴费、取送货等服务功能。四是支持电商企业与邮政、快递等第三方物流企业加强合作，引导快递下乡，共同构建农村电子商务服务中心，探索网上代销代购、网订店取(送)等模式，实现线上线下互通互动融合发展。鼓励物流配送资源整合，支持培育壮大2~3家物流骨干企业，建设农产品集散中心、增配标准冷藏配送车，推进城乡物流配送体系建设。

(三)培育一批农村电商带头人。推动农村青年创业，实施农村电商带头人(企业、代理商、经纪人)培养计划，培育一批既懂网上购物又具备农产品网上营销能力的农村电商创业人才及团队，提升农村网上购物和网上销售的能力。充分发挥基层组织作用，从农村能人特别是涉农、加工企业负责人和家庭农场主、专业合作社骨干、种养大户等以及村干部(文书、团支书、妇联主任、大学生村官)以及有电商基础、市场营销能力的返乡创业青年妇女中，筛选确定农村电商带头人(企业、代理商、经纪人)，对其进行网购操作、网上开店技巧和特色产品信息采集发布、创意设计、包装、营销等技能培训，帮助村民网上代购日用品和家用电器，帮助当地特色农副产品网上营销。充分利用京东、淘宝等知名平台大力开拓农村市场的有利时机，积极向平台推介农村电商带头人，作为平台的乡村推广员等，形成推动农村电商发展、促进农村创新创业的长效机制。

（四）支持一批涉农、加工企业开展网上营销。有效组织种养大户、合作社、龙头企业等涉农企业和农副土特产品加工企业开展网上销售。一是积极动员和组织涉农、加工、服务企业和农民合作组织、农场主、种养大户、经销大户、农家乐等，利用第三方电子商务平台特别是国内知名电子商务平台，通过开设网上旗舰店、专卖店的方式，推销农副土特优产品，提供信息服务。二是鼓励涉农、加工、服务企业在做好线下生产、销售的基础上，选择有实力有经验的第三方代运营企业，通过代运营的方式进行农副产品、名优特产品和农村休闲服务等网上营销。三是鼓励涉农、加工、服务企业与京东、苏宁易购等自营自建平台合作，将农副产品、名优特产品和农村休闲服务等纳入自采渠道并进行网上销售。

（五）组织一批农网对接活动。一是积极组织农网对接，发挥好电子商务平台、电商服务中心、乡村电商服务点和农村电商带头人（企业、代理商、经纪人）作用，通过举办网商采购大会等农网对接活动，根据不同产品、季节、时段适时有效组织对接活动，促进农副产品上网销售。二是继续做好新农村商网农产品网上购销对接，广泛组织动员农产品生产加工企业、专业合作社、种养大户和经纪人等参加网上购销对接会，并利用云计算、大数据技术为企业和农户提供网上交易数据分析指导，帮助他们实现农产品按需种植、定制化生产，帮助农户解决市场信息不对称造成的“卖难”问题。三是注意整合各类涉农信息服务资源，着力提升农产品批发市场信息化水平，推进大数据覆盖生产、流通、消费的公共信息服务平台建设，形成统一、规范、畅通、共享的信息网络体系，促进农村商品流通信息共享。

（六）支持农副土特产品网销商品化。一是支持农村电商带头人（企业、代理商、经纪人）等建立本地农产品质量控制标准化体系，对产品进行网销品牌定位、包装、广告推广、网上销售。二是支持农村电商带头人等综合现有产品和电子商务销售特点，二次开发出适宜网销的新产品。三是支持农村电商带头人等根据电子商务市场趋势，结合本村社实际，开发新的网销商品，引导群众创建新的产业。

四、保障措施

（一）加强组织领导。成立县农村电子商务发展联席会，由县长任总召集人，分管副县长任召集人，县政府办、商务局、发改委、工商局、财政局、农委、经信委、地税局、国税局、人社局、统计局、团委、妇联、食药监、供销、邮政等部门为成员单位，负责统筹协调推进电子商务产业发展工作。领导小组下设办公室，办公地点设在商务局，商务局局长任办公室主任，具体负责组织协调解决农村电子商务发展日常事务工作。

（二）落实资金保障。安排落实商贸发展专项资金，用于完成村社电子商务专业人才培训、服务网点建设，完善网购、缴费、电子结算和取送货等功能服务。加强对参与电子商务进乡村计划的企业和项目的指导，在人力、物力、财力上对村社电子商务服务点建设、物流快递网络建设等给予支持。

（三）加强业务培训。县商务局、人社局、团委、妇联等相关单位紧密配合，制定电子商务进乡村培训计划，加大农村电商带头人的培养力度，降低农村青年妇女电子商务创业成本，形成促进农村青年妇女创业的良好氛围。

（四）注重总结推广。加强宣传引导，总结推广先进经验，营造农村电子商务工作的良好氛围。

梁平县人民政府办公室

2016 年 9 月 21 日

梁平县人民政府关于促进网络零售产业加快发展的意见

梁平府发〔2013〕46号

各乡镇人民政府(街道办事处),县级各部门,有关单位:

为鼓励我县网络零售企业和传统企业开拓网络零售市场,规范扶持网商创业,加快发展我县网络零售产业,根据市政府《关于促进网络零售产业加快发展的意见》(渝府发〔2013〕42号)、《关于进一步推动互联网产业发展若干政策的意见》(渝府发〔2013〕47号),结合我县实际情况,提出以下实施意见:

一、重要意义

网络零售作为一种新兴的零售业态,依托互联网突破了传统商业的时空界限,大大缩减了流通环节,有利于促进商品和各种要素资源的有效流动;有利于企业拓展营销方式、带动创业就业,并促进上下游相关产业协同发展;网络零售还为消费者提供了消费渠道和方式的多样化选择,对扩大内需、刺激消费作用明显。加快发展网络零售产业,对于推动全县商贸经济跨越发展,促进全县经济转型升级具有重要意义。

二、目标任务

围绕县委、县政府"137"总体部署,坚持以发展为目的,搭建1家以上县域特色产业网络零售平台,扶持2家以上网络零售骨干企业,引导5家以上大型传统企业开展网络零售,发展壮大30家规模网商。力争到2015年,我县网络零售产业粗具规模,相关产值达到8亿元。

(一)培育引进网络零售龙头企业。鼓励支持市内外知名网络零售企业在我县设立具有独立法人资格的区域性总部、营运中心、物流配送中心、结算中心。选取一批立足本地、特色鲜明、具有发展潜力和辐射空间的网络零售企业作为网络零售示范企业,进行重点培育,支持其开拓市场、发展壮大。

(二)鼓励传统企业开拓网上市场。支持有条件的传统企业自建网上商城,独立营运。引导利用国内外知名第三方平台开设网上旗舰店、专卖店。推广店铺托管、商品代运营等营销模式。支持专业网络零售服务商面向网商和传统企业提供网店装修、网络整体营销等外包服务。

(三)发展壮大网商。优化网商发展环境,支持大学毕业生、个体工商户网上创业。鼓励创建网商产业园,搭建网商公共服务平台。开展优秀网商评选,实施网商提升工程,举办网商采购大会,提升网商整体发展水平。

(四)增强网购产品的生产能力。引导我县生产企业加强与网购市场对接,提高设计生产适销对路的网购产品的能力，并积极挖掘市场需求，开发满足个性化需求的高附加值特色产品。

（五）加强物流配送体系建设。加快梁平物流园基础设施建设，利用“两高两铁”通道建设渝东北物流集散分拨中心。大力发展包含快递业务公司在内的第三方物流，引进一批国内外先进的物流企业到梁平物流园内设立区域中心，为网上交易提供快速高效的物流支撑。加快现代物流与现代仓储集中化建设，为从事网络零售的企业提供便捷的物流和仓储服务，建立物流仓储信息采集和发布平台，及时为企业提供物流服务、仓储用地、业务指南等信息，逐步形成有效支撑网络零售发展的现代物流体系。

（六）开展网上支付结算等金融服务。支持设立非金融支付机构，在邮政、农产品、药品、旅游等领域探索开展集中支付结算。发展电子商务国际结算和票据业务，提高金融服务便利度。发挥银行、银联公司线上金融服务功能，支持小额贷款公司等创新型机构依托电子商务平台，创新金融服务模式。

（七）发展大数据处理业务。推进网络零售平台的数据收集、存储、管理、开放共享。鼓励支持平台运营企业或第三方企业利用大数据技术，通过市场化运作模式，为网络零售营销策略制定、商业模式创新等提供支撑。

（八）完善配套服务体系。发挥行业协会等中介组织在行业自律、技术推广、交流合作等方面的作用。组织开展网络零售企业整体营销宣传，营造产业发展的良好氛围。建立诚信监管体系，打击网络欺诈行为，维护网络消费者合法权益，引导网络零售规范有序发展。

三、政策支持

（一）对在我县设立全国性总部、西部营运中心（基地）、区域性物流配送中心（基地）、结算中心的国内外知名网络零售企业，以及列为我市重点培育的网络零售企业，除市级给予重点支持外，县财政也将给予大力扶持。

（二）对年销售额首次突破 5 000 万元、1 亿元、10 亿元的网络零售企业，享受市级给予的一次性奖励（不重复享受）。对年销售额首次突破 1 000 万元、3 000 万元的网络零售企业，县级分别给予一次性奖励（不重复享受）。鼓励支持限额以上商贸企业、规模以上工业企业、传统农业企业、农业专业合作社等自建网上商城或在第三方交易平台开设网店，积极拓展网上市场，开展线上营销。

（三）鼓励网络零售企业申报重庆市电子商务示范企业，对认定为重庆市电子商务示范企业的单位县级给予一次性奖励。

（四）从事网络零售的国家级、市级、县级电子商务示范企业申报民营发展专项资金，优先给予支持。其中国家级、市级电子商务示范企业重点建设项目贷款，按银行同期基准利率的 50%给予贷款贴息，每个企业贴息最高不超过 50 万元；建设服务重庆的营运中心的、总面积超过 2 万平方米的自有仓储，享受市级一次性建仓补贴。县级电子商务示范企业自建仓储 5 000 平方米以上的，县级给予一次性建仓补贴。

（五）符合西部大开发政策的网络零售企业和交易结算平台，减按 15%优惠税率征收企业所得税。支持网络零售企业和互联网交易（结算）平台申报高新技术企业、软件生产企业、技术先进型服务企业认定，享受相关税收扶持政策。企业符合税法规定的研究开发费用，未形成无形资产计入当期损益的，在按规定据实扣除的基础上，再按研究开发费用的 50%加计扣除；形成无形资产的，按照无形资产成本的 150%摊销。

（六）利用工业厂房、仓储用房等存量房产兴办网络零售集聚区，可按规定减、免行政事业性收费，土地用途可暂不变更。3 年内出租或转让给相关企业的收入产生的相关税收，在县财政实得收入中，按 50%安排补助，用于支持发展和入驻企业的房租补贴。

（七）除法律、法规另有规定外，允许网络零售企业注册资本分期缴付，注册资本首期缴纳 20%，其余在 2 年内缴足。支持个人网店注册成为网络零售企业，对其前 3 年内缴纳的增值税、营业税、企业所得税，每年比上年增长的县级留成部分，由县级财政按 50%予以奖励。注册为微型企业的，按规定享受财政补助、融资贷款等相关扶持政策。建筑面积达到 1 万平方米，网络零售企业入驻面积率达到 50%以上的网商产业园区，享受微型企业创业孵化园政策。支持符合条件的网商园区申报成为创业孵化基地，享受创业孵化基地相关扶持政策。

（八）对我县工业企业生产适销对路网购产品，通过网络零售渠道进行销售，形成网络品牌且年销售额超过 1 000 万元的，享受市级按其年度网络销售规模给予的梯度奖励。

（九）支持符合物流配送体系规划的物流园区的配送功能区、货运站场、快件集散中心、配送中心、信息平台、调度呼叫中心等基础设施项目建设，免征城市建设配套费。

（十）对重点网络零售企业开展自主物流配送的车辆，可在车身外部规范设置企业标志，经县公安交通管理部门、城市综合管理部门审核可为其办理城区临时通行证，按指定路线和时间通行限货区域，在不影响道路交通安全和畅通的情况下，允许临时停靠。

（十一）对重点网络零售企业引进年薪在 15 万元以上，聘用时间超过 1 年（含 1 年）的高级管理人才、高端营运人才、核心技术人才，按其个人所得税地方实得部分给予全额奖励，有关住房货币补贴、安家费、科研启动经费等费用，可列入成本核算。

（十二）对行业协会、网络零售服务机构等中介组织承办的网络零售人才培训，符合规定条件的，视其规模、师资、培训对象等给予一定的培训补贴。对符合条件的职业院校和职业培训机构建立网络零售人才实训基地，给予一定补贴。支持对高校毕业生等群体开展网络零售业所需工种的职业技能培训和鉴定，按规定给予技能培训补贴和鉴定补贴。

（十三）对网络零售企业吸纳应届及毕业两年内未就业高校毕业生就业，通过定向就业培训与其签订1年以上劳动合同并参加社会保险的，给予2000元/人的培训补贴。对网络零售企业吸纳应届及登记失业高校毕业生就业，签订6个月以上劳动合同并开展岗前培训的，按规定给予培训补贴；签订1年以上劳动合同并缴纳社会保险费的，按规定给予社会保险补贴。对网络零售企业招用登记失业高校毕业生达规定人数并稳定就业1年以上的，优先推荐享受就业重点企业贷款贴息政策。

（十四）鼓励创业投资机构和股权投资基金投资网络零售产业项目，奖励细则按《重庆市进一步促进股权投资类企业发展实施办法》（渝办发〔2012〕307号）执行。按照《重庆市科技投融资专项补助资金管理暂行办法》（渝财教〔2010〕119号），对投资网络零售产业的创业投资机构实施投资风险补助。对符合条件的网络零售企业优先纳入重庆市拟上市重点培育企业名单，按照有关政策规定享受改制上市的财税扶持政策。

四、保障措施

（一）强化组织领导。成立县网络零售产业发展领导小组，由县政府分管副县长任组长，县政府办、商务局、工商局、财政局、经信委、地税局、国税局、人社局、公安局、统计局、国土房管局、城乡建委、电信局、移动公司等部门为成员单位，研究和解决工作中的重大问题。领导小组下设办公室，办公地点设在商务局，由商务局局长兼任办公室主任，具体负责组织协调解决网络零售日常事务工作。

（二）营造发展氛围。加大舆论宣传引导力度，营造有利于网络零售产业发展的政策导向和舆论氛围。建立网络零售产业统计分析体系，将网络零售额纳入社会消费品零售总额统计。组织网络零售企业进行统一的市场宣传和推广，努力加快我县网络零售行业的发展进程。

（三）加强人才培养。积极与高等院校、科研机构等单位联合开展电子商务教学、科研和实践活动，搞好从业人员培训和职业认证，培养造就一支职业化、现代化、高素质的行业队伍。

（四）加大资金投入。县财政要积极筹措资金，用于保障对企业的直接奖励、税费返还、租金补贴、人才支撑、科研经费等方面。县级各部门要积极争取市级商贸流通、工业振兴、民营企业发展、中小企业发展、微型企业发展、就业等各项专项资金支持。

五、其他

（一）本意见所称“网络零售企业”是指在县内完成工商注册并在县内税务部门登

记纳税、具有独立法人资格的企业，包括从事第三方交易平台运营并为网络零售交易双方提供服务的企业、自建网上商城开展网络零售的企业和通过第三方平台开设网店实现网络零售的企业。

（二）申报企业必须健全财务制度，且无被行业主管部门处罚、被媒体曝光造成严重影响、发生重大安全责任事故、出现重大投诉事件和违法违纪等行为。

（三）本意见扶持政策申报程序为企业主动向县网络零售产业发展领导小组办公室提出政策兑现申请及相关材料，由县商务局会同县财政局审核，报县政府审批后由县财政局兑现。

梁平县人民政府

2013 年 9 月 17 日

国务院办公厅关于
促进农村电子商务加快发展的指导意见
发展目标
到2020年
初步建成统一开放、竞争有序、诚信守法、安全可靠、绿色环保的农村电子商务市场体系，农村电子商务与农村一二三产业深度融合，在推动农民创业就业、开拓农村消费市场、带动农村扶贫开发等方面取得明显成效。
重点任务
12:00 pm
● 积极培育农村电子商务市场主体
— 充分发挥现有市场资源和第三方平台作用。
● 扩大电子商务在农业农村的应用
— 农业生产、加工、流通等环节。
— 农产品、民俗产品、乡村旅游等市场。
● 改善农村电子商务发展环境
— 硬环境：加强农村流通基础设施建设，提高农村宽带普及率，加强农村公路建设，提高农村物流配送能力。
— 软环境：加强政策扶持，加强人才培养，营造良好市场环境。
政策措施
● 加强政策扶持
● 鼓励和支持开拓创新
● 大力培养农村电商人才 ▸▸▸ 实施农村电子商务百万英才计划。
● 加快完善农村物流体系 ▸▸▸ 鼓励传统农村商贸企业建设乡镇商贸中心和配送中心。
● 加强农村基础设施建设 ▸▸▸ 完善电信普遍服务补偿机制，促进宽带网络提速降费，推进城乡客运一体化。
● 加大金融支持力度 ▸▸▸▸▸▸▸▸ 鼓励村级电子商务服务点、助农取款服务点相互依托建设。
● 营造规范有序的市场环境
中国政府网制作 策划：薛雪 设计：徐菁

国务院办公厅关于推进线上线下互动加快商贸流通创新发展转型升级的意见

大力发展线上线下互动，对推动实体店转型，促进商业模式创新，增强经济发展新动力，服务大众创业、万众创新具有重要意义。

鼓励线上线下互动创新

- 支持商业模式创新。
- 鼓励技术应用创新。
- 促进产品服务创新。

激发实体商业发展活力

- 推进零售业改革发展。
- 鼓励零售企业转变经营方式。
- 加快批发业转型升级。
- 转变物流业发展方式。
- 推进生活服务业便利化。
- 加快商务服务业创新发展。

健全现代市场体系

- 推进城市商业智能化。
- 推进农村市场现代化。
- 推进国内外市场一体化。

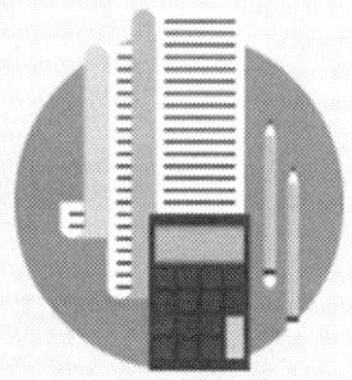

完善政策措施

- 推进简政放权。
- 创新管理服务。
- 加大财税支持力度。
- 加大金融支持力度。
- 规范市场秩序。
- 加强人才培养。
- 培育行业组织。

中国政府网制作　　策划：刘啸萱　设计：徐菁

图解
国务院关于大力发展电子商务加快培育经济新动力的意见

基本原则

积极推动　逐步规范　加强引导

目标任务

到2020年，统一开放、竞争有序、诚信守法、安全可靠的电子商务大市场基本建成。电子商务与其他产业深度融合，成为促进创业、稳定就业、改善民生服务的重要平台，对工业化、信息化、城镇化、农业现代化同步发展起到关键性作用。

营造宽松发展环境

- 降低准入门槛。全面清理电子商务领域现有前置审批事项，无法律法规依据的一律取消，严禁违法设定行政许可、增加行政许可条件和程序。
- 合理降税减负。从事电子商务活动的企业，经认定为高新技术企业的，依法享受高新技术企业相关优惠政策，小微企业依法享受税收优惠政策。
- 加大金融服务支持。建立健全适应电子商务发展的多元化、多渠道投融资机制。
- 维护公平竞争。规范电子商务市场竞争行为，促进建立开放、公平、健康的电子商务市场竞争秩序。

促进就业创业

鼓励电子商务领域就业创业　加强人才培养培训　保障从业人员劳动权益

推动转型升级

创新服务民生方式　推动传统商贸流通企业发展电子商务　积极发展农村电子商务　创新工业生产组织方式　推广金融服务新工具　规范网络化金融服务新产品

完善物流基础设施

一 支持物流配送终端及智慧物流平台建设。
二 规范物流配送车辆管理。
三 合理布局物流仓储设施。

提升对外开放水平

一 加强电子商务国际合作。
二 提升跨境电子商务通关效率。
三 推动电子商务走出去。

构筑安全保障防线

一 保障电子商务网络安全。
二 确保电子商务交易安全。
三 预防和打击电子商务领域违法犯罪。

健全支撑体系

一 健全法规标准体系。
二 加强信用体系建设。
三 强化科技与教育支撑。
四 协调推动区域电子商务发展。

中国政府网制作　策划：刘曦萱　设计：徐菁

图解

国务院关于大力推进大众创业万众创新若干政策措施的意见

总体思路

1. 坚持深化改革，营造创业环境。
2. 坚持需求导向，释放创业活力。
3. 坚持政策协同，实现落地生根。
4. 坚持开放共享，推动模式创新。

一、创新体制机制，实现创业便利化

1. 完善公平竞争市场环境。
2. 深化商事制度改革。
3. 加强创业知识产权保护。
4. 健全创业人才培养与流动机制。

二、优化财税政策，强化创业扶持

1. 加大财政资金支持和统筹力度。
2. 完善普惠性税收措施。
3. 发挥政府采购支持作用。

三、搞活金融市场，实现便捷融资

1. 优化资本市场。
2. 创新银行支持方式。
3. 丰富创业融资新模式。

四、扩大创业投资，支持创业起步成长

1. 建立和完善创业投资引导机制。
2. 拓宽创业投资资金供给渠道。
3. 发展国有资本创业投资。
4. 推动创业投资“引进来”与“走出去”。

五、发展创业服务，构建创业生态

1. 加快发展创业孵化服务。
2. 大力发展第三方专业服务。
3. 发展“互联网+”创业服务。
4. 研究探索创业券、创新券等公共服务新模式。

六、建设创业创新平台，增强支撑作用

1. 打造创业创新公共平台。
2. 用好创业创新技术平台。
3. 发展创业创新区域平台。

七、激发创造活力，发展创新型创业

1. 支持科研人员创业。
2. 支持大学生创业。
3. 支持境外人才来华创业。

八、拓展城乡创业渠道，实现创业带动就业

1. 支持电子商务向基层延伸。
2. 支持返乡创业集聚发展。
3. 完善基层创业支撑服务。

九、加强统筹协调，完善协同机制

1. 加强组织领导。
2. 加强政策协调联动。
3. 加强政策落实情况督查。

中国政府网制作　　策划、设计：薛雪